Karl Marx

MISÉRIA DA FILOSOFIA

Resposta à Filosofia da miséria, *do sr. Proudhon*

KARL MARX

MISÉRIA DA FILOSOFIA

Resposta à Filosofia da miséria, *do sr. Proudhon*

1ª edição

EDITORA
EXPRESSÃO POPULAR

São Paulo - 2009

Revisão: *Miguel Cavalcanti Yoshida, Geraldo Martins de Azevedo Filho*
Tradução: *José Paulo Netto*
Edição original: *A. Franck, Paris; C. G. Vogler, Bruxelles, 1847.*
Título original: *Misère de la Philosophie - Réponse à* LA PHILOSOPHIE *DE LA MISÈRE, de M. Proudhon.*
Projeto gráfico, diagramação e capa: *ZAP Design.*
Impressão e acabamento: *Paym*
Arte da capa: *sobre foto de Karl Marx*

Dados Internacionais de Catalogação-na-Publicação (CIP)

Marx, Karl Heinrich, 1818-1883
M382m Miséria da filosofia : resposta à Filosofia da miséria, do Sr. Proudhon / Karl Marx ; tradução de José Paulo Netto – 1.ed. – São Paulo : Expressão Popular, 2009.
272 p.

ISBN 978-85-7743-114-4

1. Protecionismo e livre câmbio. 2. Economia – Filosofia. 3. Filosofia moderna – Séc. XIX. 4. Filosofia alemã – Séc. XIX. 5. Proudhon, P. J. (Pierre Joseph), 1809-1865. 6. Economia política – metafísica. I. Paulo Netto, José. II. Título.

CDD 146.3
335.5
CDU 1(4/9)

Bibliotecária: Eliane M. S. Jovanovich CRB 9/1250

Edição revista e atualizada conforme a nova regra ortográfica

1ª edição: junho de 2009
4ª reimpressão: setembro de 2021

EDITORA EXPRESSÃO POPULAR
Rua Abolição, 201 – Bela Vista
CEP 01319-010 – São Paulo – SP
Tel: (11) 3112-0941 / 3105-9500
livraria@expressaopopular.com.br
www.expressaopopular.com.br
ed.expressaopopular
editoraexpressaopopular

SUMÁRIO

ANEXOS

NOTA EDITORIAL

A primeira edição brasileira da *Miséria da filosofia* foi publicada em S. Paulo, em 1946, pela Editora Flama, em tradução de Miguel Macedo. Nos anos 1960, outra edição foi lançada sob a chancela da Livraria Exposição do Livro (S. Paulo, sem data, mas provavelmente de 1963), sem indicação de tradutor. A partir dos meados dos anos 1970, outras versões circularam no país, com destaque, entre elas, para a edição da Grijalbo (S. Paulo, 1976, também sem indicação de tradutor) e a lusitana das Publicações Escorpião (Porto, 1974, traduzida por Silva Dias e Carvalho Torres).

Em 1982, a Livraria Editora Ciências Humanas (S. Paulo), publicou uma nova tradução da obra, sob a responsabilidade de José Paulo Netto. Esta edição – contendo uma introdução e vários anexos – esgotou-se rapidamente e foi retomada, três anos depois, pela Global Editora (S. Paulo, 1985).

Estando fora do mercado estas edições, a Editora *Expressão Popular* põe novamente ao alcance do público esta obra de Marx, relançando o volume originalmente preparado pela Livraria Editora Ciências Humanas. Não se fizeram quaisquer modificações no texto publicado em 1982, excetuadas a correção de alguns erros tipográficos, a adoção da nova ortografia e a indicação de fontes bibliográficas que, desde então, se tornaram acessíveis ao leitor brasileiro.

Com este lançamento, a Editora *Expressão Popular* prossegue em seu projeto de contribuir para a democratização do conhecimento teórico indispensável à cultura política imprescindível para a transformação social.

Os editores

ADVERTÊNCIA DO TRADUTOR

Esta versão da *Miséria da filosofia* foi realizada à base do texto que, sobre a edição original de 1847, M. Rubel estabeleceu para as *Oeuvres/Économie* de Marx (Bibliothèque de la Pléiade, éd. Gallimard, Paris, I, 1965, pp. 7-136). Como fontes secundárias, foram utilizadas as edições italiana (*Miseria della filosofia,* Newton Compton Ed., Roma, 1976) e espanhola (*Miseria de la filosofia,* ed. Progreso, Moscu, 1979).

Foram feitos esforços para conservar o estilo do texto original, o primeiro que Marx escreveu em francês – e é preciso recordar que o próprio Marx considerava o seu francês de 1847 como algo "bárbaro". O tradutor evitou ler a escritura do original francês com a lente da prosa germânica verdadeiramente clássica de Marx. Por outro lado, esta tradução (ao contrário da grande maioria das versões desta obra) recusou-se a qualquer "modernização" ou "uniformização" da nomenclatura marxiana, optando por resguardar as oscilações terminológicas existentes no original.

Em notas, consignaram-se as diminutas modificações que Marx inseriu no exemplar que ofertou a Natália Utina (1876), bem como as intervenções que Engels efetuou nas primeiras versões alemãs (1885 e 1892), e que aparecem na segunda edição francesa (1896). Todas as notas que não são originalmente de Marx vêm entre colchetes; na sua maioria foram adaptadas das edições referidas – umas poucas são do tradutor e não mereceram menção especial. É de ressaltar que aquelas que registram as reações de

Proudhon à obra de Marx, manuscritas no seu exemplar da *Miséria da filosofia,* foram todas extraídas da edição preparada por Rubel. As referências não originais de Marx a Proudhon remetem ou à edição de 1923 (*Oeuvres Complètes de P. J. Proudhon,* Marcel Rivière, Paris, 1923) ou à de 1964 (Proudhon-Marx, *Philosophie de la misere-Misère de la philosophie,* UGE, col. 10-18, Paris, 1964); quando não há indicação de data, elas acompanham as remissões organizadas pelos editores da versão espanhola mencionada.

Os prefácios de Engels foram traduzidos a partir dessa mesma edição espanhola. Todos os outros anexos foram vertidos com base na edição francesa de Rubel, exceto as cartas trocadas entre Marx e Proudhon, cujas fontes são indicadas nas notas pertinentes. Também nesses anexos, as notas entre colchetes não são originais.

INTRODUÇÃO

José Paulo Netto

A história do movimento operário, desde o século XIX, é um processo que se articula por uma unidade que, garantida pelo desenvolvimento da teoria social moderna (fundada por Marx), resolve-se e se consolida nas fraturas parciais que os enfrentamentos teóricos, políticos e ideológicos, à direita e à esquerda, lhe impõem.

O mais significativo dos primeiros desses enfrentamentos foi protagonizado por Proudhon e Marx, em 1846-1847. Ele assinala tanto a diferenciação político-ideológica, crucial e qualitativa, entre duas perspectivas socialistas – a reformista e a revolucionária –, quanto, simultaneamente, o embasamento da teoria social moderna. Porque é na *Miséria da filosofia* que, além da liquidação teórica do socialismo reformista (utópico-reformista) de cariz pequeno-burguês,[1*] estão sendo explicitados e oferecidos ao público, pela primeira vez, os fundamentos e os elementos constitutivos da teoria do ser social engendrado pelo modo de produção capitalista.

Não é objetivo desta introdução propiciar ao leitor brasileiro uma análise do confronto em tela ou das relações entre Proudhon e Marx[2]. O que se pretende, de modo sucinto e didático, é indicar as linhas mais importantes para o enquadramento do confronto entre os dois pensadores e sugerir a relevância da *Miséria da filosofia* no evolver da obra de Marx, ao mesmo tempo em que se faz alusão a um elenco pluralista de fontes bibliográficas pertinentes

---

* As notas do prólogo estão ao final do texto, p. 33

para um estudo mais profundo das questões que se levantam na investigação daquele confronto.

Os anos 1840...

Proudhon e Marx se confrontam na segunda metade dos anos 1840. Na Europa Ocidental, esses anos marcam o derradeiro estágio da etapa inicial da revolução industrial (ou, como querem alguns, o ocaso da primeira revolução industrial), que emergira na Inglaterra no último quartel do século anterior. Nos anos 1840, com o esgotar do essencial das possibilidades do industrialismo no seu primeiro estágio, os países-polos europeus já apresentam os traços básicos da fisionomia que os caracterizará como formações econômico-sociais organizadas sobre a produção capitalista. Isto é, nesses anos, o ser social posto pelo capitalismo evidencia já os seus vincos decisivos – o ordenamento da produção, a definição das instâncias políticas, a estruturação de uma cultura e de um *ethos* próprios etc., aparecem como constelações históricas de um modo de vida *novo*. Trata-se do momento em que o mundo burguês se consolida, resultante de um processo multifacético – intersecção da economia, da história e da cultura. É possível sugerir as condições gerais dessa consolidação evocando, mesmo que aleatoriamente, alguns dados que conformam o panorama dos anos 1840.[3]

A Inglaterra se oferece como o referencial das modificações que melhor explicitam aquele processo. Entre 1800 e 1850, a sua população praticamente duplicou, com o movimento demográfico acompanhando-se por uma redistribuição espacial condicionada pela industrialização – se, em 1770, 40% da sua população vivia nos campos, em 1841 essa taxa cai para 26%. A urbanização acelerada e desenfreada encontra em Manchester o seu exemplo cabal: em 40 anos (1801-1841), a população da cidade aumentou em 13 vezes. O crescimento industrial responde por essas alterações. Um de seus índices é a produção de ferro fundido, que saltou de 193 mil toneladas, em 1800, para 1,4 milhão de toneladas, em 1840.

Os números mais representativos, porém, nessa etapa da industrialização, referem-se à produção têxtil: somente as exportações para a América Espanhola registraram, entre 1820 e 1840, um aumento de 500% (1820: 56 milhões de jardas; 1840: 279 milhões de jardas). Explica-se: se os teares mecânicos, em 1813, não passavam de 2.400, em 1850 eram mais de 224 mil. Por outro lado, a mecanização incide sobre a estrutura da força de trabalho: dos 240 mil tecelões manuais de 1820, em 1844 só restavam 60 mil; no mesmo período, os que operavam teares mecânicos variam de 10 mil para 150 mil. Não nos alonguemos desnecessariamente; mencionemos apenas que, na Inglaterra, os anos 1840 apresentam a maior taxa (relativa a aumento percentual por década) de crescimento industrial em todo o século XIX: 39,3%. Entre 1820 e 1845, o produto líquido industrial (em valor corrente) cresceu em cerca de 40% – mas sua folha de pagamentos não aumentou em mais de 5%. É a contrapartida necessária desse padrão de industrialização: os salários reais começam a baixar a partir de 1815 e, entre 1811 e 1840, as taxas de mortalidade ascendem e a miséria das massas conhece uma progressão assustadora[4]. Quanto à *revolução agrícola*, de que fala Passos Guimarães, ela precede essa fase: forneceu os braços para a arrancada industrial – em 1750, os *yeomen* já não existiam como classe e, entre 1750 e 1830, cerca de 2 milhões de hectares de terras, por decretos parlamentares, foram expropriados pelos *landlords*.

No continente, o processo ocorre muito assimetricamente. Enquanto as manufaturas vegetam na Península Ibérica e na Península Itálica as modificações praticamente se restringem ao Norte, a Bélgica da década de 1840 é um país industrializado: entre 1830 e 1838, a potência das suas máquinas a vapor é triplicada e, entre 1830 e 1850, também se triplica a sua produção de carvão.

A França, embora em proporções mais modestas, experimenta modificações similares. No último quartel do século XVIII, nela se realizam as duas características da *revolução agrícola:* a concentração fundiária e a alta dos preços da terra. E a defasagem, em relação à Inglaterra, verifica-se também nas relações comerciais e industriais; de qualquer modo, o capitalismo avança: as irrisórias 65 máquinas a vapor que existiam em 1820 já são mais de 5 mil em 1847. Os capitais investidos no comércio e na indústria passam de 30 bilhões de francos, em 1830, para 45 bilhões, em 1848. A urbanização também se intensifica – entre 1800 e 1850, a população de Paris duplicou.

Mesmo na atrasada e dividida Alemanha, o novo mundo permeia a feudalidade. A concentração fundiária pode ser inferida da seguinte indicação: se, em 1773, os assalariados rurais eram numericamente insignificantes, em 1849 somavam 2 milhões de pessoas. A "miséria alemã" é, naturalmente, relativa: a produção mineira foi duplicada entre 1830 e 1842, a metalúrgica triplicada entre 1800 e 1830 e a produção de bens de consumo, em 1830-1840, cresceu oito vezes em comparação à de 1800-1810. Aí, igualmente, os efeitos da industrialização capitalista, na sua primeira etapa, são onerosos para os trabalhadores: na Prússia, em 1848, a jornada média de trabalho varia entre 14 e 16 horas e os salários industriais, tomando-se 100 como índice para 1800, caem progressivamente: 86 em 1800-1829, 74 em 1800-1848.

... e o protesto operário

Mas a consolidação do mundo burguês é, ao mesmo tempo, a articulação de sua negação. As modificações assinaladas não são as únicas a informar o novo modo de vida; elas se acompanharam, sempre e inevitavelmente e em todos os lugares, do *protesto operário* – já no século XVIII espocam rebeliões cegas, centradas na destruição das máquinas (1758, Inglaterra; 1792 e 1794, Silésia).

O protesto operário descreve uma curva ascendente até os anos 1840. Conquistada a legalidade da organização sindical na Inglaterra (1824), manifesta-se, na ilha, a tendência operária à associação: multiplicam-se as uniões, federações etc., que serão catalisadas, entre

1838 (data da publicação da *Carta do Povo*) e meados da década seguinte, pelo *movimento cartista,* cuja experiência constitui o primeiro legado para os futuros partidos políticos operários. No continente, em troca, respira-se desde o Congresso de Viena (1815) a era de Metternich: repressão e censura. É isso que, acrescido da defasagem dos ritmos de crescimento industrial na ilha e no continente, explica o baixo nível de organização do protesto operário. A única exceção é a França, especialmente Paris, onde eram mais ou menos amplos, comparativamente, os espaços para a tematização política.[5] Mas o controle rigoroso da movimentação operária[6], somado à tradição jacobina, dão ao protesto operário francês – cuja combatividade demonstrara-se tanto em julho de 1830 quanto, especialmente, nas revoltas lionesas de 1831 e 1834 –, contudo, a configuração conspirativa: o veio carbonário permanece, as "sociedades secretas" se generalizam e tenta-se o golpismo (1839). Na Alemanha, a repressão mais brutal reduz o protesto operário a níveis mínimos (a sua organização se efetivará, realmente, no exílio), mas não consegue impedir a eclosão de choques violentos (Silésia, 1844).

A ambiência ídeo-política desses anos expressa com fidelidade a evolução do protesto operário na sua curva ascendente – basta evocar a larguíssima bibliografia que acompanha as formulações típicas do que ulteriormente se denominou "socialismo utópico". Na década de 1840, todavia, o protesto operário, sobretudo no continente, sofreu profunda inflexão. A consolidação do novo modo de vida do mundo burguês põe à luz do dia a dilaceração medular desse mundo: inseparável acólito da burguesia, o proletariado, ao fim da primeira etapa da revolução industrial, já não se opõe simplesmente a ela, mas articula um projeto societário que implica a sua supressão. Numa palavra: consolidado o mundo burguês, o proletariado converte-se em *classe para si.* Essa é a profunda inflexão testemunhada pelos anos 1840: esgotado o padrão industrialista da primeira fase da revolução industrial e definida a dominação de classe da burguesia, o *proletariado se insere na prática política como um agente autônomo* – eis o que, em nível histórico-universal, se verifica em 1848 (e que, documental e programaticamente, se registra no *Manifesto do Partido Comunista*).

O confronto entre Proudhon e Marx ocorre, exatamente, no estágio conclusivo desse processo de qualitativa transformação do protesto operário. Em si mesmo, ele antecipa o problema que a história real colocará em 1848: reforma ou revolução – proletariado como classe que *participa* do processo social ou proletariado que *direciona* o processo social. Essa irredutível oposição não se manifesta, porém, somente nos termos da polêmica Proudhon-Marx: manifesta-se, principalmente, no fato de os dois teóricos terem cruzado os seus caminhos, desenvolvidos muito diferencialmente, no preciso instante em que formulavam propostas sociopolíticas diretamente opostas, excludentes mesmo.

A evolução de Proudhon (1838-1846)

Entre 1838 e 1846 decorre a primeira fase da reflexão de Proudhon[7], que compreende a evolução que leva das *Investigações sobre as categorias gramaticais* (ensaio de gramática comparada que lhe propiciou, com o prêmio Suard, da Academia de Besançon, uma bolsa de estudos em Paris, em 1838) à publicação, em 15 de outubro de 1846, do *Sistema das contradições econômicas ou filosofia da miséria*[8]. Trata-se de uma evolução que, em resumidas contas, traça a trajetória que conduz de um ponto de vista abertamente revolucionário a um termo anemicamente reformista (utópico-reformista).

A primeira obra de Proudhon destinada ao grande público é *Sobre a celebração do domingo*, redigida e publicada em 1839.[9] O argumento proudhoniano, discorrendo sobre a significação dos ritmos de trabalho e repouso na vida, visa à crítica da espoliação do trabalho pelo capital. O seu objetivo é

> provar a todos os monopolizadores do trabalho, exploradores do proletariado, autocratas ou feudatários da indústria, ricaços e proprietários à tripla

> potência, que o direito de trabalhar e de viver, devolvido a uma massa de homens que (...) não gozam dele, não seria da parte dos beneficiários uma gratificação, mas uma restituição.[10]

Antevendo o que Marx, ulteriormente, chamaria de *pauperização,* Proudhon, contra o capital, conclui: "Apelamos para a força. Proprietários, defendei-vos! Haverá combates e massacres"[11].

Mas é o opúsculo de 1840, *O que é a propriedade?* – que contém a célebre frase "a propriedade é um roubo" e que lhe acarretou a perda da bolsa de estudos –, que tornará famoso o nome de Proudhon. Refutando a noção (encravada na ideologia liberal desde Locke) de que o fundamento da propriedade é o trabalho, Proudhon assinala que "o proprietário não produz nem por si nem por seus instrumentos e, recebendo os produtos em troca de nada, é um parasita ou um ladrão"[12]. Movendo-se no âmbito de uma problemática de raiz iluminista (afinal, para mostrar a impossibilidade da propriedade, ele recorre à Justiça, ao Direito, à Consciência), Proudhon postula a "reabilitação do proletariado" mediante a defesa da tese que, malgrado posteriores alterações, será sempre a sua favorita: a *igualdade de condições.* E, um ano depois, na *Segunda memória sobre a propriedade,* ele determina o *modus* para alcançar essa *igualdade de condições:* "Concito à revolução por todos os meios ao meu alcance".[13]

Em 1843 – em duras condições de vida: transferira-se para Lyon, trabalhando numa empresa de transportes –, Proudhon publica *A criação da ordem na humanidade.* Essa obra pretensiosa (dividida em cinco partes: a Religião, a Filosofia, a Metafísica, a Economia e a História) contém uma espécie de súmula das ideias que Proudhon tematizaria ao longo de sua vida. Propondo-se a crítica da concepção de *ordem,* ele passa em revista uma longa série de filósofos (Platão, Bossuet, Malebranche, de Maistre, Leibniz, Kant, Hegel), polemiza com contemporâneos (Comte) e explicita a sua *dialética serial* que, como se sabe, pouco ou nada tem a ver com a metodologia hegeliana[14]. Ainda aqui, Proudhon reafirma a sua posição revolucionária:

o determinismo econômico – ele não duvida que o movimento da sociedade tenha por base a vida econômica, nem que as leis da economia política sejam as leis da história – não impede, exclui ou invalida a "força criadora revolucionária"[15].

Na sua obra subsequente, porém, essa "força criadora" já não encontra espaço: o *Sistema das contradições econômicas ou filosofia da miséria* atesta a viragem decisiva de Proudhon no sentido do reformismo ou, mais exatamente, do utopismo reformista. Não é que Proudhon tenha sofrido qualquer processo de venalização ou corrupção ideológica. Na verdade, os dois volumes que publica em 1846 colocam em relevo, mais que as limitações derivadas do horizonte político de classe que o aprisiona, as constrangedoras restrições que o seu desengonçado conhecimento da dinâmica social faz penetrar nas suas propostas políticas. *É porque erra na análise que Proudhon erra na proposta política;* ele não é capaz de formular um projeto revolucionário justamente porque não é capaz de compreender a efetiva legalidade histórico-social. Se, nas suas obras anteriores, a precária análise econômico-social não comprometia a conclusão revolucionária, a razão está em que esta não se engrenava realmente naquela – era uma petição ética; agora, quando pretende formular um projeto de intervenção social a partir de uma investigação sistemática, a solução que apresenta aparece inteiramente hipotecada à sua inépcia teórica. A política que se articula no *Sistema das contradições econômicas ou filosofia da miséria* é utópico-reformista porque a análise histórico-social que a funda é frágil e porque a teoria econômica que a sustenta é falsa.

O livro, complicado[16], intenta, de forma detalhada e sistemática, "uma síntese entre o capitalismo e o socialismo, defendendo, com os economistas burgueses, o princípio da propriedade privada contra os socialistas e criticando, com estes, as taras do capitalismo"[17]. Ou, como resume um analista simpático a Proudhon:

> Os seus dois volumes tratam sucessivamente dos valores econômicos, da divisão do trabalho, das máquinas, da concorrência, do monopólio, do

imposto, da balança de comércio, do crédito, da propriedade individual, da propriedade coletiva, da comunidade de bens, da população, do trabalho. Proudhon procura mostrar que, relativamente uns aos outros, esses termos são antinômicos (...) [e] conduzem a resultados opostos aos que uma sociedade poderia esperar. Para sair do impasse, é preciso renunciar aos preconceitos da economia política clássica e às "utopias comunistas" do tempo, que pregam a "comunidade de bens", utopias que Proudhon identifica, muitas vezes sem razão, com o coletivismo socialista[18].

Arrancando de uma "hipótese de Deus"[19], já nas suas primeiras páginas, retóricas e bombásticas[20], a obra evidencia a característica maior que permeia todos os desenvolvimentos nela contidos: uma hipostasia de eventos, dados e instituições que, retirados do processo sócio-histórico, são convertidos em antinomias que não se resolvem por conflitos imanentes, mas, antes, são combinadas por uma razão interveniente que é exterior a eles. Proudhon parte da ideia de que duas doutrinas disputam o mundo: a economia política (a *rotina*) e o socialismo (a *utopia*). A verdade da disputa se encontra na sua conciliação: a combinação entre a conservação e o movimento, a única solução para formular os fundamentos da ordem social e a "lei orgânica da humanidade".

Pesquisando essa supra-histórica "lei orgânica", Proudhon organiza os seus materiais arbitrária e dogmaticamente. A ingenuidade epistemológica senta praça nos seus raciocínios: "Para nós, os fatos não são matéria (...) mas, ao contrário, manifestações sensíveis de ideias invisíveis"[21]. A mitificação da história é patente: "Para nós, a história das sociedades não é mais que uma longa determinação da ideia de Deus, uma revelação progressiva do destino do homem"[22]. A sociedade é reduzida ao esquema de uma *pessoa*, simbolizada por Prometeu. E o seu dinamismo é convertido no jogo de dois princípios abstratos: "A vida social se manifesta duplamente: conservação e movimento"[23]. A concepção geral do movimento histórico-social, assim erguida, resvala, num discurso inflado, para o banalismo mais francamente desistoricizado:

> A humanidade, na sua marcha oscilatória, retorna inconscientemente sobre si mesma (...). A verdade, no movimento da civilização, permanece sempre idêntica e nova (...). E isso, precisamente, constitui a Providência e a infalibilidade da razão humana; assegura, no interior mesmo do progresso, a imutabilidade do nosso ser; torna a sociedade, ao mesmo tempo, inalterável em sua essência e irresistível em suas revoluções (...)"[24].

As remissões à Providência ou à infalibilidade da razão humana apenas dissimulam a real incompreensão tanto das categorias econômicas quanto dos processos que elas denotam[25]. Com a redução da complexidade do ser social posto pelo capitalismo a um somatório de antinomias excludentes (monopólio/imposto, responsabilidade de Deus/responsabilidade do homem etc. etc.), Proudhon, todavia, não retrocede somente em relação ao nível já alcançado pela economia política em sua versão clássica. Faz mais e pior: o seu fracasso teórico incide sobre o seu próprio percurso político e ideológico – agora, já não coloca como alternativa libertadora a supressão do capitalismo pela abolição da propriedade, através da via revolucionária. Ao contrário: a antinomia propriedade/comunidade resolve-se na sua *conciliação* – e eis que Proudhon propugna pela *mutualidade*. Esse novo fundamento para a sociedade futura, como é compreensível, já não repousa mais na anteriormente glorificada "força criadora revolucionária": a emergência da nova sociedade

> ocorrerá não como novidade imprevista, inesperada, repentino efeito das paixões do povo ou da habilidade de alguns homens, mas pelo retorno espontâneo da sociedade a uma prática imemorial, momentaneamente abandonada (...).[26]

A evolução de Marx (1841-1846)

Este é o perfil teórico-ideológico do homem com o qual Marx polemiza em 1847: não mais o pensador que concitava à revolução e sim o doutrinário que a rechaça por considerá-la um apelo à força[27]... Ora, quase no mesmo decurso temporal, Marx cumprira um itinerário inteiramente diverso: no dizer de Cornu, ele realizara o trânsito do liberalismo democrático ao comunismo. Assim, pois, o confronto era inevitável. Antes de mencioná-lo, contudo, devemos sugerir as grandes linhas da evolução de Marx entre 1841 e 1846[28]; de fato, essa é a etapa em que se constrói, nele, o teórico e o revolucionário. Em síntese, é a fase em que as suas experiências intelectuais, sociais e políticas lhe permitem articular as bases do que, a partir de 1847-1848, constituirá a moderna teoria social – desvelamento do modo de produção capitalista e proposta da sua ultrapassagem, com o proletariado urbano como agente da transição socialista.

Em 15 de abril de 1841, Marx doutora-se em filosofia, com a dissertação *Diferença entre as filosofias da natureza em Demócrito e Epicuro*[29]. A tese, relevante na discussão acadêmica que, à época, na Alemanha, se travava no tocante à avaliação do pensamento antigo, arranca dos lineamentos hegelianos sobre a história da filosofia e adquire uma ponderação específica quando conjugada à posterior evolução do autor: já então, com uma ênfase positiva na significação das ideias de Epicuro, a reflexão de Marx aponta para desenvolvimentos inéditos e originais[30].

No entanto, o movimento de Marx, diferenciando-se da esquerda hegeliana, só começa mesmo a se esboçar em 1842: assumindo a direção da *Gazeta Renana,* órgão liberal, ele tende a "rejeitar definitivamente a filosofia crítica dos jovens hegelianos e a se separar deles"[31]. Com efeito, é nesse período que, pela primeira vez, Marx enfrenta questões políticas[32] e justamente essas questões levam-no a atentar para as ideias socialistas – lê Dézamy e Proudhon.

Em 1843, Marx é conduzido a um enfrentamento decisivo com a herança hegeliana: a partir da influência de Feuerbach, estuda os parágrafos 261 a 313 dos *Princípios da Filosofia do Direito de Hegel,* nos inconclusos *manuscritos de 1843*[33]. O problema que Marx se coloca não é diferente do de Hegel ou do da tradição clássica da teoria política – é o problema das relações entre o Estado e a sociedade civil. Mas, se a formulação é hegeliana, o *programa político* implícito em Marx é antípoda ao de Hegel e marcado, inclusive, pelas sugestões de Moses Hess. Ao contrário de Hegel, que vê no Estado o fundamento da sociedade civil, posto que torne "os predicados independentes e os deixa transformarem-se, de forma mística, em seus sujeitos"[34], Marx parte da ideia de que, efetivamente, "a família e a sociedade civil constituem os pressupostos do Estado"[35]. Por isso, a superação da universalidade alienada do Estado é possível pela supressão da separação entre o social e o político, o universal e o particular – é possível na "verdadeira democracia". É nesse contexto que Marx elabora a sua primeira crítica da burocracia, da representação, da constituição política etc.

A ultrapassagem do lastro hegeliano, na reflexão de Marx, não é, entretanto, algo que se opere de um só golpe – antes, é um processo que, já perceptível, inequivocamente, nos *manuscritos de 1843*, prolongar-se-á, sinuoso, pelos próximos dois ou três anos. Nessa direção, dois passos importantes serão dados na primeira estada de Marx em Paris (outubro de 1843-fevereiro de 1845), na consecução do projeto, em associação com Ruge, dos *Anais Franco-Alemães*. No único número editado desse periódico, Marx publica os dois textos em que, avançando no sentido da ultrapassagem do seu hegelianismo, também supera uma programática liberal democrática: *Para a questão judaica*[36] e *Crítica da filosofia do Direito de Hegel – Introdução*[37].

Em *Para a questão judaica*, polemizando com B. Bauer, Marx – continuando nitidamente influenciado por Feuerbach e Hess – patenteia o seu divórcio com a esquerda hegeliana: a *prática política* é introduzida no seu horizonte intelectual e referida como tal – "A questão da *relação da emancipação política com a religião* torna-se para nós a questão da *relação da emancipação política com a emancipação humana*"[38]. É no outro texto, todavia, que o seu pensamento se inflexiona na direção do comunismo: pela primeira vez, explicitamente, Marx perspectiva a solução dos problemas contidos na filosofia como extrapolando da crítica filosófica – a solução é não-filosófica (mais exatamente: *metafilosófica*), dependendo da intervenção *prática* de um agente privilegiado, a classe operária, que, para tanto, recupera e incorpora a filosofia; da vinculação entre filosofia e proletariado resulta a superação do mundo burguês[39].

De qualquer forma, a intervenção do proletariado, aqui, ainda é claramente abstrata e postulada – "Marx só alcança a passagem à definitiva concepção científica do socialismo proletário no decorrer de 1844"[40]. Para essa passagem, concorrem, fundamentalmente, dois elementos. Em primeiro lugar, o estudo da economia política, que já se impunha a Marx desde que, contra Hegel, insistira em que é o conhecimento da estrutura da sociedade civil que assegura o conhecimento da estrutura do Estado[41]; precisamente desse estudo, que então inicia, resultará a sua ruptura com todo o quadro teórico-ideológico do seu tempo[42], possibilitando-lhe a fundação da moderna teoria social. Em segundo lugar, o seu contato direto com a classe operária revolucionária: Marx frequentou círculos operários e, por volta de abril-maio de 1844, travou relações com a *Liga dos Justos;* ao mesmo tempo, ele se interessa pela análise da tradição revolucionária francesa[43]. Os índices mais claros do trânsito teórico-ideológico que Marx realiza nesta etapa aparecem em três textos do período.

O primeiro deles são os famosos *Manuscritos de 1844*, publicados em 1932[44] e que, como Althusser observou, "são o produto do primeiro encontro de Marx com a economia política"[45]. Operando com uma antropologia de base feuerbachiana, Marx enfoca o fenômeno da *alienação* e constata que a economia política[46] não pode compreendê-lo e criticá-lo, uma vez que não ultrapassa as leis do trabalho alienado: a economia política não exprime mais que uma realidade fundada na alienação. Ora, Marx põe em causa justamente aquilo que a economia política não questiona: a propriedade privada – e nela localiza a raiz da alienação. Suprimir a propriedade privada para suprimir a alienação é instaurar o *comunismo,* garantia do *humanismo real.* Não se trata do comunismo vulgar, que subsume o indivíduo no gênero; trata-se de uma revolução radical, do comunismo como

> abolição *positiva da propriedade privada* (ela mesma *alienação humana em si*) e, consequentemente, apropriação real da essência *humana* pelo homem e para o homem (...). Esse comunismo (...) é a *verdadeira* solução do antagonismo entre o homem e a natureza, o homem e o homem, a verdadeira solução da luta entre existência e essência, objetivação e afirmação de si, liberdade e necessidade, indivíduo e gênero[47].

Esse comunismo, no entanto, não deriva de uma tensão ética que levaria ao termo da história: "é o momento *real* da emancipação e da retomada de si do homem"; não é a meta da sociedade humana, mas "a sua forma"[48].

O segundo texto é *A sagrada família ou crítica da crítica crítica. Contra Bruno Bauer e consortes,* primeiro trabalho conjunto de Marx e Engels, publicado em fevereiro de 1845[49]. Polemizando contra a "crítica" da esquerda hegeliana, que via na "massa" a verdadeira negação do "espírito", Marx defende precisamente o *comunismo de massas.* Há uma evidente continuidade, nessa discussão, com a polêmica veiculada em *Para a questão judaica;* agora, porém, os conhecimentos de economia política entremostrados nos *Manuscritos de 1844*, mais a observação da experiência recente da classe operária[50], conduzem explícita e conscientemente à questão da *prática política revolucionária:* só as massas poderão transformar radical e eficientemente o *status quo.*

O terceiro texto procura clarificar, exatamente, o complexo de problemas da prática social, da práxis: são as *Teses sobre Feuerbach,* escritas na primavera de 1845 e publicadas por Engels em 1888[51]. Essas teses, "primeiro documento em que se contém o embrião da nova concepção de mundo" (Engels), atestam a ultrapassagem da antropologia feuerbachiana no pensamento de Marx. Realmente, avançando sobre os *Manuscritos de 1844*, Marx lança os fundamentos de uma antropologia original: o homem é compreendido como *ser prático e social,* com todas as consequências que essa concepção acarreta nos níveis teórico, político e ético. E a determinação do caráter estruturalmente *histórico* deste ser prático e social emerge, privilegiadamente, na prática política, focada como prática *revolucionária* (transformadora).

Entre setembro de 1845 e maio de 1846, Marx (em nova colaboração com Engels), redige *A ideologia alemã,* cuja primeira publicação é póstuma (1932)[52] e que comprova o trânsito de Marx ao comunismo, concluindo a sua definição básica como teórico e revolucionário. O volumoso manuscrito – com um longo subtítulo: "Crítica da filosofia alemã mais recente, na pessoa dos seus representantes Feuerbach, Bruno Bauer e Stirner, e do socialismo alemão na dos seus diferentes profetas" – tinha por objetivo, como Marx escreveu em 1859, "acertar as contas com a nossa [dele e de Engels – JPN] antiga consciência filosófica", "sob a forma de uma crítica da filosofia pós-hegeliana"[53]. Ou seja: o texto representa o esforço para determinar, em oposição à "ideologia alemã", o estágio das pesquisas marxianas. E, por isso mesmo, é extremamente importante: nele se encontra a clara formulação de algumas das teses fundamentais quer da teoria social que Marx desenvolveria ao longo de sua obra posterior, quer do projeto revolucionário que decorre organicamente dessa teoria. E esses dois componentes são resolvidos a partir da reposição das problemáticas anteriormente discutidas por Marx, reposição no novo plano teórico-científico alcançado por ele no curso da evolução intelectual e política que agora ascende a um patamar diverso.

> São os homens que produzem as suas representações, as suas ideias etc., mas os homens reais, atuantes e tais como foram condicionados por um determinado desenvolvimento das suas forças produtivas e do modo de relações que lhe corresponde, incluindo até as formas mais amplas que estas possam tomar. A consciência nunca pode ser mais que o ser consciente; e o ser dos homens é o seu processo de vida real.
>
> Esta concepção da história tem portanto como base o processo real da produção, concretamente a produção material da vida imediata; concebe

> a forma das relações humanas ligadas a este modo de produção e por ele engendrada, isto é, a sociedade civil nos seus diferentes estágios, como sendo o fundamento de toda a história.
>
> É tão verdade serem as circunstâncias a fazerem os homens como a afirmação contrária.
>
> Todos os conflitos da história têm a sua origem na contradição entre as forças produtivas e os modos de troca[54]

– destas cruciais determinações, Marx desdobrará desenvolvimentos complexos (históricos e econômicos), buscando a compreensão das modalidades de reprodução do ser social no quadro do capitalismo. O termo desses desenvolvimentos concretiza e retifica as anteriores conquistas da pesquisa marxiana: a liquidação da alienação pela prática revolucionária exercitada pelo proletariado constitui o comunismo, que

> não é um *estado* (...), um *ideal* (...). Chamamos comunismo ao movimento *real* que supera o atual estado de coisas[55].

O que se conceptualiza pois, é uma *teoria da revolução e seu sujeito:* a revolução não é apenas a liquidação da classe dominante, mas a condição que permitirá à classe que *derruba a outra* aniquilar toda a podridão do velho sistema e tornar-se apta a fundar a sociedade sobre bases novas; a revolução, *movimento prático,*

> acaba com a dominação de todas as classes, pois é efetuada pela classe que, no âmbito da atual sociedade (...) constitui a expressão da dissolução de todas as classes (...)[56].

Como se constata, cinco meses antes de Proudhon publicar a obra em que, concluindo a primeira etapa da sua evolução, recusa a transformação revolucionária da sociedade capitalista, Marx também atingia uma etapa nodular da sua evolução, concluindo precisamente em favor daquela transformação revolucionária.

As relações Proudhon-Marx

Proudhon e Marx conheceram-se pessoalmente em Paris, e suas relações foram estreitadas no outono-inverno de 1844-1845.

As discussões que mantiveram, fundamentalmente, a se crer em Marx, centraram-se sobre a obra de Hegel[57].

Não é de estranhar a pouca importância que Proudhon atribuiu a esses contatos[58]. Afinal, era já um pensador maduro e célebre e seu interlocutor, que ainda não completara 30 anos, não passava, à época, de um obscuro emigrado alemão.

Marx, ao contrário, valoriza tais contatos. Conhecia a obra de Proudhon (especialmente *O que é a propriedade?*) e, desde 1842, refere-se a ele: ao tempo da *Gazeta Renana,* cita-o frequentemente como "o mais penetrante" e "o mais consequente" dos escritores socialistas. E, até 1846, manteve para com ele uma atitude extremamente simpática e receptiva[59].

As provas dessa atitude são várias. Numa carta a Feuerbach, de agosto de 1844, defende o caráter empenhado do pensamento de Proudhon contra a crítica "pura" dos *Livres de Berlim* (Bauer e consortes)[60]. E, em seus estudos de economia política desse período, Proudhon é uma referência explícita[61]. No entanto, "à medida que progride em seus estudos econômicos, Marx vai-se dando conta da fragilidade teórica de Proudhon"[62]. Em *A sagrada família,* como observou Molitor, "em muitos pontos, Marx está longe de concordar com Proudhon"; porém, defende-o contra as adulterações que os *Livres de Berlim* fazem das suas ideias, considerando-o "o mais ousado pensador do socialismo francês"[63]. Nessa obra, Marx escreve:

> Proudhon submete a base da economia política, a propriedade privada, ao primeiro exame sério (...) e científico (...). O grande progresso científico que realizou (...) coloca, pela primeira vez, a possibilidade de uma verdadeira ciência da economia política. A sua obra *O que é a propriedade?* tem, para a economia política, a mesma importância que, para a política moderna, possui a obra de Sièyes, *O que é o terceiro Estado?*[64].

Mas, em seguida, Marx acrescenta: Proudhon "fez tudo o que a crítica da economia podia fazer do ponto de vista econômico"[65]. E, em *A ideologia alemã,* se as reservas a Proudhon crescem[66], também é verdade que Marx faz a sua defesa frente às deformações de Grün[67].

Mais ainda: o apreço de Marx por Proudhon vai além do período em que mantiveram contatos pessoais – prova-o a carta que lhe envia de Bruxelas, convidando-o a associar-se ao comitê de correspondência que, juntamente com Engels e Gigot, acabava de criar. E não é a resposta de Proudhon[68] que põe fim àquele apreço: é a publicação do *Sistema das contradições econômicas ou filosofia da miséria* que obriga Marx a uma clara tomada de posição, que encerra as suas relações pessoais e só arranca de Proudhon, nos seus apontamentos, manifestações de azedume e irritação[69].

A tomada de posição de Marx[70], expressa na *Miséria da filosofia*[71], marca uma nova etapa na sua evolução, reconhecida por todos os analistas mais qualificados[72]. E nela se conjugam, numa integração plena, os elementos constitutivos da evolução marxiana: o teórico-científico e o político-ideológico. De um lado, o texto mostra o desenvolvimento das pesquisas de Marx no âmbito da economia política[73]: a crítica marxiana ao conteúdo das formulações pretensamente científicas de Proudhon é o eixo central do livro e as avaliações nele explicitadas serão reafirmadas inúmeras vezes na obra ulterior de Marx[74]. De outro, revela o estágio político alcançado por Marx: agora com seu projeto comunista revolucionário claramente formulado, ele é levado a combater firmemente quaisquer contrafações ideológicas que possam desviar o proletariado das tarefas prático-históricas que o processo social real confere a ele.

Relevância da *Miséria da filosofia*

Ao decidir pela réplica a Proudhon, Marx decide-se pela explicitação sistematizada dos resultados dos seus estudos econômicos que, como indicamos, iniciara em 1843-1844[75]. A *Miséria da filosofia* é, portanto, um balanço do ponto a que Marx chega no primeiro semestre de 1847.

Numa ótica estritamente econômica, a *Miséria da filosofia*, relacionada à ulterior evolução científica de Marx, não se apresenta como invulnerável; ao contrário, há nela proposições equivocadas e/ou insuficientes. O nódulo desses equívocos e/ou insuficiências refere-se à compreensão da natureza do *valor*.

Desde os seus primeiros estudos econômicos, Marx colocara o problema do valor no centro das suas preocupações – e nisso ele é, de fato, um herdeiro direto da tradição clássica da economia política. Em 1843-1844, ele analisa, sobretudo, a teoria do valor-trabalho tal como aparece em Ricardo[76] e não a aceita, fundamentalmente porque ela abstrai a concorrência. A consequência é cristalina: então, "o valor das mercadorias é ainda concebido como idêntico aos preços"[77].

Na *Miséria da filosofia,* entretanto, a perspectiva desenvolvida por Marx é bem outra: as suas ideias, refeitas tanto no exílio belga quanto na rápida viagem de estudos que faz à Inglaterra em julho-agosto de 1845, passam a apreender a dimensão revolucionária da teoria do valor-trabalho[78]. Mas ele não se põe como um ricardiano; no mesmo processo científico em que começa a considerar o trabalho como fonte primária do valor, rompe com a característica saliente e determinante da economia política clássica consistente na eternização das categorias econômicas. Na verdade, ele reformula a concepção contida em Ricardo,

> de uma maneira toda particular: o trabalho (abstrato) é a essência do valor de troca porque, numa sociedade fundada sobre a divisão do trabalho, ele constitui o único tecido conjuntivo que permite comparar mutuamente e tornar comensuráveis os produtos do trabalho de indivíduos separados uns dos outros[79].

Essa reformulação, todavia, encontra-se balizada – e aí a ruptura com a concepção clássica – pela determinação das categorias econômicas como "expressões teóricas, abstrações das relações sociais de produção (...). Essas categorias são tão pouco eternas como as relações que expressam. São produtos *históricos e transitórios*"[80]. Contra Ricardo e contra a tradição clássica, cuja tematização do valor retoma, Marx afirma peremptoriamente a historicidade das categorias econômicas.

O fato de Marx, na *Miséria da filosofia,* assumir a teoria do valor-trabalho, no entanto, não significa que, desde então, estivesse capacitado a desvelar o segredo da produção capitalista – empresa só realizada cabalmente n'*O capital.* Na *Miséria da filosofia,* ele ainda está distante do ulterior tratamento a que vai submeter essa teoria. E isso não apenas porque, como quer Vranicki, deixa de examinar as várias formas do valor; a insuficiência da impostação marxiana, na *Miséria da filosofia,* deve-se, antes de mais, ao fato de ela não alcançar a precisa *concretização* do valor, através do complexo de mediações socioeconômicas que a viabiliza. À falta dessa determinação – cuja elaboração Marx começará a efetivar na segunda metade dos anos 1850 –, a instrumentalização da teoria do valor-trabalho defronta-se com problemas insolúveis, obstáculos teóricos da natureza daqueles que pululam na *Miséria da filosofia,* em que, em consequência do que mencionamos, Marx não distingue, por exemplo, *força de trabalho* de *trabalho, trabalho socialmente necessário* de *trabalho necessário* etc.

Inúmeras são as implicações diretas dessa imediaticidade ainda não superada na consideração do processo de produção capitalista. Uma delas: torna-se impossível avançar na distinção entre valor de troca, preço de produção e preço de mercado – e o valor de troca, no fundo, continua identificado ao preço. Mais ainda: sem a distinção *força de trabalho/trabalho,* mesmo que este seja caracterizado como uma mercadoria, está interditada a possibilidade da apreensão concreta da especificidade da mercadoria força de trabalho face ao capital. Resultado decisivo: *a teoria da mais-valia não pode sequer ser vislumbrada.* Outras consequências: uma equivocada teoria do salário, influenciada também por Ricardo[81] e uma precária compreensão da distribuição da taxa de lucro[82].

Os limites de uma introdução como esta tornam impertinente uma análise minuciosa do conteúdo do pensamento econômico de Marx no primeiro semestre de 1847,[83] que, certamente, localizaria outras lacunas e incorreções[84] que só o ulterior desenvolvimento da pesquisa marxiana completaria e retificaria inteiramente. Importa ressaltar aqui, todavia, que tais lacunas e incorreções não comprometem, em qualquer escala, a relevância teórica da *Miséria da filosofia* como primeira explicitação sistematizada dos fundamentos da moderna teoria social. Realmente, o que surge na *Miséria da filosofia* é o primeiro desenho do projeto teórico a que Marx dedicará o essencial da sua vida: *a análise de conjunto do modo de produção capitalista.*

A crítica a Proudhon permite a Marx capturar a história da constituição das novas relações econômico-sociais e dos novos tipos sociais. Os quatro últimos parágrafos do capítulo segundo consistem, exatamente, na apreensão da historicidade concreta do modo de produção capitalista, na captação da sua dialética interna. A ruptura dos padrões da indústria pré-capitalista, o surgimento da manufatura e da maquinofatura, o mecanismo das crises, a emergência das classes sociais fundamentais, suas articulações e transformações, os liames que as vinculam e opõem através das suas lutas e contradições etc. – aí está o diagrama do movimento do mundo capitalista. E as preliminares metodológicas antepostas no primeiro parágrafo do mesmo capítulo não convertem a questão do método em questão de princípio[85]: ao contrário, uma leitura mais cuidadosa revela que as indicações de Marx resultam do tratamento que a própria natureza do objeto impõe – e é por isso, também, que o logicismo hegeliano recebe a sua cota-parte. Não é casual que a crítica da economia política, enquanto crítica epistemológica, venha, na exposição, antecedendo as análises histórico-sociais concretas: o mesmo Marx, mais tarde, haveria de constatar que o método da exposição apresenta invertida a ordem da investigação e que, já aqui – como em toda a obra madura de Marx –, a crítica da economia política aparece como um dos resultados da investigação histórico-social concreta; já aqui, para Marx, "não se trata de criar uma ciência, mas de produzir uma crítica da economia política, seja enquanto apologia da realidade vigente, seja enquanto expressão do sistema econômico-social"[86].

É sabido que as investigações marxianas se alçarão a novo patamar nos anos 1850; na segunda metade dessa década, Marx efetuará as suas mais decisivas descobertas[87]. Ora, sobre que fundamento se efetivam essas descobertas? Sobre o fundamento da mais central das determinações de Marx, aquela que já se apresenta na *Miséria da filosofia: a determinação de que as instâncias constitutivas da sociedade se articulam numa totalidade concreta e são postas geneticamente pelo primado ontológico das relações econômicas.* Não se trata, como sempre quis o marxismo vulgar, de reduzir a teoria social de Marx a uma *teoria fatorialista,* com o primado do "econômico"; nada disso: o primado ontológico da economia, que funda a teoria social moderna, descoberto por Marx, opera no interior de uma estrutura teórica que produz um objeto (teórico) para reproduzir o objeto real na perspectiva da *totalidade*[88]. Eis, pois, que a teoria social moderna (indissoluvelmente ligada às formações econômico-sociais engendradas pelo modo de produção capitalista, quer pela própria possibilidade da sua constituição, quer pelos seus objetivos científicos) não se instaura como somatório enciclopédico de saberes autônomos (história, economia, política etc.). Contrariamente, é uma estrutura teórica unitariamente articulada sobre a perspectiva da categoria fundamental da realidade social, a *totalidade.* E a exigência da totalidade não é posta como um simples imperativo metodológico: resulta, precisamente, das investigações histórico-concretas que Marx realizou, focando as formações econômico-sociais capitalistas.

A teoria social que a obra de Marx inaugura, por isso mesmo, implementa investigações e pesquisas sobre níveis distintos e específicos (econômico, político, social etc.) da totalidade social – investigações e pesquisas elas mesmas levadas a cabo segundo o ponto de vista da totalidade –, mas se organiza a partir da elaboração dessas pesquisas e investigações de acordo com a determinação macroscópica posta pela concepção da totalidade[89]. Só assim lhe é possível desvelar a ontologia do ser social, isto é:

os modos de ser e reproduzir-se de uma sociedade determinada. Visto o primado ontológico da economia, a crítica da economia política aparece, pois, como o componente nuclear da teoria social de Marx.

Justamente esta é a concepção que orienta a arquitetura da *Miséria da filosofia:* no conjunto da obra marxiana, este texto é o primeiro em que a teoria social tem por necessidade e condição a crítica da economia política. O fato de, nele, esta crítica não se realizar na inteireza que *O capital* apresenta, não retira ao historiador das ideias marxianas o direito – e o dever – de reconhecer que, já na *Miséria da filosofia,* Marx se coloca como o pensador que operou a mais radical e decisiva revolução teórico-social dos tempos modernos.

São Paulo, junho de 1980

Notas

1 É preciso insistir neste aspecto: a *Miséria da filosofia* opera a liquidação teórica do socialismo utópico-reformista, mas não alcança uma incidência decisiva no plano da prática política do movimento operário. O próprio Mehring reconheceu-o, ao afirmar que, apesar da crítica marxiana de 1847, "longe de diminuir, a influência de Proudhon, sobre o proletariado francês e dos países latinos em geral, aumentou" (Mehring, F.: *Karl Marx,* Lisboa, 1974, I, p. 147). Essa influência, até hoje, é a tal ponto considerável que os comunistas franceses, numa recente reedição da obra, sentiram a necessidade de precedê-la de uma nótula de H. Mougin, que avalia polêmica e negativamente a presença do fantasma proudhoniano no seio do movimento operário (cf. *Misère de la philosophie,* Paris, 1972, pp. 7-23).

2 Objeto de uma vasta bibliografia, em que cabe destacar a contribuição dos biógrafos de ambos os teóricos (sobre Marx, cf. os estudos de Mehring, Cornu e Rubel; sobre Proudhon, os de Dolléans, Halevy e Bancal). Uma fonte de referência obrigatória é Haubtmann, P.: *Marx et Proudhon,* Paris, 1947. Ao leitor brasileiro, os textos mais acessíveis são: Jackson, J. H.: *Marx, Proudhon e o socialismo europeu,* Rio de Janeiro, 1963; Menezes, D.: *Proudhon, Hegel e a dialética,* Rio de Janeiro, 1966, Gurvitch, G.: *Proudhon e Marx,* Lisboa, s/d.

3 Fontes: Huberman, L.: *História da riqueza do homem,* Rio de Janeiro, 1976; Hobsbawn, E. J.: *A era das revoluções, 1789/1848,* Rio de Janeiro, 1977 e *Da revolução industrial inglesa ao imperialismo,* Rio de Janeiro, 1978; Abendroth, W.: *A história social do movimento trabalhista europeu,* Rio de Janeiro, 1977; Bottigelli. E.: *A gênese do socialismo científico,* Lisboa, 1971; Passos Guimarães, A.: *A crise agrária,* Rio de Janeiro, 1979.

4 Uma clássica descrição das condições em que se operou esse processo é oferecida por Engels, F.: *A situação da classe trabalhadora na Inglaterra*. [Há edição brasileira: Boitempo Ed., S. Paulo, 2008]

5 Nos anos 1840, Paris é o exílio privilegiado para os perseguidos políticos de todo o continente. Um dado: em 1843, 7% dos habitantes da capital francesa eram emigrados alemães.

6 Controle cuja substância se encontra no *Código Napoleônico*, cujo caráter de classe é inequívoco: dedica ao trabalho oito parágrafos e, à propriedade centenas.

7 Sobre Proudhon, referências biográficas podem ser localizadas nas fontes citadas na nota 2 e ainda em: Cuvillier, A.: *Proudhon*, Paris, 1937; Dolléans, E.: *Proudhon*, Paris, 1948; Halevy, D.: *La vie de Proudhon*, Paris, 1948. É de notar que, no seu conjunto, a obra proudhoniana é vasta: 38 livros (12 póstumos), 14 volumes de correspondência, 3 volumes de artigos e 6 volumes de anotações pessoais (os *Carnets*).

8 Gurvitch periodiza a evolução de Proudhon em três fases: 1ª anterior à revolução de 1848; 2ª entre a revolução de 1848 e a sua libertação (1852); 3ª a final, entre 1852 e 1865 (cf. *op. cit.*, I, p. 31).

9 Uma edição em tiragem comercial maior saiu em 1841.

10 *Apud* Gurvitch, *op. cit.*, I, p. 35.

11 *Ibidem*, p. 36.

12 *Ibidem*, p. 52.

13 *Apud* Löwy, M.: *La teoria de la revolución en el joven Marx*, México, 1978, p. 199. [Há edição brasileira: Ed. Vozes, Petrópolis, 2002]

14 Segundo Bancal (cf. a sua introdução a Proudhon, P.-J.: *Oeuvres Choisies*, Paris, 1967), a dialética serial de Proudhon se funda numa tripla legalidade: a lei motriz – o antagonismo antinômico; a lei reguladora – a justiça-equilíbrio; a lei realizadora – o processo serial. Para Gurvitch, a dialética de Proudhon "desemboca num pluralismo tão bem ordenado, tão bem integrado, tão bem equilibrado, que suspeitamos terem sido essa integração e esse equilíbrio arranjados previamente e preconcebidos" (*Dialética e sociologia*, Lisboa, 1971, p. 143); aliás, "a orientação geral do pensamento de Proudhon vai exatamente na direção oposta à de Hegel": desde *Sobre a celebração do domingo*, "Proudhon proclama que o seu método é o da procura dos equilíbrios na diversidade" (*Ibidem*, pp. 139 e 143). Na verdade, Proudhon não teve contatos diretos com textos hegelianos (não lia alemão e, no seu tempo, não existiam traduções): o mesmo Gurvitch informa que o seu conhecimento de Hegel vinha do que Ahrens, emigrado alemão que lecionara no College de France, veiculara no seu *Curso de psicologia*, publicado em 1836-1838. Entre 1844-1845, Marx forneceu-lhe sugestões hegelianas, posteriormente deformadas por Grün (cf. a carta de Marx a Schweitzer, nos "Anexos" deste volume). Analistas das mais distintas correntes coincidem na constatação da fragilidade metodológica do pensamento de Proudhon: se Buber afirma que ele "não era um pensador histórico" (*O socialismo utópico*, São Paulo, 1971, p. 39), Peter diz que "o pensamento de Proudhon é uma mecânica reguladora" (cf. a sua introdução a Proudhon, P.-J/Marx, K.: *Philosophie de la misere/misère de la philosophie*, Paris, 1964, p. 8); e Menezes escreve: "É verdade que Proudhon, em muitos trechos de seus escritos, falou da tríade da tese, antítese e síntese; e muitos comentadores, com certa leviandade, discutem a sua *tournure dialectique*. A terminologia é superficial – e mascara, sob aparência dialética, a mais banal intuição mecanicista acerca do encadeamento dos fenômenos. Daí não passou o grande lutador" (*op. cit.*, p. 29).

[15] *Apud* Gurvitch. *Proudhon e Marx*, *op. cit.*, I, p. 68.

[16] Para Bottigelli, esta "não é, decerto, a melhor obra que Proudhon escreveu" (*op. cit.*, p. 222).

[17] Cornu, A.: *Karl Marx et Friedrich Engels*, III: *Marx à Paris*, Paris, 1962, p. 53.

[18] Gurvitch, *op. cit.*, I, p. 70.

[19] "... Tenho necessidade da hipótese de Deus para fundar a autoridade da ciência social" (Proudhon/Marx, *Philosophie de la misère/Misère de la philosophie. Op. cit.*, p. 36).

[20] "Direi como, portanto, estudando, no silêncio do meu coração e longe de toda consideração humana, o mistério das revoluções sociais... (*Ibidem*, p. 25) e por aí afora.

[21] *Ibidem*, p. 103.

[22] *Ibidem*, p. 37.

[23] *Ibidem*, p. 137.

[24] *Ibidem*, pp. 306-307.

[25] Essa incompreensão – um dos objetos centrais da crítica de Marx – é constante no texto de Proudhon. Veja-se um só dentre abundantes exemplos: "O monopólio existe em função da natureza e do homem: sua fonte reside, simultaneamente, no mais profundo de nossa consciência e no fato exterior da nossa individualidade" (*Ibidem*, p. 140).

[26] *Ibidem*, p. 306.

[27] Cf. a carta de Proudhon a Marx, incluída nos "Anexos" deste volume.

[28] O leitor compreende que não cabe aqui mais que um brevíssimo excurso sobre o roteiro marxiano entre 1841 e 1846. Sobre essa polêmica questão, a bibliografia é vastíssima; registramos, como sugestão: Löwy, M.: *op. cit.*; Lukács; G: *Il Giovane Marx*, Roma, 1978 [há edição brasileira: G. Lukács, *O jovem Marx e outros escritos de filosofia*. Ed. UFRJ, Rio de Janeiro, 2008]; Vranicki, P.: *Storia del marxismo*, Roma, I, 1973; Cornu, A.: *Karl Marx et Friedrich Engels*, Paris, I, 1955; II, 1958; III, 1962; Lefebvre, H.: *La pensée de Karl Marx*, Paris, 1966; Althusser, L.: *Análise crítica da teoria marxista*, Rio de Janeiro, 1967; Bottigelli, E.: *op. cit.*; Gianotti, J. A.: *Origens da dialética do trabalho*, São Paulo, 1966; Mészáros, I.: *Marx's Theory of Alienation*, Londres, 1970 [há edição brasileira: *Teoria da alienação em Marx*, Boitempo Editorial, São Paulo, 2006]; Markus, G.: *A teoria do conhecimento do jovem Marx*, Rio de Janeiro, 1974; Mandel, E.: *A formação do pensamento econômico de Karl Marx*, Rio de Janeiro, 1968; Rubel, M.: *Karl Marx. Essai de biographie intellectuelle*, Paris, 1957; McLelland, D.: *Marx y los jóvenes hegelianos*, Barcelona, 1971; Vásquez, A. S.: "Economia y humanismo", *in*: Marx, C.: *Cuadernos de Paris*", México, 1974.

[29] *Diferença entre as filosofias da natureza em Demócrito e Epicuro*. Edição brasileira: São Paulo, s/d.

[30] Comentando a evolução de Marx entre 1840 e 1841, Lukács não hesita em dizer que "já estava presente em Marx o núcleo da posterior superação crítica da filosofia hegeliana" e chega até a afirmar que, na dissertação, existem embriões das *Teses sobre Feuerbach* (*op. cit.*, pp. 31 e 35).

[31] Cornu, *op. cit.*, II, p. 1. Da produção jornalística de Marx, dessa época, só há algum material publicado no Brasil na antologia Marx, K.: *A liberdade de imprensa*, Porto Alegre, 1980.

[32] Um bom resumo desse período encontra-se em Löwy, *op. cit.*, pp. 35 e ss.

[33] Ao leitor brasileiro, o texto (só publicado em 1927) é acessível na edição portuguesa: *Critica da Filosofia do Direito de Hegel*, Lisboa, s/d São Paulo, 2005 [há edição brasileira: Boitempo Editorial, S. Paulo, 2005].

[34] Cf. *op. cit.*, p. 36.

[35] *Idem*, p. 11.

[36] Edição brasileira: Rio de Janeiro, 1969 [há nova edição: Expressão Popular, S. Paulo, 2009].

[37] Edição brasileira inserida no volume 2 de *Temas de ciências humanas*, S. Paulo, 1977 [agora disponível na edição da Boitempo Editorial citada na nota 33].

[38] Marx, K.: *La Questione Ebraica e Altri Scritti Giovanilli*, Roma, 1969, p. 55 [cf. a edição da Expressão Popular citada na nota 36].

[39] "Assim como a filosofia encontra no proletariado suas armas materiais, o proletariado encontra na filosofia suas armas espirituais"; "A filosofia não pode se realizar sem a superação do proletariado, e o proletariado não pode se superar sem a realização da filosofia" (*op. cit.*, pp. 13-14).

[40] Lukács, *op.cit.*, p. 85.

[41] O interesse de Marx por esse estudo foi estimulado pela leitura que fez do ensaio de Engels, publicado nos *Anais Franco Alemães*, "Esboço de uma crítica da Economia Política" (Edição brasileira inserida no volume 5 de *Temas de Ciências Humanas*, São Paulo, 1979).

[42] Aqui utilizamos o termo ruptura não como expressão de um rompimento absoluto, mas como índice de uma superação que conserva. Para a desmistificação da concepção idealista e falsificadora da noção de *ruptura*, que um certo marxismo mecanicista recuperou recentemente, o leitor deve recorrer às ideias que Mészáros, estudando a obra de Lukács, desenvolve com lucidez (cf. o seu ensaio "El concepto de dialéctica en Lukács", *in*: Parkinson, G. H. R. (org.): Georg Lukács. *El hombre, su obra, sus ideas*, Barcelona-México, 1973, pp. 47 e ss).

[43] Então, faz numerosas leituras sobre esta tradição (inclusive Buonarrotti).

[44] Deles circulou, sob o título *Manuscritos econômicos e filosóficos*, uma edição brasileira (Rio de Janeiro, 1963). Em língua latina, a melhor edição é a preparada por Bottigelli: *Manuscritos de 1844*, Paris, 1962 [quando esta nota foi redigida, ainda não tinham sido editadas duas outras edições em português: a das Edições "Avante!", Lisboa, 1994 e a da Boitempo Editorial, S. Paulo, 2004].

[45] Althusser, *op. cit.*, p. 136.

[46] Que ele estuda detidamente enquanto trabalha nos *Manuscritos*...: cf. os materiais que acumulou nos *Cuadernos de Paris*, *op. cit.*, p. 103 e ss.

[47] *Manuscritos de 1844*, *op. cit.*, p. 87.

[48] *Idem*, p. 99.

[49] Há edição portuguesa: *A sagrada família*, Lisboa, s/d. [há também edição brasileira da Boitempo Editorial, S. Paulo, 2003]. É de observar que, analisando esse período da evolução de Marx, Löwy destaca a importância de um artigo marxiano, publicado no jornal *Vorwärts* (Paris, agosto de 1844): "Glosas marginais ao texto *O Rei da Prússia e a Reforma Social*" (cf. *op. cit.*, pp. 143 e ss). Dadas as limitações impostas pelos objetivos desta introdução, apenas registramos a preciosa indicação.

[50] Não se pode esquecer que o livro foi escrito logo após o levante dos tecelões da Silésia.

51 Edição brasileira in Marx, K./Engels. F.: *A Ideologia Alemã* (*Feuerbach*), S. Paulo, 1977 [disponível em edição mais recente (2009), sob o mesmo título, da Expressão Popular, S. Paulo].

52 Há edição portuguesa: *A Ideologia Alemã*, Lisboa, I e II, 1975 [há edição brasileira integral, sob o mesmo título, da Boitempo Editorial, S. Paulo, 2007].

53 Cf. o "Prefácio" de *Contribuição à crítica da Economia Política*, Lisboa, 1973, p. 30 [há edição brasileira mais recente: Expressão Popular, S. Paulo, 2008].

54 *A ideologia alemã*, ed. cit., I, pp. 25, 48, 49 e 76.

55 *Idem*, p. 52.

56 *Idem*, p. 46.

57 Cf. a carta de Marx a Schweitzer, incluída nos "Anexos" deste volume.

58 De acordo com Cornu, Proudhon jamais registrou por escrito os seus contatos com Marx (cf. *op. cit.*, III, p. 51).

59 A conclusiva e serena avaliação de Proudhon por Marx encontra-se na carta citada na nota 57.

60 Cf. *Cuadernos de Paris*, *op. cit.*, p. 181.

61 Veja-se uma observação que o comprova: "Ricardo desenvolve a ideia de que o trabalho implica a totalidade do preço, pois o capital também é trabalho... Proudhon conclui com razão que, onde existe a propriedade privada, uma coisa custa mais do que vale: exatamente o tributo pago ao proprietário privado" (*Cuadernos de Paris*, *op. cit.*, p. 109).

62 Gianotti, *op. cit.*, p. 92.

63 Cf. a nota de Molitor à p. 37 de *La sagrada familia*, Buenos Aires, 1973.

64 *La sagrada familia*, *op. cit.*, p. 45. O tradutor argentino não usa a expressão *economia política*, mas economia nacional – certamente porque o texto alemão, que não temos à vista, registra *Nationalokonomie* (sobre a acepção desse termo, cf. a indicação de Schumpeter, J. A.: *History of economic analisis*. Londres. 1955, p. 535, nota).

65 *Idem*, p. 47.

66 Lê-se aí, por exemplo: "Todas as demonstrações [sobre economia política – JPN] de Proudhon são falsas" (cf. *op. cit.*, II, p. 440).

67 Cf. *A Ideologia Alemã*, *op. cit.*, II, p. 439-441.

68 Cf. ambas as cartas nos "Anexos" deste volume.

69 Manifestações que reproduzimos nas notas que acompanham esta tradução da obra de Marx. É assombroso como um homem da estatura moral e política de Proudhon, com a vaidade ferida e movido pela ira, chega, nestas manifestações, a exprimir um execrável antissemitismo.

70 Evidenciada *imediatamente* após a leitura da obra de Proudhon – observe-se que a carta a Annekov (incluída nos "Anexos" deste volume) contém muito da argumentação desenvolvida na *Miséria da filosofia*.

71 Escrita em Bruxelas durante o inverno de 1847 (Marx decidira replicar a Proudhon, na forma de um livro, em janeiro), a obra foi publicada em junho do mesmo ano, por A. Franck (Paris) e C. G. Vogler (Bruxelas). O trabalho tipográfico foi realizado nas oficinas Delevigne/Callewaert e o volume, *in* 8º, continha 8 p + 178 p + 1 p de erratas.

72 Eis alguns juízos sobre a obra: "é a pedra angular da vida do seu autor. [Nela] aparecem pela primeira vez, desenvolvidos cientificamente, os pontos de vista do materialismo

histórico" (Mehring, *op. cit.*, I, p. 147); é "a primeira exposição correta e global da concepção materialista da história, que só fora, até então, desenvolvida de maneira esporádica, alusiva" (Ruhle, O.: *Karl Marx, Leben und Werk*, Dresden, 1928, p. 131-132); representa "a primeira obra econômica que Marx sempre considerou como parte integrante da sua obra científica da maturidade" (Naville, P.: *De l'aliénation à la jouissance*, Paris, 1957, p. 291); "do ponto de vista da evolução das ideias econômicas de Marx, trata-se da primeira obra que dá uma visão de conjunto das origens, do desenvolvimento, das contradições e da queda futura do regime capitalista" (Mandel, *op. cit.*, p. 55); "a *Miséria da filosofia* e o *Manifesto comunista* iniciam uma nova fase na obra de Marx, fase qualitativamente diversa da que culminou em *A ideologia alemã*" (Löwy, *op. cit.*, p. 214).

73 "*A Miséria da filosofia* mostra que Marx já possuía uma imensa documentação da história do capitalismo, sobre a passagem do capitalismo concorrencial e manufatureiro... ao capitalismo industrial, sobre a concentração de capitais. Também possuía uma enorme documentação sobre a história do proletariado" (Lefebvre, *op. cit.*, p. 159).

74 Nos *Gründrisse...*, Proudhon é mencionado em várias passagens. Por exemplo: comentando a sua crítica a Bastiat, Marx nota que a sua ótica implica em "perder de vista as diferenças que, precisamente, expressam a relação social (relação da sociedade burguesa)" e que, na polêmica, "Proudhon acaba por querer reduzir o intercâmbio entre o capital e o trabalho ao intercâmbio simples de mercadorias como valores de troca, aos elementos da circulação simples" (Marx, K.: *Elementos fundamentales para la crítica de la Economía Política. Borrador. 1857-1858*, Buenos Aires, I, 1971, pp. 204-205); em nota, tematizando o problema do valor, Marx assinala "inépcias de Proudhon" (*Ibidem*, p. 208); sobre a superprodução, comenta: "Proudhon ouviu o sino tocar, mas não sabe onde" (*Ibidem*, p. 378); e mais: Proudhon "não compreende nada nem da determinação do valor, nem da do preço" (*Ibidem*, p. 390); "Proudhon transforma em qualidade mística do trabalho o fato de se trabalhar além do trabalho necessário" (*idem*, 2, 1972, p. 156); há, ainda, a seguinte nota: "A ignorância de Proudhon..." (*Ibidem*). Na *Contribuição à crítica da Economia política*, de 1859, Marx prossegue na sua apreciação crítica, remetendo à *Miséria da filosofia* (*op. cit.*, p. 74) e indicando que "Proudhon e sua escola" reduziram "o socialismo a um desconhecimento elementar da necessária conexão entre a mercadoria e o dinheiro" (cf. *op. cit.* p. 93). N'*O capital*, logo no primeiro capítulo, refere-se à *Miséria da filosofia* (*El capital*, México, I, 1974, p. 46), depois de denominar o socialismo proudhoniano de "utopia de filisteu" (*idem*, p. 34) e, mais adiante, considera "absurdas" formulações de Proudhon (p. ex., *idem*, cap. III, p. 333). Também nas *Teorias sobre a mais-valia*, Proudhon é criticado em inúmeros passos; por exemplo: o seu socialismo nem sequer merece o rótulo de "superficial" (cf. *Teorias de la plusvalía*, Madri, II, 1974, p. 399). Tudo isso apenas comprova que os esforços daqueles que Löwy chama de "proudhonianos modernos" (entre os quais devemos incluir Gurvitch), na tentativa de mostrar que Marx e Proudhon podem "complementar-se", não passam de equívocos e/ou piedosos votos para uma conciliação impossível.

75 Nos *Cuadernos de Paris* (*op. cit.*), deste período, há o registro de apontamentos sobre 21 textos; vários dos autores aí examinados serão utilizados, de uma forma ou de outra, na *Miséria da filosofia*.

76 Vásquez observa que, nesse período, Marx tem uma "relação ambivalente" para com Ricardo.

77 Mandel, *op. cit.*, p. 43.

78 Embora, já então, ele recusasse a ingênua inferência política dos socialistas que arrancavam das formulações do último Ricardo, como Bray *et alii*, que sustentavam, justamente em função da teoria do valor-trabalho, que caberia ao operário a totalidade do seu produto.

79 Mandel, *op. cit.*, p. 50.

80 Cf. *a segunda observação* do primeiro parágrafo do capítulo segundo da *Miséria da filosofia*.

81 É preciso clarificar que, mesmo nesse período, Marx não toma sem mais a teoria dos salários de Ricardo (quem o faz, depois, é Lassalle, enunciando a sua conhecida – e combatida por Marx – "lei de bronze dos salários"). Mas, na *Miséria da filosofia*, Marx admite, tacitamente, em longo prazo, uma lei geral determinante da queda dos salários, o que, evidentemente, desemboca numa concepção da pauperização *simultaneamente* absoluta e relativa.

82 Tratando da compreensão que Marx já possuía do fenômeno das crises, Mandel escreve: "Deve-se notar que as consequências da concorrência capitalista no que concerne à distribuição equitativa da taxa de lucro não são indicadas senão de passagem" (*op. cit.*, p. 64).

83 Que o leitor encontra na bela obra de Mandel, citada repetidas vezes.

84 Dentre elas, mencione-se, ao azar: as relações entre preço, valor e concorrência; as mediações entre a concentração do capital e a sua composição; o ciclo de reprodução e circulação do capital; as diferenciações internas da manufatura e suas implicações; a teoria monetária etc.

85 Tema fecundo de investigação é o que busca as conexões entre esse primeiro parágrafo como vínculo entre as críticas iniciais a Hegel e a explicitação metodológica de 1857.

86 Vranicki, *op. cit.*, I, p. 139.

87 Todas as indicações sugerem que as mais geniais elaborações teóricas de Marx datam de novembro de 1857-junho de 1858. Trata-se daquele intensivo processo de pesquisa que os *Gründrisse* nos apresentam *in statu nascendi* (sobre os *Grundrisse*, uma excelente obra de referência é Rosdolsky. R.: *Gênesis y estructura de El Capital de Marx*, México, 1978 [há edição brasileira: *Gênese e estrutura de o Capital de Karl Marx*, Contraponto, Rio de Janeiro, 2001]). Aí, Marx repensa todos os problemas da economia política e formula, retificando muitas das suas colocações anteriores, o seu equacionamento. Há estudiosos, porém, que argumentam que algumas observações capitais de Marx são ulteriores a esse período (é, por exemplo, o caso de Naville: ele sustenta que, mesmo então, Marx não distingue *força de trabalho* de *trabalho*; cf. *op. cit.*, p. 432).

88 É o que Marx patenteia na *Introdução geral à critica da Economia Política*, de 1857, e que Lukács ressalta em 1923: "O que distingue, decisivamente, o marxismo da ciência burguesa não é a tese de um predomínio dos motivos econômicos na explicação da história; é o ponto de vista da totalidade" (*Historia y conciencia de clase*, México, 1969, p. 29 [há edição brasileira: *História e consciência de classe*, Martins Fontes, S. Paulo, 2003]).

89 Na teoria social de Marx, a totalidade, como categoria fundante da realidade, significa, "em primeiro lugar, a unidade concreta de contradições interatuantes; em segundo lugar, a relatividade sistemática de toda totalidade, tanto para cima quanto para baixo (o que quer dizer que toda totalidade é constituída por totalidades *subordinadas* a ela e também que, ao mesmo tempo, ela é *sobredeterminada* por totalidades de maior complexidade...); e, em terceiro lugar, a relatividade histórica de toda totalidade, ou seja, que o caráter-de-totalidade de toda totalidade é dinâmico, mutável, sendo limitado a um período histórico

concreto, determinado" (Lukács, intervenção no Congresso de Filósofos Marxistas de Milão, 1949, *apud* Mészáros, art. e *loc. cit.*, pp. 79-80). A discussão desses problemas reaparece, na tematização da ontologia do ser social, em Lukács, G.: *Ontologia do ser social: os princípios ontológicos e fundamentais de Marx*, São Paulo, 1979.

PRÓLOGO

O sr. Proudhon tem a infelicidade de ser singularmente desconhecido na Europa. Na França, tem o direito de ser um mau economista, porque passa por ser um bom filósofo alemão. Na Alemanha, tem o direito de ser um mau filósofo, porque passa por ser um dos mais vigorosos economistas franceses. Nós, na qualidade de alemão e economista ao mesmo tempo, quisemos protestar contra esse duplo erro.

O leitor compreenderá que, nesta ingrata tarefa, frequentemente fomos obrigados a abandonar a crítica ao sr. Proudhon para fazê-la à filosofia alemã e, simultaneamente, para tecer algumas breves considerações sobre a economia política.

Karl Marx
Bruxelas, 15 de junho de 1847

A obra do sr. Proudhon não é simplesmente um tratado de economia política, um livro comum: é uma Bíblia – nada lhe falta: "Mistérios", "Segredos arrancados ao seio de Deus", "Revelações". No entanto, como, em nossos dias, os profetas são discutidos mais conscientemente que os autores profanos, o leitor deve resignar-se a percorrer conosco a erudição árida e tenebrosa do *"Gênesis"* para se alçar, mais tarde, com o sr. Proudhon, às etéreas e fecundas regiões do *suprassocialismo* (cf. Proudhon, *Philosophie de la misère,* "prólogo", p. III, linha 20)*

* [Marx cita sempre a primeira edição da obra de Proudhon, *Système des contradictions économiques ou philosophie de la misère* (*Sistema das contradições econômicas ou filosofia da miséria*), volumes I e II, Paris, 1846.]

1. UMA DESCOBERTA CIENTÍFICA

§ 1. Oposição entre o valor de utilidade e o valor de troca

> A capacidade de todos os produtos, naturais ou industriais, de servir à subsistência do homem recebe a denominação particular de *valor de uso*; a sua capacidade de se permutarem uns pelos outros designa-se como *valor de troca*. (...) Como o valor de uso se transforma em valor de troca? (...) A origem da ideia do valor [de troca] não foi tratada pelos economistas de forma cuidadosa; é importante que nos detenhamos sobre ela. Como muitos dos objetos de que necessito só existam na natureza em quantidade limitada, ou, até, não existam, sou obrigado a colaborar na produção do que me falta; e, como não posso produzir tantas coisas, *proporei* a outros homens, meus colaboradores em funções diversas, que me cedam uma parte dos seus produtos, em *troca* do meu[1].

O sr. Proudhon propõe-se explicar-nos, antes de tudo, a dupla natureza do valor, a *"distinção no interior do valor"*, o movimento que faz do valor de uso o valor de troca. Devemos nos deter com o sr. Proudhon nesse ato de transubstanciação. E eis como ele se realiza, segundo o nosso autor: um grande número de produtos não se encontra na natureza, mas existe graças à indústria. Supondo-se que as necessidades ultrapassam a produção espontânea da natureza, o homem é obrigado a recorrer à produção industrial. Mas, na suposição do sr. Proudhon, o que

---

[1] Proudhon, *Système des contradictions...* 1846, t. I, cap. II. [Esta citação se compõe de três passagens de Proudhon. Os destaques são de Marx.]

é essa indústria? O que está na sua origem? Um homem sozinho, necessitando de um grande número de objetos, "não pode produzir tantas coisas". Tantas necessidades a satisfazer supõem tantas coisas a produzir – não há produtos sem produção; e tantas coisas a produzir não supõem mais apenas a mão de um só homem colaborando para produzi-las. Ora, a partir do momento em que se supõe mais de um homem na produção, supõe-se já toda uma produção fundada na divisão do trabalho. Suposta a divisão do trabalho, está admitida a troca e, consequentemente, o valor de troca. Com o mesmo fundamento, poder-se-ia supor, desde o início, o valor de troca.

Mas o sr. Proudhon preferiu dar voltas. Vamos segui-lo em todos os seus rodeios, para sempre retornar ao seu ponto de partida.

Para sair do estado de coisas em que cada um produz sozinho e chegar à troca, "dirijo-me", diz o sr. Proudhon, "a meus colaboradores em funções diversas". Logo, tenho colaboradores, que exercem funções diversas, embora, apesar disso e sempre segundo a suposição do sr. Proudhon, todos nós estejamos na posição solitária e pouco social dos Robinson. Os colaboradores e as funções diversas, a divisão do trabalho e a troca que ela implica, tudo isso foi descoberto de repente.

Resumamos: tenho necessidades que se fundam na divisão do trabalho e na troca. Supondo essas necessidades, o sr. Proudhon já supôs a troca, o valor de troca, precisamente esse valor cuja "origem" ele se propõe "tratar mais cuidadosamente que os outros economistas".

O sr. Proudhon poderia muito bem inverter a ordem das coisas, sem, com isso, alterar a correção das suas conclusões. Para explicar o valor de troca, é necessária a troca. Para explicar a troca, é necessária a divisão do trabalho. Para explicar a divisão do trabalho, são precisas necessidades que a exijam. Para explicar essas necessidades, é preciso "supô-las", o que não equivale a negá-las, contrariamente ao primeiro axioma do prólogo do sr. Proudhon: "Supor Deus é negá-lo"[2].

Como o sr. Proudhon, para quem a divisão do trabalho é supostamente conhecida, avança sobre ela para explicar o valor de troca, que, para ele, é sempre desconhecido?

"Um homem" vai "*propor* a outros homens, seus colaboradores em funções diversas", que se estabeleça a troca e uma distinção entre o valor usual e o valor de permuta. Aceitando a distinção proposta, os colaboradores não deixaram ao sr. Proudhon outro "cuidado" que o de reconhecer o fato, assinalá-lo, "apontando" em seu tratado de economia política a "origem da ideia de valor". Mas ele sempre nos deve, a nós, uma explicação da "origem" desta proposta, uma explicação de como esse homem solitário, esse Robinson, teve de repente a ideia de fazer "a seus colaboradores" uma proposta *semelhante* e de como esses colaboradores a aceitaram sem qualquer protesto.

O sr. Proudhon não trata desses detalhes genealógicos. Ao fato da troca, ele simplesmente imprime uma espécie de selo histórico, apresentando-o sob a forma de uma moção, proposta por um terceiro, tendente a estabelecer a troca.

Eis uma amostra do "*método histórico e descritivo*" do sr. Proudhon, que professa um orgulhoso desdém pelo "método histórico e descritivo" dos Adam Smith e dos Ricardo.

A troca tem a sua própria história, que percorreu diferentes fases.

Houve um tempo, como na Idade Média, por exemplo, em que só o supérfluo, o excedente da produção sobre o consumo, era trocado.

Houve, também, um outro tempo em que não apenas o supérfluo, mas ainda todos os produtos, toda a existência industrial passaram pelo comércio, um tempo em que toda a produção passou a depender da troca. Como explicar essa segunda fase da troca – o valor venal elevado à sua segunda potência?

---

2 Proudhon, *loc. cit.*, "prólogo", p. I.

O sr. Proudhon teria uma resposta já pronta: basta supor que um homem haja "*proposto* a outros homens, seus colaboradores em funções diversas", a elevação do valor venal à sua segunda potência.

Veio, enfim, um tempo em que tudo aquilo que, outrora, os homens consideravam inalienável tornou-se objeto de troca, de tráfico, podendo alienar-se. Trata-se do tempo em que as próprias coisas que, até então, eram transmitidas, mas jamais trocadas, oferecidas, mas jamais vendidas, conquistadas, mas jamais compradas – virtude, amor, opinião, ciência, consciência etc. –, trata-se do tempo em que tudo, finalmente, passa pelo comércio. O tempo da corrupção geral, da venalidade universal ou, para expressá-lo em termos de economia política, o tempo em que todas as coisas, morais ou físicas, tornando-se valores venais, devem ser levadas ao mercado para que se aprecie o seu mais justo valor[3].

Como explicar, ainda, essa nova e última fase da troca – o valor venal elevado à sua terceira potência?

O sr. Proudhon teria uma resposta já pronta: basta supor que uma pessoa haja "*proposto* a outras pessoas, suas colaboradoras em funções diversas", fazer da virtude, do amor etc., um valor venal e elevar o valor de troca à sua terceira e última potência.

Como se vê, o "método histórico e descritivo" do sr. Proudhon serve para tudo, responde tudo, explica tudo. Especialmente quando se trata de explicar, em termos de história, a "origem de uma ideia econômica", ele supõe um homem que propõe a outros homens, seus colaboradores em funções diversas, a realização desse ato criador e não há mais a dizer.

A partir daqui, aceitamos a "origem" do valor de troca como um ato consumado; resta, então, expor a relação entre ele e o valor de uso. Escutemos o sr. Proudhon:

---

[3] [Esta temática marxiana – a corrupção generalizada pela dominância do valor de troca e do dinheiro – existe desde *Para a questão judaica* e, presente sobretudo nos *Manuscritos de 1844*, projetar-se-á na análise teórica d'*O capital*.]

> Os economistas ressaltaram bem o duplo caráter do valor; mas não evidenciaram com a mesma nitidez a sua *natureza contraditória*; aqui começa a nossa crítica. (...) Não é suficiente assinalar esse surpreendente contraste entre o valor útil e o valor permutável, no qual os economistas se habituaram a ver um fato muito simples; é preciso mostrar que essa pretensa simplicidade oculta um profundo mistério, que devemos esclarecer .(...) Em termos técnicos, o valor útil e o valor permutável estão em razão inversa entre si[4].

Se compreendemos bem o pensamento do sr. Proudhon, ele se propõe estabelecer os quatro pontos seguintes:

1. o valor útil e o valor permutável constituem um "surpreendente contraste", opõem-se entre si;
2. o valor útil e o valor permutável estão em razão inversa entre si, estão em contradição;
3. os economistas não viram nem conheceram quer a oposição, quer a contradição;
4. a crítica do sr. Proudhon começa pelo fim.

Também começaremos pelo fim e, para desculpar os economistas das acusações do sr. Proudhon, daremos a palavra a dois deles, muito importantes.

> *Sismondi*: O comércio reduziu todas as coisas à oposição entre o valor usual e o valor permutável etc[5].
>
> *Lauderdale*: Em geral, a riqueza nacional [o valor útil] diminui à proporção que as fortunas individuais crescem pelo aumento do valor venal; e, à medida que estas se reduzem, pela diminuição desse valor, aquela geralmente aumenta[6].

---

4 [Proudhon, *loc. cit.*, I, pp. 93 e 95, ed. de 1923].

5 Sismondi, *Études sur l'Économie Politique* [*Estudos sobre Economia Política*]. Bruxelas, II, p. 162. [A obra citada por Marx foi editada em dois volumes, em 1837 e 1838].

6 Lauderdale, *Recherches sur la nature et l'origine de la richesse publique* [*Pesquisas sobre a natureza e a origem da riqueza pública*], trad. de Lagentie de Lavaisse, 1808, p. 33. [Essa tradução foi publicada em Paris.]

Sismondi fundamentou a sua principal doutrina, segundo a qual a redução da renda é proporcional ao crescimento da produção, na *oposição* entre o valor usual e o valor permutável.

Lauderdale fundamentou o seu sistema na razão inversa das duas espécies de valor, e a sua doutrina era tão popular nos tempos de Ricardo que este pôde referir-se a ela como geralmente conhecida:

> Confundindo as ideias do valor venal e da riqueza [valor útil], pretendeu-se que, diminuindo a quantidade das coisas necessárias, úteis ou agradáveis à vida, poder-se-ia aumentar a riqueza[7].

Como vemos, os economistas, antes do sr. Proudhon, "assinalaram" o profundo mistério de oposição e de contradição. Observemos, agora, como o sr. Proudhon, depois dos economistas e a seu modo, explica esse mistério.

O valor de troca de um produto cai à medida que, permanecendo inalterada a demanda, a oferta cresce; noutros termos: quanto mais abundante é um produto *em relação* à demanda, menor é o seu valor de troca ou seu preço. *Vice-versa:* quanto menor é a oferta face à demanda, mais o valor de troca ou o preço do produto aumenta; noutros termos: quanto maior for a escassez do produto face à demanda, mais caro será ele. O valor de troca de um produto depende da sua abundância ou da sua escassez, mas sempre em relação à demanda. Suponha-se um produto mais que raro, único em seu gênero, se for possível: esse produto único, não sendo procurado, será mais que abundante – será supérfluo. Em troca, suponha-se um produto multiplicado por milhões: se é muito procurado, se não é suficiente para a demanda, ele será sempre escasso.

São essas verdades, diríamos quase banais, que é necessário reproduzir aqui para tornar compreensíveis os mistérios do sr. Proudhon.

---

7 Ricardo, *Des principes de l'Économie Politique et de l'impôt* [*Princípios de Economia Política e tributação*], trad. de Constancio, notas de J.-B. Say, Paris, 1835, II, cap. "Sobre o Valor e a Riqueza". [A citação, da 2ª edição, foi extraída da página 65].

> Seguindo assim o princípio até as últimas consequências, chegar-se-ia à conclusão, inteiramente lógica, de que as coisas cujo uso é necessário e cuja quantidade é infinita não deveriam valer nada, ao passo que aquelas cuja utilidade é nenhuma e que são muito escassas deveriam ter um preço inestimável. Para culminar a confusão, a prática não admite tais extremos: de um lado, nenhum produto humano poderia ser infinitamente abundante; de outro, as coisas mais escassas têm que ser úteis em alguma medida, pois, do contrário, não possuiriam nenhum valor. O valor útil e o valor permutável permanecem, pois, necessariamente conectados entre si, embora tendam, pela sua natureza, a se excluir continuamente[8].

O que conduz o sr. Proudhon ao cúmulo da confusão? O fato de ele, simplesmente, esquecer-se da *demanda,* o fato de algo só ser escasso ou abundante na medida em que for procurado. Deixando de lado a demanda, ele identifica o valor de troca com a *escassez* e o valor útil com a *abundância.* Com efeito, ao dizer que as coisas "cuja *utilidade* é *nenhuma* e que são *muito escassas*" têm "um *preço inestimável*", ele afirma simplesmente que o valor de troca é a escassez. "Extrema escassez e utilidade nula" – eis a pura escassez. "Preço inestimável" – eis o máximo do valor de troca, o puro valor de troca. Ele estabelece uma equação com esses dois termos. Logo, valor e troca e escassez são termos equivalentes. Chegando a essas pretensas "consequências extremas", o sr. Proudhon, de fato, levou ao extremo não as coisas, mas os termos que as exprimem – o que expressa bem mais retórica do que lógica. Acreditando encontrar novas consequências, ele efetivamente, reencontra, em toda a sua nudez, as suas primeiras hipóteses. Mercê do mesmo procedimento, consegue identificar o valor útil com a abundância pura.

Após equalizar valor de troca e escassez, valor útil e abundância, o sr. Proudhon fica assombrado por não encontrar nem o valor útil na escassez e no valor de troca, nem o valor de troca na abundância e no valor útil; e, constatando que a prática jamais

[8] Proudhon, *loc. cit.,* I, p. 390.

admite esses extremos, ele só pode acreditar no mistério. Segundo ele, há preço inestimável porque não há compradores; nunca os encontrará, enquanto abstrair a demanda.

Por outro lado, a abundância do sr. Proudhon parece ser algo de espontâneo. Ele se esquece totalmente de que há pessoas que a produzem, pessoas cujo interesse exige levar a demanda em consideração. Se não fosse assim, como o sr. Proudhon poderia dizer que as coisas mais úteis devem ser mais baratas, ou mesmo não custar nada? Ao contrário, ele deveria concluir que é preciso limitar a abundância, a produção das coisas mais úteis, se se quer elevar o seu preço, o seu valor de troca.

Os antigos vinhateiros da França, reclamando uma lei que proibisse a plantação de novas vinhas, e os holandeses, queimando as especiarias da Ásia e erradicando as mudas de cravo das Molucas, queriam, muito simplesmente, reduzir a abundância para elevar o valor de troca. Toda a Idade Média, limitando legalmente o número de companheiros que cada mestre poderia empregar restringindo o número dos seus instrumentos, agia conforme o mesmo princípio (cf. Anderson, *Histoire du Commerce* [*História do Comércio*])[9].

Depois de apresentar a abundância como o valor útil e a escassez como o valor permutável – e nada é mais fácil de demonstrar que a abundância e a escassez estão em razão inversa –, o sr. Proudhon identifica o valor útil com a *oferta* e o valor permutável com a *demanda*. Para tornar a antítese ainda mais nítida, ele substitui os

---

[9] [Essa referência de Marx não é inequívoca. Os organizadores da edição *MEGA* (*Marx-Engels Ausgewahlte Werke*, da Dietz Verlag, de Berlim) fazem a remissão a Adam Anderson, *An historical and chronological deduction of the origin of commerce from the earliest accounts to the present time* (*Ensaio histórico e cronológico da origem do comércio, dos primeiros testemunhos ao presente*) editado em Londres, em 1764; esse mesmo autor é citado por Marx n'*O capital* e nas *Teorias sobre a mais-valia*, sem maiores informações bibliográficas. Todavia, a referência pode ser a James Anderson, que Marx cita nas *Teorias...* e cuja obra *A calm investigation of the circunstances that have led to the present scarcity of grain in Britain* (*Investigação sobre as circunstâncias que originam a atual escassez de cereais na Inglaterra*), Londres, 1801, Marx conheceu durante a sua breve passagem por Manchester, em 1845.]

termos, colocando, no lugar de *valor permutável*, *"valor de opinião"*. O conflito mudou de terreno: de um lado, temos a *utilidade* (o valor de uso, a oferta) e, de outro, a *opinião* (o valor permutável, a demanda).

Essas duas tendências opostas uma à outra, quem as conciliará? Como harmonizá-las? Poder-se-á estabelecer entre elas, pelo menos, um ponto de comparação? Claro que existe esse ponto, exclama o sr. Proudhon – trata-se do *livre arbítrio*. O preço resultante dessa luta entre a oferta e a demanda, a utilidade e a opinião, não será a expressão da justiça eterna.

O sr. Proudhon continua a desenvolver esta antítese:

> Em minha qualidade de *comprador livre*, sou o juiz da minha necessidade, árbitro da conveniência do objeto, do preço que lhe queira colocar. De outra parte, na sua qualidade de produtor *livre*, você é o dono dos *meios de execução* e, consequentemente, você tem a faculdade de reduzir os seus custos.[10]

E como a procura ou o valor de troca se identifica com a opinião, o sr. Proudhon é levado a afirmar:

> Está provado que é o livre arbítrio do homem que possibilita a oposição entre o valor útil e o valor de troca. Como resolver essa oposição enquanto subsistir o livre arbítrio? E como sacrificar a este sem sacrificar o homem?[11].

Portanto, não há nenhum resultado possível. Existe uma luta entre duas potências, por assim dizer incomensuráveis, entre o útil e a opinião, entre o comprador livre e o produtor livre.

Vejamos as coisas mais de perto.

Nem a oferta representa exclusivamente a utilidade, nem a demanda representa exclusivamente a opinião. Aquele que procura não oferece também um produto qualquer, ou o signo representativo de todos os produtos, o dinheiro? E, ao oferecê-lo, não representa, segundo o sr. Proudhon, a utilidade ou o valor de uso?

---

10 Proudhon, *loc. cit.*, I, p. 41.

11 *Ibidem.*

Por outro lado, aquele que oferece não procura também um produto qualquer, ou o signo representativo de todos os produtos, o dinheiro? E, assim, ele não se torna o representante da opinião, do valor de opinião ou do valor de troca?

A demanda é, simultaneamente, uma oferta; a oferta, simultaneamente, é uma demanda. Assim, a antítese do sr. Proudhon, identificando simplesmente a oferta com a utilidade e a demanda com a opinião, funda-se numa abstração fútil.

O que o sr. Proudhon chama valor útil, outros economistas, com o mesmo direito, denominam valor de opinião. Aqui, citaremos somente Storch[12].

Segundo esse economista, chamam-se *necessidades* as coisas de que necessitamos e *valores* aquelas a que atribuímos valor. A maioria das coisas só tem valor porque satisfaz às necessidades engendradas pela opinião. A opinião sobre as nossas necessidades pode mudar; logo, a utilidade das coisas, que exprime a relação delas com as nossas necessidades, também pode mudar. As próprias necessidades naturais mudam continuamente – com efeito, não são muito variados os produtos que constituem o principal alimento dos diferentes povos?

O conflito não se estabelece entre a utilidade e a opinião, mas entre o valor venal que quem oferece procura e o valor venal oferecido por quem procura. O valor de troca do produto é, em cada caso, a resultante dessas apreciações contraditórias.

Em última análise, a oferta e a demanda colocam em presença a produção e o consumo, mas a produção e o consumo fundados em trocas individuais.

O produto oferecido não é, em si mesmo, útil. É o consumidor que constata a sua utilidade. E mesmo quando a sua qualidade

[12] H. Storch, *Cours d'Économie Politique* [*Curso de Economia Política*], Paris, 1823, pp. 88 e 89. [Marx refere-se ao primeiro dos quatro volumes dessa obra, cujo subtítulo é *Exposition des principes qui déterminent la prospérité des nations* (*Exposição dos princípios que determinam a prosperidade das nações*)].

útil é reconhecida, o produto não é apenas utilidade. No decurso da produção, ele foi trocado por todos os custos de produção, tais como as matérias-primas, os salários dos operários etc., coisas que são valores venais. Portanto, aos olhos do produtor, o produto representa uma soma de valores venais; o que ele oferece não é apenas um objeto útil, mas também, e principalmente, um valor venal.

Quanto à demanda, ela só será efetiva se tiver meios de troca à sua disposição, meios que, também eles, são produtos, valores venais.

Na oferta e na demanda encontramos, pois, de um lado, um produto que custou valores venais e a necessidade de vender e, de outro, meios que custaram valores venais e o desejo de comprar.

O sr. Proudhon opõe o *comprador livre* ao *produtor livre.* Atribui a ambos qualidades puramente metafísicas, o que lhe permite afirmar: "Está provado que é o *livre arbítrio* do homem que possibilita a oposição entre o valor útil e o valor de troca".

O produtor, a partir do momento em que produziu no interior de uma sociedade fundada na divisão do trabalho e nas trocas, e esta é a hipótese do sr. Proudhon, é obrigado a vender. O sr. Proudhon faz dele o dono dos meios de produção; mas convirá conosco em que seus meios não dependem do *livre arbítrio.* Mais: esses meios são, na sua maioria, produtos que lhe chegam de fora e, na produção moderna, ele sequer é livre para determinar a quantidade do seu produto. O nível atual do desenvolvimento das forças produtivas o obriga a produzir em tal ou qual escala.

O consumidor não é mais livre que o produtor. A sua opinião assenta sobre seus meios e suas necessidades. Uns e outros são determinados pela sua situação social que, por sua vez, depende de toda a organização social. É verdade que o operário que compra batatas e a concubina que compra rendas seguem suas respectivas opiniões. Mas a diversidade delas se explica pela diferença da posição que ocupam no mundo, que resulta da organização social.

Todo o sistema de necessidades funda-se na opinião ou na organização global da produção? Frequentemente, as necessidades nascem diretamente da produção, ou de um estado de coisas embasado na produção. O comércio universal gira quase inteiramente em torno das necessidades não do consumo individual, mas da produção. Tomando um outro exemplo: a necessidade de tabeliões não supõe um direito civil determinado, que é uma expressão de um dado desenvolvimento da propriedade, isto é, da produção?

O sr. Proudhon não se limitou a eliminar da relação entre a oferta e a demanda os elementos que mencionamos. Ele conduz a abstração aos últimos extremos, fundindo todos os produtores num *único* produtor e todos os consumidores num *único* consumidor e instaurando a luta entre estes dois quiméricos personagens. No mundo real, porém, as coisas são diferentes. A concorrência entre aqueles que oferecem e a concorrência entre aqueles que procuram constituem um elemento necessário da luta entre os compradores e os vendedores, de que resulta o valor venal.

Depois de eliminar os custos de produção e a concorrência, o sr. Proudhon pode reduzir, a seu modo, a fórmula da oferta e da demanda ao absurdo:

> A oferta e a demanda são duas *formas cerimoniais* que servem para colocar frente a frente o valor de utilidade e o valor de troca e para promover a sua conciliação. São dois polos elétricos cuja relação deve produzir o fenômeno de afinidade denominado *troca*[13].

Isso significa o mesmo que dizer que a troca é uma "forma cerimonial" destinada a colocar frente a frente o consumidor e o objeto do consumo. Significa o mesmo que dizer que todas as relações econômicas são "formas cerimoniais" através das quais se realiza o consumo imediato. A oferta e a demanda são relações de uma produção determinada, tanto quanto as trocas individuais.

---

13 Proudhon, *loc. cit.*, I, pp. 49-50.

Então, em que consiste toda a dialética do sr. Proudhon? Consiste na substituição do valor útil e do valor permutável, da oferta e da demanda por noções absurdas e contraditórias, tais como a escassez e a abundância, o útil e a opinião, *um* produtor e *um* consumidor – ambos *cavaleiros do livre arbítrio.*

A que resultado ele pretende chegar?

À introdução ulterior de um dos elementos que afastara, os *custos de produção,* como a síntese entre o valor útil e o valor permutável. É assim que, aos olhos do sr. Proudhon, os custos de produção constituem o *valor sintético* ou *valor constituído.*

§ 2. O valor constituído ou valor sintético

"O valor venal é a pedra angular do edifício econômico"[14].

O valor *"constituído"* é a pedra angular do sistema de contradições econômicas.

E o que é, então, esse *"valor constituído"* que representa toda a descoberta do sr. Proudhon em economia política?

Uma vez admitida a utilidade, o trabalho é a fonte do valor. A medida do trabalho é o tempo. O valor relativo dos produtos é determinado pelo tempo de trabalho que foi preciso empregar para produzi-los. O preço é a expressão monetária do valor relativo de um produto. Enfim, o valor *constituído* de um produto é, simplesmente, o valor que se constitui pelo tempo de trabalho nele cristalizado.

Assim como Adam Smith descobriu a *divisão do trabalho,* o sr. Proudhon pretende ter descoberto o *"valor constituído"*. Não se trata exatamente de "algo inaudito", mas também é preciso convir que não há nada de inaudito em qualquer descoberta da ciência econômica. Todavia, o sr. Proudhon, que sente toda a importância da sua invenção, procura atenuar o seu mérito, "a fim de tranquilizar o leitor acerca das suas pretensões à originalidade e de se reconciliar com os espíritos cuja timidez os torna pouco

[14] [Proudhon, *loc. cit.,* I, p. 90, ed. de 1923.]

favoráveis às ideias novas". No entanto, à medida que aprecia o que cada um dos seus precursores fez para determinar o valor, vê-se constrangido a proclamar em alto e bom som que a parte que lhe cabe é a maior, é a parte do leão.

> A ideia sintética do valor (...) foi vagamente percebida por Adam Smith (...). Mas, nele, essa ideia era pura intuição (...): ora, a sociedade não altera os seus costumes à base da fé em intuições – ela se decide sob a autoridade dos fatos. Era necessário que a antinomia se expressasse de uma forma mais sensível e mais nítida: J.-B. Say foi o seu principal intérprete.[15]

Eis a história completa da descoberta do valor sintético: coube a Adam Smith a vaga intuição, a J.-B. Say a antinomia e ao sr. Proudhon a verdade constituinte e "constituída". E que ninguém se equivoque: todos os outros economistas, de Say a Proudhon, apenas se arrastaram na trilha da antinomia.

> É incrível que, há 40 anos, tantos homens inteligentes se debatam com uma ideia tão simples. Mas não: a *comparação entre valores se realiza sem que haja entre eles qualquer ponto de comparação e sem unidade de medida* – eis o que os *economistas do século XIX* resolveram sustentar diante de todos e contra todos, em vez de abraçar a teoria revolucionária da igualdade. *O que dirá a posteridade?*[16]

A posteridade, apostrofada tão de repente, começará por se confundir com a cronologia. Ela se perguntará obrigatoriamente: Ricardo e sua escola não são economistas do século XIX? O sistema de Ricardo, fundado no princípio segundo o qual "o valor relativo das mercadorias depende exclusivamente da quantidade de trabalho requerido para a sua produção", remonta a 1817. Ricardo lidera uma escola que, desde a Restauração,[17] predomina na Inglaterra. A doutrina ricardiana resume rigorosamente, impiedosamente, o ponto de vista de toda a burguesia inglesa,

---

15 [Proudhon, *loc. cit.*, pp. 116-117, ed. de 1923.]

16 Proudhon. *loc. cit.*, I, p. 68.

17 [Marx se refere ao período posterior às guerras napoleônicas (1815) e à restauração da dinastia dos Bourbons na França.]

que é, em si mesma, a típica burguesia moderna. *O que dirá a posteridade?* Não dirá que o sr. Proudhon "ignorou" Ricardo, já que se refere, e muito, a ele, concluindo que suas ideias são uma "mistura incoerente". Se a posteridade algum dia intervier nisto, talvez diga que o sr. Proudhon, temendo chocar a anglofobia dos seus leitores, preferiu fazer-se o editor responsável das ideias de Ricardo. De qualquer maneira, à posteridade parecerá muito ingênuo que o sr. Proudhon exiba como "teoria revolucionária do futuro" o que Ricardo expôs cientificamente como a teoria da sociedade atual, da sociedade burguesa, bem como o fato de o sr. Proudhon considerar como a solução da antinomia entre a utilidade e o valor de troca aquilo que Ricardo e sua escola, há muito, apresentaram como a fórmula científica de um único termo da antinomia, do *valor de troca.* Mas deixemos, para sempre, a posteridade de lado e confrontemos o sr. Proudhon com o seu predecessor Ricardo. Eis algumas passagens deste autor, que exprimem a sua doutrina sobre o valor:

> Não é (...) a utilidade que é a medida do *valor de troca*, embora lhe seja absolutamente necessária[18].
>
> As coisas, uma vez reconhecidas como úteis por si mesmas, extraem seu valor de troca de duas fontes: da sua escassez e da quantidade de trabalho necessário para adquiri-las. Há coisas cujo valor depende apenas da escassez. Já que nenhum trabalho pode aumentar a sua quantidade, o seu valor não se reduz por uma abundância maior. É o caso das estátuas, dos quadros de grande valor etc. Esse valor depende apenas das faculdades, dos gostos e do capricho daqueles que desejam possuir tais objetos.[19]
>
> Tais objetos, no entanto, são pequeníssima quantidade dentre as mercadorias que se trocam no dia a dia. Dado que o maior número dos objetos que se deseja possuir é produto da indústria, eles podem ser multiplicados, não apenas em um país, mas em vários, numa proporção tal que é quase

[18] Ricardo, *loc. cit.*, I, p. 3.

[19] *Idem*, pp. 4-5.

impossível assinalar limites, sempre que se queira empregar a indústria necessária para produzi-los.[20]

Portanto, quando falamos de mercadorias, do seu valor de troca e dos princípios que regulam o seu preço relativo, referimo-nos àquelas cuja quantidade pode ser acrescida pela indústria do homem, cuja produção é estimulada pela concorrência e que não é obstaculizada por nenhum entrave.[21]

Ricardo cita Adam Smith que, no seu entender, "definiu com *muita precisão* a fonte primitiva de todo valor de troca" (Smith, I, cap. V[22]) e acrescenta:

Qualquer que seja, na realidade, a base do valor de troca de todas as coisas [a saber, o tempo de trabalho], exceto o daquelas que a indústria dos homens não pode multiplicar à vontade, esse ponto doutrinário é da mais alta importância em economia política – porque não existe outra fonte de que tenham brotado tantos erros e que tenha originado tantas divergências nesta ciência como o sentido vago e impreciso que se confere à palavra *valor*.[23]

Se é a quantidade de trabalho fixado numa coisa que regula o seu valor de troca, segue-se que todo acréscimo da quantidade de trabalho deve acrescer o valor do objeto no qual é empregada e, igualmente, toda redução de trabalho deve reduzir o seu preço.[24]

Em seguida, Ricardo censura Smith:

1. o conferir ao valor uma medida diferente do trabalho, ora o valor do trigo, ora a quantidade de trabalho que uma coisa pode comprar etc.[25];
2. o admitir sem reservas o princípio e, no entanto, limitar a sua aplicação ao estado primitivo e grosseiro da sociedade, anterior à acumulação de capitais e à propriedade da terra[26].

---

[20] *Idem*, p. 5.

[21] *Ibidem*.

[22] [A indicação se refere à obra fundamental de Smith, *An inquiry into the nature and causes of the wealth of nations* (*Investigação sobre a natureza e as causas da riqueza das nações*), Londres, 1776.]

[23] Ricardo, *loc. cit.*, I, p. 8.

[24] *Ibidem*.

[25] *Idem*, I, pp. 9-10.

[26] *Idem*, I, p. 21.

Ricardo procura demonstrar que a propriedade das terras, isto é, a renda, não poderia alterar o valor relativo[27] dos produtos agrícolas e que a acumulação de capitais exerce apenas uma ação passageira e perturbadora sobre os valores relativos determinados pela quantidade comparativa de trabalho empregado na sua produção. Para sustentar essa tese, Ricardo formula a sua famosa teoria da renda fundiária, decompõe o capital e, em última análise, só encontra nele trabalho acumulado. Em seguida, desenvolve toda uma teoria do salário e do lucro, demonstrando que ambos têm seus movimentos de alta e de baixa, em razão inversa um do outro e sem influir sobre o valor relativo do produto. Ele não omite a influência que a acumulação dos capitais e a diferença da sua natureza (capitais fixos e capitais circulantes), assim como a taxa dos salários, podem exercer sobre o valor proporcional dos produtos. De fato, esses são os problemas principais com que Ricardo se ocupa.

> Toda economia no trabalho não deixa, jamais, de reduzir o valor relativo de uma mercadoria, quer incida sobre o trabalho necessário à fabricação do próprio objeto, quer sobre o trabalho necessário à formação do capital utilizado nessa produção.[28]
>
> Consequentemente, enquanto uma jornada de trabalho continuar fornecendo a um idêntica quantidade de peixe e a outro idêntica quantidade de caça, a taxa natural dos respectivos preços de troca permanecerá sempre a mesma, independentemente da variação dos salários e do lucro e dos vários efeitos da acumulação de capital.[29]

---

[27] [Na relação de "Notas e modificações" que preparava para uma nova edição francesa dessa obra, Engels destinava a esse ponto a seguinte frase, que não figura na edição de 1896: "Em Ricardo, o valor relativo é o valor expresso em numerário".]

[28] Ricardo, *loc. cit.*, I, p. 28. [Na edição alemã de 1885, Engels introduziu aqui a seguinte nota: "Sabe-se que, para Ricardo, o valor de uma mercadoria é determinado pela 'quantidade de trabalho necessário para obtê-la'. Ora, o modo de troca que predomina em toda forma de produção fundada na mercadoria – logo, também, no sistema capitalista – tem, contudo, como consequência, que esse valor não se exprima diretamente em quantidades de trabalho, mas em quantidades de uma outra mercadoria. Ao valor de uma mercadoria expresso em um *quantum* de outra mercadoria (dinheiro ou não), Ricardo denomina o seu valor relativo".

[29] *Idem*, p. 32.

> Consideramos o trabalho como o fundamento do valor das coisas, e a quantidade de trabalho necessário à sua produção como o padrão que determina as quantidades respectivas das mercadorias que devem ser trocadas por outras; mas não negamos que possam ocorrer, no preço corrente das mercadorias, desvios acidentais e passageiros desse preço primitivo e natural.[30]
>
> São os custos de produção que regulam, em última análise, os preços das coisas, e não, como frequentemente se pretendeu, a proporção entre a oferta e a demanda.[31]

Lord Lauderdale explicara as variações do valor de troca segundo a lei da oferta e da demanda, ou da escassez e da abundância em relação à demanda. No seu entender, o valor de uma coisa pode aumentar quando ela escasseia ou quando a demanda cresce, e pode diminuir quando ela abunda ou quando a demanda se reduz. Assim, o valor de uma coisa pode variar pela ação de oito causas diferentes, quatro referentes à própria coisa e quatro referentes ao dinheiro ou a qualquer outra coisa que sirva de medida de seu valor. Eis a refutação de Ricardo:

> Os produtos *monopolizados* por um particular ou por uma companhia variam de valor segundo a lei formulada por Lord Lauderdale: diminuem à proporção em que são oferecidos em maior quantidade, aumentam com o desejo dos compradores de adquiri-los; o seu preço não tem uma relação necessária com o seu valor natural. Contudo, no que se refere às coisas sujeitas à concorrência entre os vendedores e cuja quantidade possa ser aumentada dentro de limites moderados, o seu preço depende, em definitivo, não do estado da demanda e do aprovisionamento, mas do aumento ou da redução dos custos de produção.[32]

Deixaremos ao leitor a comparação entre a linguagem tão precisa, clara e simples de Ricardo e os retóricos esforços do sr.

---

[30] *Idem*, p. 105.

[31] *Idem*, II, p. 253.

[32] *Idem*, p. 259.

Proudhon para alcançar a determinação do valor relativo pelo tempo de trabalho.

Ricardo nos apresenta o movimento real da produção burguesa, que constitui o valor. Abstraindo esse movimento real, o sr. Proudhon "se debate" na invenção de novos procedimentos, a fim de ordenar o mundo segundo uma fórmula pretensamente original, que, na verdade, é apenas a expressão teórica do movimento real existente, tão bem exposta já por Ricardo. Este arranca da sociedade atual, para nos demonstrar como ela constitui o valor; o sr. Proudhon arranca do valor constituído para, através dele, constituir um novo mundo social. Para o sr. Proudhon, o valor constituído deve descrever uma curva e retornar, constituinte, a um mundo já constituído de acordo com esse modo de avaliação. A determinação do valor pelo tempo de trabalho é, para Ricardo, a lei do valor de troca; para o sr. Proudhon, ela é a síntese do valor útil e do valor de troca. A teoria dos valores de Ricardo é a interpretação científica da vida econômica atual; a teoria dos valores do sr. Proudhon é a interpretação utópica da teoria de Ricardo. Ricardo verifica a verdade da sua fórmula derivando-a de todas as relações econômicas, e assim explica todos os fenômenos, inclusive aqueles que, à primeira vista, parecem contradizê-la, como a renda, a acumulação de capitais e a relação entre salários e lucros; e é isso, precisamente, que faz da sua doutrina um sistema científico. O sr. Proudhon, que redescobriu essa fórmula de Ricardo através de hipóteses inteiramente arbitrárias, vê-se compelido, ulteriormente, a procurar fatos econômicos isolados, que violenta e falsifica, para fazê-los passar por exemplos, aplicações já existentes, realizações iniciais da sua ideia regeneradora[33].

Vejamos agora as conclusões que o sr. Proudhon extrai do valor constituído (pelo tempo de trabalho):

– uma certa quantidade de trabalho equivale ao produto criado por essa mesma quantidade de trabalho;

---

[33] Cf., adiante, o § 3º.

– qualquer jornada de trabalho equivale a outra jornada de trabalho; ou seja: dada igual quantidade de trabalho, o trabalho de um homem equivale ao de outro – não há diferenças qualitativas. Dada igual quantidade de trabalho, o produto de um se troca pelo produto de outro. Todos os homens são trabalhadores assalariados, e assalariados igualmente pagos por um tempo igual de trabalho. A igualdade perfeita preside às trocas.

Tais conclusões são as consequências naturais, rigorosas, do valor "constituído" ou determinado pelo tempo de trabalho?

Se o valor relativo de uma mercadoria é determinado pela quantidade de trabalho requerido para produzi-la, segue-se naturalmente que o valor relativo do trabalho, ou o salário, é igualmente determinado pela quantidade de trabalho necessário para produzir o salário. O salário, isto é, o valor relativo ou o preço do trabalho, é, pois, determinado pelo tempo de trabalho requerido para produzir tudo o que é necessário à manutenção do operário.

> *Reduzam-se os custos de fabricação* dos chapéus e o seu preço acabará por se reduzir ao seu novo preço natural, embora a demanda possa dobrar, triplicar ou quadruplicar. *Reduzam-se os custos de manutenção dos homens*, reduzindo o preço natural da alimentação e das roupas que garantem a vida, e os salários acabarão por se reduzirem, embora a demanda de braços possa crescer consideravelmente.[34]

É evidente que a linguagem de Ricardo não poderia ser mais cínica. Colocar no mesmo plano os custos de fabricação dos chapéus e os custos de manutenção do homem é transformar o homem em chapéu. Mas não protestemos tanto contra o cinismo. O cinismo está nas coisas, não nas palavras que as exprimem. Escritores franceses como os Srs. Droz, Blanqui e Rossi, entre outros, procuram a inocente satisfação de provar a sua superioridade sobre os economistas ingleses observando a etiqueta de uma linguagem "humanitária"; censuram a Ricardo e a sua escola a linguagem cínica porque se

---

[34] Ricardo, *loc. cit.*, II, p. 253.

sentem vexados com a exposição das relações econômicas em toda a sua crueza, com a traição dos mistérios da burguesia.

Resumamos. O trabalho, sendo ele mesmo mercadoria, mede-se como tal pelo tempo de trabalho que é necessário para produzir o trabalho-mercadoria. E o que é preciso para tanto? Exatamente o tempo de trabalho necessário para produzir os objetos indispensáveis à manutenção contínua do trabalho, ou seja, para permitir que o trabalhador viva e propague a sua espécie. O preço natural do trabalho é o mínimo do salário[35]. Se o preço corrente do salário se eleva acima do preço natural é precisamente porque a lei do valor, estabelecida como princípio pelo sr. Proudhon, vê-se contrabalançada pelas consequências das variações da relação entre a oferta e a demanda. Mas o mínimo de salário não deixa de ser o centro em torno do qual gravitam os preços correntes do salário.

---

[35] [À edição alemã de 1885, Engels aduziu a seguinte nota: "A tese de que o preço 'natural', ou seja, normal, da força de trabalho coincide com o mínimo de salário, isto é, com o valor de troca dos meios de subsistência absolutamente necessários à vida e à reprodução do operário, essa tese eu a formulei pela primeira vez em 'Umrisse zu einer Kritik der Nationalökonomie' [*Deutsch-französische Jahrbucher* ('Esboço de uma crítica da Economia Política', *Anais Franco-Alemães*), Paris, 1844] e em *Die Lage der arbeitenden Klasse in England* [*A situação da classe trabalhadora na Inglaterra*], Leipzig, 1845. Como se vê, Marx então a adotou e, posteriormente, Lassalle tomou-a de nós. Mas, mesmo que, na realidade, o salário tenda a se aproximar constantemente do seu mínimo, essa tese não é exata. É verdade que, em geral e em média, a força de trabalho é paga abaixo do seu valor; no entanto, este fato não altera o seu valor. N'*O capital*, Marx corrigiu essa tese (cf. a seção 'Compra e venda da força de trabalho'), analisando as condições que permitem à produção capitalista reduzir progressivamente o preço da força de trabalho, pagando-a abaixo do seu valor (cf. cap. XXIII, 'A lei geral da acumulação capitalista')". O ensaio de Engels, aqui mencionado, foi publicado no volume 5 de *Temas de Ciências Humanas*, Livraria Editora Ciências Humanas, São Paulo, 1979; as referências a Marx, na edição brasileira d'*O capital* (Ed. Civilização Brasileira, Rio de Janeiro) encontram-se, respectivamente, nas páginas 187-197 (livro 1, volume 1, 1968) e 712-827 (livro 1, volume 2, 1968). Ao tomar "emprestada" essa lei, Lassalle, em 1863, apresenta-a como "a lei de bronze dos salários" e, como tal, ela será incorporada pelo partido operário alemão unificado no Congresso de Gotha (1875); Marx criticou duramente o programa oriundo deste congresso: cf. "Crítica ao Programa de Gotha", *in* Marx-Engels, *Obras escolhidas em três volumes*, Ed. Vitória, Rio de Janeiro, vol. 2, 1961 [em edição mais recente, cf. Antunes, Ricardo (org.), *Dialética do trabalho*, Expressão Popular, São Paulo, 2001, p. 101-124].

Assim, o valor relativo, medido pelo tempo de trabalho, é, fatalmente, a fórmula da escravidão moderna do operário, e não, como o pretende o sr. Proudhon, a "teoria revolucionária" da emancipação do proletariado.

Vejamos, agora, em que casos a aplicação do tempo de trabalho como medida do valor é incompatível com o antagonismo existente entre as classes e com a desigual distribuição do produto entre o trabalhador imediato e o possuidor de trabalho acumulado.

Suponhamos um produto qualquer, por exemplo, o tecido de linho[36]. Esse produto, como tal, encerra uma quantidade determinada de trabalho. Esta será sempre a mesma, qualquer que seja a situação recíproca daqueles que concorreram para criar o produto.

Tomemos um outro produto: um pano de lã, que teria exigido a mesma quantidade de trabalho que o tecido de linho.

Trocados esses dois produtos, ocorreu uma troca de quantidades iguais de trabalho. Trocadas essas quantidades iguais de tempo de trabalho, nada se altera na situação recíproca dos produtores, assim como permanece inalterada a situação dos operários e dos fabricantes entre si. Afirmar que essa troca de produtos medidos pelo tempo de trabalho resulta na retribuição igualitária de todos os produtores é supor que, antes da troca, existia a igualdade de participação no produto[37]. Quando se realizar a troca do pano de lã pelo tecido de linho, os produtores daquele participarão neste na mesma proporção em que, antes, participaram no pano de lã.

A ilusão do sr. Proudhon deriva de ele tomar como consequência o que, no máximo, não seria mais que uma suposição gratuita.

---

36 [Aqui, no original, Marx emprega a palavra *toile*, tecido de linho ou algodão; no parágrafo seguinte, exemplifica com *drap*, tecido à base de lã. A distinção se fará traduzindo *toile* como *tecido de linho* e *drap* como *pano de lã*.]

37 [A concretização dessa possibilidade constituirá aquilo que Marx denominou de "primeira fase" da sociedade comunista.]

Prossigamos.

O tempo de trabalho como medida de valor supõe, pelo menos, que as jornadas são *equivalentes* e que a jornada de um homem vale tanto quanto a de outro? Não.

Admitamos, por um momento, que a jornada de um joalheiro equivale a três jornadas de um tecelão: sempre que ocorrer uma alteração do valor das joias em relação aos tecidos, a menos que se trate de um resultado passageiro das oscilações da oferta e da demanda, a causa deverá ser uma redução ou um aumento do tempo de trabalho empregado por uma ou outra parte na produção. Se três jornadas de trabalho de diferentes trabalhadores estão entre si como 1, 2, 3, qualquer alteração no valor relativo de seus produtos modificará esta relação 1, 2, 3. Assim, é possível medir os valores pelo tempo de trabalho, apesar da desigualdade do valor das diferentes jornadas de trabalho; mas, para aplicar uma semelhante medida, é necessário uma escala comparativa de diferentes jornadas de trabalho – e é a concorrência que estabelece essa escala.

A sua hora de trabalho vale como a minha? Essa é uma questão que se decide pela concorrência.

A concorrência, segundo um economista americano, determina quantas jornadas de trabalho simples estão contidas numa jornada de trabalho complexo. Essa redução de jornadas de trabalho complexo a jornadas de trabalho simples não supõe que o trabalho simples é tomado como medida do valor? Por outro lado, tomar apenas a quantidade de trabalho como medida de valor, sem levar em conta a qualidade, supõe que o trabalho simples se tornou o fulcro da indústria. Supõe que os trabalhos são equalizados pela subordinação do homem à máquina ou pela divisão extrema do trabalho; supõe que os homens se apagam diante do trabalho; supõe que o movimento do pêndulo tornou-se a exata medida da atividade relativa de dois operários, da mesma maneira que o é da velocidade de duas locomotivas. Então, não há por que dizer que uma hora de um homem equivale a uma hora de outro homem; deve-se dizer que um homem de uma hora vale tanto quanto outro homem de uma hora. O tempo é tudo, o homem não é nada – quando muito, é a carcaça do tempo. Não se discute a qualidade. A quantidade decide tudo: hora por hora, jornada por jornada. Mas essa equalização do trabalho não resulta da justiça eterna do sr. Proudhon; muito simplesmente, é um fato da indústria moderna.

Na fábrica, o trabalho de um operário quase não se distingue do trabalho de outro operário: os operários só se distinguem entre si pela quantidade de tempo que despendem. No entanto, essa diferença quantitativa torna-se, sob certo ponto de vista, qualitativa, já que o tempo de dedicação ao trabalho depende, parcialmente, de causas puramente materiais (como a constituição física, a idade, o sexo) e, parcialmente, de causas morais puramente negativas (como a paciência, a impassibilidade, a assiduidade). Enfim, se há uma diferença de qualidade entre o trabalho dos operários, trata-se, no máximo, de uma qualidade da pior qualidade – o que dista muito de ser uma especialidade distintiva. Em última análise, é esse o estado de coisas da indústria moderna. E é sobre essa igualdade, já realizada, do trabalho mecanizado que o sr. Proudhon exibe a sua plaina da "equalização", a cumprir-se universalmente no "futuro"[38].

Todas as consequências "igualitárias" que o sr. Proudhon extrai da doutrina de Ricardo se baseiam num erro fundamental. Ele confunde o valor das mercadorias medido pela quantidade de trabalho nelas fixado com o valor das mercadorias medido pelo *"valor do trabalho"*. Se essas duas maneiras de medir o valor se reduzissem a uma só, poder-se-ia dizer indiferentemente: o valor relativo de uma mercadoria qualquer é medido pela quantidade de trabalho nela fixado; ou: mede-se pela quantidade de traba-

[38] [Marx, neste trecho, aflorou a intrincada relação entre o trabalho simples e o trabalho complexo, que solucionará n'*O capital*.]

lho que pode comprar; ou ainda: mede-se pela quantidade de trabalho que é capaz de comprá-la. Mas as coisas não são assim. O valor do trabalho, como o valor de qualquer outra coisa, não serve para medir o valor. Alguns exemplos serão suficientes para esclarecer melhor o que acabamos de dizer.

Se o moio[39] de trigo custasse duas jornadas de trabalho, em vez de uma, o seu valor primitivo duplicaria; mas ele não propiciaria o movimento duplicado da quantidade de trabalho, porque o seu conteúdo de matéria nutritiva permaneceria inalterado. Assim, o valor do trigo, medido pela quantidade de trabalho empregado para produzi-lo, teria duplicado; mas, medido pela quantidade de trabalho que pode comprar ou pela quantidade de trabalho que o pode comprar, distaria muito de ter duplicado. Por outro lado, se o mesmo trabalho produzisse o dobro de roupas que antes, o valor relativo delas seria reduzido à metade; todavia, essa quantidade duplicada de roupas nem por isso teria que exigir apenas a metade da quantidade de trabalho, ou o mesmo trabalho não teria que exigir a quantidade duplicada de roupas, porque a metade delas continuaria, ainda, a servir ao operário da mesma forma que antes.

Portanto, determinar o valor relativo das mercadorias pelo valor do trabalho é contradizer os fatos econômicos. É mover-se num círculo vicioso: é determinar o valor relativo por um valor relativo que, por sua vez, precisa ser determinado.

É indubitável que o sr. Proudhon confunde as duas medidas, a medida pelo tempo de trabalho necessário à produção de uma mercadoria e a medida pelo valor do trabalho. "O trabalho de todo homem – afirma – pode comprar o valor que ele encerra". Assim, para o sr. Proudhon, uma certa quantidade de trabalho cristalizado num produto equivale à retribuição do trabalhador,

---

39 [No original, *muid:* antiga medida francesa, equivalente, para grãos e secos, a cerca de 18 hectolitros.]

ou seja: ao valor do trabalho. A mesma argumentação autoriza-o a confundir os custos de produção com os salários.

"O que é o salário? É o preço de custo do trigo etc., é o preço integral de todas as coisas." E, mais adiante: "O salário é a proporcionalidade dos elementos que compõem a riqueza". O que é o salário? É o valor do trabalho.

Adam Smith toma como medida do valor ora o tempo de trabalho necessário à produção de uma mercadoria, ora o valor do trabalho. Ricardo desvelou esse erro, mostrando claramente a disparidade dessas duas formas de mensuração. O sr. Proudhon potencia o erro de Adam Smith: neste, as duas formas se justapõem; naquele, elas são identificadas.

O sr. Proudhon procura uma medida do valor relativo das mercadorias para encontrar a justa proporção em que os operários devem participar dos produtos ou, em outros termos, para determinar o valor relativo do trabalho. Para determinar a medida do valor relativo das mercadorias, ele imagina que o melhor é considerar como equivalente de uma certa quantidade de trabalho a soma de produtos que ele cria – o que significa supor que toda a sociedade se compõe apenas de trabalhadores imediatos, cujo salário é o seu próprio produto. Em segundo lugar, ele estabelece, de fato, a equivalência entre as jornadas dos diversos trabalhadores. Em suma, ele procura a medida do valor relativo das mercadorias para encontrar a retribuição igual dos trabalhadores e toma a igualdade dos salários como um dado, do qual parte para procurar o valor relativo das mercadorias. Que admirável dialética!

> Say e os economistas que o seguiram observaram que, estando o próprio trabalho sujeito à avaliação, sendo uma mercadoria como qualquer outra, tomá-lo como princípio e causa eficiente do valor é cair num círculo vicioso. (...) Esses economistas, permitam-me dizê-lo, demonstraram uma prodigiosa falta de atenção. Diz-se que o trabalho vale não enquanto mercadoria, mas em função dos valores que se supõe potencialmente contidos nele. O *valor do trabalho* é uma expressão figurada, uma antecipação da causa sobre

> o efeito. É uma ficção, do mesmo gênero que a *produtividade do capital.* O trabalho produz, o capital vale. (...) Por uma espécie de elipse, diz-se o valor do trabalho (...). O trabalho, como liberdade (...), é coisa vaga e indeterminada por sua natureza, mas que se define qualitativamente pelo seu objeto, ou seja, torna-se uma realidade pelo produto.[40]
>
> Mas, será preciso insistir? Desde que o economista[41] troca o nome das coisas, *vera rerum vocabula* [*as verdadeiras denominações das coisas* – latim], ele confessa, implicitamente, a sua impotência e elude a questão.[42]

Vimos que o sr. Proudhon faz do valor do trabalho a "causa eficiente" do valor dos produtos, a ponto de, para ele, o *salário,* nome oficial do "valor do trabalho", constituir o preço integral de todas as coisas. É por isso que a objeção de Say o perturba. No trabalho-mercadoria, que é de uma realidade espantosa, ele vê apenas uma elipse gramatical. Logo, toda a sociedade atual, fundada no trabalho-mercadoria, passa a se embasar numa licença poética, numa expressão figurada. A sociedade pretende "eliminar todos os inconvenientes" que a atormentam? Muito bem: basta-lhe eliminar os termos inconvenientes, alterar a linguagem e dirigir-se à Academia, encomendando-lhe uma nova edição do seu dicionário! Depois disso tudo, é fácil compreender por que o sr. Proudhon, numa obra de economia política, sentiu-se obrigado a dissertar longamente sobre etimologia e outras partes da gramática. Por isso, não superou a fase da sábia polêmica contra a velha derivação de *servare* a *servus*[43]. Essas dissertações filológicas têm um sentido profundo, um sentido esotérico, constituindo uma parte essencial da argumentação do sr. Proudhon.

---

40 Proudhon, *loc. cit.,* I, p. 61.

41 Leia-se: o sr. Proudhon. [M. Rubel assinala, aqui, um erro de transcrição de Marx: no texto de Proudhon, aparece *comunista* no lugar de *economista.*]

42 Proudhon, *loc. cit.,* I, p. 188.

43 [*Servare:* conservar; *servus:* servo. A discussão está em Proudhon, *loc. cit.,* I, p. 200, ed. de 1923.]

O trabalho[44], enquanto vendido e comprado, é uma mercadoria como qualquer outra e, consequentemente, tem um valor de troca. Mas o valor do trabalho, ou o trabalho, enquanto mercadoria, é tão pouco produtivo como é pouco nutritivo o valor do trigo, ou o trigo, enquanto mercadoria.

O trabalho "vale" mais ou menos conforme os gêneros alimentícios sejam mais ou menos caros, segundo o nível dado da oferta e da demanda de braços etc. etc.

O trabalho nunca é uma "coisa vaga": é sempre um trabalho determinado; jamais se compra ou se vende trabalho em geral. E não é somente o trabalho que se define qualitativamente pelo objeto: também o objeto é determinado pela qualidade específica do trabalho.

O trabalho, enquanto é vendido e comprado, constitui, ele mesmo, uma mercadoria. Por que é comprado? "Em função dos valores que se supõe potencialmente contidos nele." Mas quando se diz que uma coisa é mercadoria, já não se trata da finalidade para a qual é comprada, ou seja, da utilidade que se pretende extrair dela, da utilização a que se a destina. Ela é mercadoria como objeto de tráfico. Todos os raciocínios do sr. Proudhon se resumem nisto: o trabalho não é comprado como objeto imediato de consumo. Claro que não: compra-se-o como instrumento de produção, como se compraria uma máquina. Enquanto mercadoria, o trabalho vale, mas não produz. O sr. Proudhon poderia dizer igualmente que não existe mercadoria, já que toda mercadoria é comprada com uma finalidade de utilidade qualquer e nunca enquanto mercadoria.

Medindo o valor das mercadorias pelo trabalho, o sr. Proudhon vislumbra, vagamente, a impossibilidade de subtrair a essa mesma medida o trabalho, enquanto encerra um valor, enquanto

44 [O exemplar da primeira edição francesa que Marx ofereceu a N. Utina em 1876 registra, depois da palavra *trabalho*, em autógrafo, a expressão *força de trabalho*. A segunda edição francesa, de 1896, acatou essa adição, que é um evidente anacronismo, como o atesta, inclusive, o próprio Engels, no prefácio que redigiu para a primeira edição alemã.]

trabalho-mercadoria. Ele pressente que isso equivale a fazer do mínimo de salário o preço natural e normal do trabalho imediato, o que significa aceitar o estado atual da sociedade. Assim, para escapar a essa consequência fatal, faz meia-volta e pretende que o trabalho não seja uma mercadoria, pretende que ele não possua um valor. Esquece-se de que ele mesmo tomou como medida o valor do trabalho; esquece-se de que todo o seu sistema se funda no trabalho-mercadoria, no trabalho que se troca, se vende e se compra, se permuta por produtos etc. – enfim, no trabalho que é uma fonte imediata de rendimentos para o trabalhador. Ele se esquece de tudo.

Para salvar o seu sistema, admite o sacrifício da sua base. *Et propter vivendi perdere causas* [*E, para viver, sacrificar as suas razões de viver* – latim][45].

Chegamos, agora, a uma nova determinação do "valor constituído": "O valor é a *relação de proporcionalidade* dos produtos que compõem a riqueza".

Observemos, antes de mais, que as simples palavras "valor relativo ou permutável" implicam a ideia de uma relação qualquer, na qual os produtos se trocam reciprocamente. Designando-a por "relação de proporcionalidade", não se modifica o valor relativo, mas apenas a sua expressão. Nem a depreciação nem a elevação do valor de um produto eliminam a sua propriedade de entrar em uma "relação de proporcionalidade" qualquer com outros produtos que constituem a riqueza.

Por que, então, essa nova designação, que não introduz uma nova ideia?

A "relação de proporcionalidade" sugere muitas outras relações econômicas, como a proporcionalidade da produção, a justa proporção entre a oferta e a demanda etc., e o sr. Proudhon pensou em tudo isso ao formular essa paráfrase didática do valor venal.

---

[45] [A passagem transcrita é de Juvenal.]

Em primeiro lugar, já que o valor relativo dos produtos é determinado pela quantidade comparativa de trabalho empregado na sua produção, a relação de proporcionalidade, aplicada a este caso especial, significa a quantidade respectiva de produtos que podem ser fabricados em um tempo dado e que, consequentemente, se trocam.

Vejamos o que o sr. Proudhon extrai dessa relação de proporcionalidade.

Todo mundo sabe que, quando a oferta e a demanda se equilibram, o valor relativo de um produto qualquer é exatamente determinado pela quantidade de trabalho nele contido, ou seja: o valor relativo exprime a relação de proporcionalidade precisamente no sentido que acabamos de esclarecer. O sr. Proudhon inverte a ordem das coisas. Comece-se, diz ele, por medir o valor relativo de um produto pela quantidade de trabalho nele contido e, então, a oferta e a demanda infalivelmente se equilibrarão. A produção corresponderá ao consumo e o produto será sempre permutável. Seu preço corrente expressará com exatidão o seu justo valor. Em vez de dizer como todo mundo – quando faz bom tempo, vemos muita gente passeando –, o sr. Proudhon manda a sua gente passear para lhe garantir bom tempo.

Aquilo que o sr. Proudhon apresenta como a consequência do valor venal determinado *a priori* pelo tempo de trabalho só poderia ser justificado por uma lei expressa mais ou menos assim: os produtos, de agora em diante, serão trocados na razão exata do tempo de trabalho que exigiram; qualquer que seja a relação entre a oferta e a demanda, a troca de mercadorias far-se-á sempre como se elas fossem produzidas proporcionalmente à demanda. Se o sr. Proudhon formular e fizer aprovar uma lei semelhante, nós o dispensaremos das provas. Mas se, ao contrário, ele insistir em justificar a sua teoria, não como legislador, mas como economista, então terá que provar que o *tempo* necessário para criar uma mercadoria indica exatamente o seu grau de *utilidade* e expressa a sua relação de proporcionalidade à demanda e, por consequência, ao conjunto das riquezas. Nesse caso, se um produto é vendido por um preço igual aos seus custos de produção, a oferta e a demanda se equilibrarão sempre, porque se considera que os custos de produção exprimem a verdadeira relação entre a oferta e a demanda.

Efetivamente, o sr. Proudhon se esforça para provar que o tempo de trabalho requerido para criar um produto expressa a sua justa proporção às necessidades, de tal forma que as coisas cuja produção exige menos tempo são as mais imediatamente úteis, e assim por diante, gradualmente. A simples produção de um objeto de luxo comprova, de acordo com essa doutrina, que a sociedade dispõe de um tempo excedente que lhe permite satisfazer a uma necessidade de luxo.

A demonstração da sua tese, o sr. Proudhon encontra-a na observação de que as coisas mais úteis custam menos tempo de produção, que a sociedade começa sempre pelas indústrias mais fáceis e que, sucessivamente, ela "se dedica à produção de objetos que exigem mais tempo de trabalho e que correspondem a necessidades de uma ordem elevada".

O sr. Proudhon toma do sr. Dunoyer o exemplo da indústria extrativa – coleta, pastoreio, caça, pesca etc. –, que é a mais simples, a menos onerosa e pela qual o homem começou "o primeiro dia da sua segunda criação"[46]. O primeiro dia da sua criação está consignado no Gênesis, que nos apresenta Deus como o primeiro industrial do mundo.

As coisas se passam muito diferentemente do que pensa o sr. Proudhon. Na própria emergência da civilização, a produção começa a se fundar no antagonismo entre as ordens, os estamentos, as classes e, enfim, no antagonismo entre o trabalho acumulado e o trabalho imediato. Sem antagonismo não há progresso. Essa é a lei a que se submeteu, até hoje, a civilização. Até o presente, as forças produtivas se desenvolveram graças ao regime antagônico das classes. Afirmar, agora, que, estando satisfeitas todas as necessidades de todos os

---

[46] [Proudhon, *loc. cit.*, I, p. 126, ed. de 1923.]

trabalhadores, os homens puderam dedicar-se à criação de produtos de uma ordem superior, a indústrias mais complexas, é abstrair o antagonismo entre as classes e subverter todo o desenvolvimento histórico. É como se se quisesse afirmar que, como se criavam moreias em aquários, sob os imperadores romanos, a população de Roma estava fartamente alimentada; ao contrário, enquanto o povo romano não tinha como comprar pão, aos aristocratas sobravam escravos que ofereciam como pasto às moreias.

O preço dos víveres aumentou quase continuamente, enquanto o preço dos objetos manufaturados e de luxo baixou continuamente. Observe-se a própria indústria agrícola: os produtos mais indispensáveis, como o trigo, a carne etc., aumentaram de preço, enquanto o algodão, o açúcar, o café etc. têm seus preços continuamente reduzidos, numa proporção surpreendente. E mesmo entre os comestíveis propriamente ditos, os de luxo, como as alcachofras, os aspargos etc., são hoje relativamente mais baratos que os de primeira necessidade. Atualmente, é mais fácil produzir o supérfluo que o necessário. Finalmente, nas diversas épocas históricas, as relações recíprocas dos preços não são apenas diferentes, mas opostas. Durante toda a Idade Média, os produtos agrícolas eram relativamente mais baratos que os produtos manufaturados; modernamente, eles estão em razão inversa. É de se concluir que, desde a Idade Média, a utilidade dos produtos agrícolas está diminuindo?

O uso dos produtos é determinado pelas condições sociais em que se encontram os consumidores, e essas condições se fundam no antagonismo entre as classes.

O algodão, a batata e a aguardente são produtos de uso muito corrente. As batatas provocaram as escrófulas[47]; o algodão, em larga

[47] [Durante o século XIX, acreditava-se que a escrofulose fossse provocada pela batata; entre 1875 e 1876, Engels ainda escrevia: "os propagadores da batata, na Europa, não sabiam que, por meio desse tubérculo, estavam difundindo a escrófula" (cf. *Dialética da Natureza,* Ed. Leitura, Rio de Janeiro, s/d, p. 224). Posteriormente, constatou-se que a escrofulose não resultava do consumo de batata, mas de uma

medida, substituiu o linho e a lã, embora esses últimos fossem de uma maior utilidade em muitos casos, ainda que somente do ponto de vista da higiene; enfim, a aguardente impôs-se à cerveja e ao vinho, mesmo que seu uso como alimento seja geralmente reconhecido como venenoso. Durante um século, os governos lutaram inutilmente contra o ópio europeu; a economia prevaleceu e ditou suas ordens ao consumo.

Por que, então, o algodão, a batata e a aguardente são as pedras angulares da sociedade burguesa? Porque, para produzi-los, é necessário menos trabalho e, consequentemente, eles são mais baratos. Por que o mínimo de preço determina o máximo de consumo? Seria, por acaso, em função da utilidade absoluta desses produtos, da sua utilidade intrínseca, da sua utilidade enquanto melhor correspondência às necessidades do operário como homem, e não do homem como operário? Não: é porque, numa sociedade fundada na *miséria,* os produtos mais *miseráveis* têm a prerrogativa fatal de servir ao uso da grande maioria.

Dizer, pois, que, pelo fato de as coisas mais baratas serem as mais usadas, elas devam ser da maior utilidade significa dizer que o uso tão generalizado da aguardente, em função dos poucos custos da sua produção, é a prova mais concludente da sua utilidade; significa dizer ao proletário que a batata é mais saudável que a carne; significa aceitar o estado de coisas vigente – significa, enfim, fazer, como o sr. Proudhon, a apologia de uma sociedade sem compreendê-la.

Numa sociedade futura, em que desapareça o antagonismo entre as classes, em que não existam mais classes, o uso não será mais determinado pelo *mínimo* do tempo de produção: o tempo de produção consagrado aos diferentes produtos será determinado pelo seu grau de utilidade social[48].

---

dieta extremamente pobre, à qual a batata, pelo seu baixo custo, estava sempre associada.]

48 [No exemplar oferecido por Marx a N. Utina, o adjetivo *social* aparece riscado. Sobre a função do tempo de trabalho numa sociedade de homens livres, cf. *O capital, op. cit.*, livro 1, volume 1, pp. 87-88.]

Retornando à tese do sr. Proudhon: se o tempo de trabalho necessário à produção de um objeto não expressa o seu grau de utilidade, o seu valor de troca, determinado previamente pelo tempo de trabalho nele fixado, não poderia nunca regular a justa relação entre a oferta e a demanda, ou seja: a relação de proporcionalidade no sentido que, agora, o sr. Proudhon lhe atribui.

Não é a venda de um produto qualquer ao preço dos seus custos de produção que constitui a "relação de proporcionalidade" entre a oferta e a demanda ou a parte proporcional desse produto face ao conjunto da produção; são as *variações da demanda e da oferta* que indicam ao produtor em que quantidade é preciso produzir uma certa mercadoria para receber, em troca, pelo menos os custos de produção. E como essas variações são contínuas, há também um contínuo movimento de fluxo e refluxo de capitais nos diferentes ramos da indústria.

> Somente graças a essas variações é que os capitais são aplicados precisamente na proporção requerida, e não além dela, para a produção de diferentes mercadorias para as quais existe demanda. Com a alta ou a queda dos preços, os lucros se elevam ou caem em relação ao seu nível geral e, em consequência, os capitais são atraídos ou desviados do emprego particular que experimentam numa ou noutra dessas variações. Se observarmos os mercados das grandes cidades, veremos a regularidade com que são abastecidos com todos os tipos de mercadorias, nacionais e estrangeiras, na quantidade requerida, sejam quais forem as alterações da demanda por ação do capricho, do gosto ou da variação da população, e sem que ocorra, frequentemente, abarrotamento por um fornecimento superabundante ou excessivo encarecimento ocasionado por um fornecimento diminuto em relação à demanda – deve-se reconhecer que o princípio que distribui o capital em cada ramo da indústria, *nas proporções exatamente convenientes*, é mais vigoroso do que se supõe em geral[49].

Se o sr. Proudhon aceita o valor dos produtos como determinados pelo tempo de trabalho, deve aceitar, igualmente, o movi-

---

[49] Ricardo, *loc. cit.*, I, p. 105 e 108.

mento oscilatório que, somente ele, faz do trabalho a medida do valor[50]. Não há "relação de proporcionalidade" já constituída: há um movimento constituinte.

Acabamos de ver em que sentido é correto falar-se da "proporcionalidade" como de uma consequência do valor determinado pelo tempo de trabalho. Veremos agora como essa medida pelo tempo, denominada "lei da proporcionalidade" pelo sr. Proudhon, transforma-se em lei de *desproporcionalidade*.

Toda invenção nova que permite produzir em uma hora o que antes se produzia em duas deprecia todos os produtos similares[51] que se encontram no mercado. A concorrência força o produtor a vender o produto de duas horas tão barato como o de uma hora. A concorrência realiza a lei segundo a qual o valor relativo de um produto é determinado pelo tempo de trabalho necessário para produzi-lo. O tempo de trabalho que serve como medida do valor venal transforma-se, assim, em lei de uma *depreciação* contínua do trabalho. Diremos mais: haverá depreciação não só para as mercadorias lançadas no mercado, mas também para os instrumentos de produção e para toda a fábrica. Este fato já foi assinalado por Ricardo:

> Aumentando constantemente a facilidade de produção, diminuímos constantemente o valor de algumas das coisas produzidas anteriormente[52].

Sismondi vai mais longe: neste "valor *constituído*" pelo tempo de trabalho, ele vê a fonte de todas as contradições da indústria e do comércio modernos:

> O valor mercantil é sempre fixado, em última análise, pela quantidade de trabalho necessário para se obter a coisa avaliada: não a quantidade que exige atualmente, mas a quantidade que exigiria de hoje em diante, talvez com meios mais aperfeiçoados; e esta quantidade, mesmo difícil de ser

[50] [Segundo Engels, Marx modificou a redação desta passagem: "... o movimento oscilatório que, somente ele, nas sociedades fundadas nas trocas individuais...".]

[51] [No original de 1847, *homogènes*. Mas a tradução alemã corrige para *gleichartige*.]

[52] Ricardo, *loc. cit.*, II, p. 59.

calculada, é sempre estabelecida com fidelidade pela concorrência (...). É sobre esta base que se calcula quer a demanda do vendedor, quer a oferta do comprador. O primeiro afirmará, talvez, que a coisa custou-lhe dez jornadas de trabalho; mas se o outro reconhece que, de então em diante, ela pode ser obtida com oito jornadas e se a concorrência demonstra este fato aos dois contratantes, então o valor reduzir-se-á a oito jornadas apenas e o preço do mercado estabelecer-se-á sobre esta base. É certo que ambos os contratantes têm a noção de que a coisa é útil, que é desejada e que sem este desejo não haveria venda; mas a fixação do preço não mantém nenhuma relação com a utilidade[53].

É importante insistir sobre este ponto: o que determina o valor não é o tempo de produção de uma coisa, mas o *mínimo* de tempo no qual ela pode ser produzida, e esse mínimo é constatado pela concorrência. Suponha-se, por um instante, que a concorrência não exista e que, consequentemente, não haja como verificar o mínimo de trabalho necessário para a produção de uma mercadoria. O que acontecerá? Bastará aplicar na produção de um objeto seis horas de trabalho para se ter o direito, segundo o sr. Proudhon, de exigir em troca seis vezes mais do que aquele que, na produção do mesmo objeto, só aplicou uma hora.

Em vez de uma "relação de proporcionalidade", temos uma relação de desproporcionalidade – se insistimos em ficar nas relações, boas ou más.

A depreciação contínua do trabalho é apenas um aspecto, uma consequência da avaliação dos artigos pelo tempo de trabalho. O excessivo aumento dos preços, a superprodução e muitos outros fenômenos de anarquia industrial são interpretáveis por esse mesmo modo de avaliação.

Mas o tempo de trabalho como medida do valor dá origem, pelo menos, à variedade proporcional dos produtos, que tanto fascina o sr. Proudhon?

---

53 Sismondi, *loc. cit.*, II, p. 267.

Muito ao contrário: o monopólio, com toda a sua monotonia, vem, seguindo-se a ela, invadir o mundo dos produtos, do mesmo modo como, à vista de todos, invadiu o mundo dos instrumentos de produção. Apenas alguns ramos industriais, como a indústria algodoeira, podem fazer progressos muito rápidos. A consequência natural desses progressos é que os produtos da manufatura algodoeira, por exemplo, têm os seus preços rapidamente reduzidos; mas, à medida que o preço do algodão cai, o do linho, comparativamente, deve elevar-se. O que resultará disso? O linho será substituído pelo algodão. Desse modo, o linho foi abandonado em quase toda a América do Norte. E alcançamos, em lugar da variedade proporcional dos produtos, o império do algodão.

O que resta da "relação de proporcionalidade"? Nada mais que o desejo de um homem honesto, que gostaria que as mercadorias se produzissem em proporções tais que pudessem ser vendidas a um preço honesto. Os bons burgueses e os economistas filantropos, sempre, gostaram de formular esse desejo inocente.

Deixemos falar o velho Boisguillebert:

> O preço dos artigos deve ser sempre *proporcionado*, uma vez que só esse acordo pode permitir-lhes existir em conjunto, *para se trocarem entre si a todo momento* [eis a permutabilidade contínua do sr. Proudhon] e se reproduzirem reciprocamente (...). Já que a riqueza é apenas esse contínuo intercâmbio entre homem e homem, entre profissão e profissão etc., constitui uma espantosa cegueira procurar a causa da miséria fora do fim de um comércio semelhante, ocasionada pela desordem das proporções nos preços[54].

[54] *Dissertation sur la nature des richesses...* [*Dissertação sobre a natureza das riquezas...*]. éd. Daire, pp. 405 e 408. [Marx cita segundo a antologia *Économistes-financiers du 18 siècle. Précedés de notices historiques sur chaque auteur, et accompagnés de commentaires et de notes explicatives par Eugène Daire* (*Economistas-financistas do século XVIII. Com notícias históricas sobre cada autor e comentários e notas explicativas de Eugène Daire*), Paris, 1843.]

Ouçamos também um economista moderno:

> Uma grande lei que se deve aplicar à produção é a *lei da proporcionalidade* (*the law of proportion*), que é a única que pode preservar a continuidade do valor (...). O equivalente deve ser garantido. (...) Todas as nações tentaram, em diversas épocas, através de numerosos regulamentos e restrições comerciais, realizar até um certo ponto essa lei da proporcionalidade; mas o egoísmo, inerente à natureza do homem, levou-o a subverter todo esse regime regulamentar. Uma produção proporcionada (*proporcionate production*) constitui a realização da verdade plena da ciência da economia social[55].

Fuit Troja! [*Troia já não existe!* – latim]. Essa justa proporção entre a oferta e a demanda, que volta a ser objeto de tantos votos, há muito que deixou de existir, tornou-se uma velharia. Ela só foi possível em épocas nas quais os meios de produção eram restritos, nas quais a troca se operava em limites extremamente pequenos. Com o aparecimento da grande indústria, essa justa proporção teve de acabar, e a produção é fatalmente obrigada a passar, numa sucessão perpétua, pelas vicissitudes de prosperidade, depressão, crise, estagnação, nova prosperidade e assim por diante.

Aqueles que, como Sismondi, querem retornar à justa proporcionalidade da produção conservando as bases atuais da sociedade são reacionários porque, para serem consequentes, deveriam também pretender o restabelecimento de todas as outras condições da indústria dos tempos passados.

O que mantinha a produção em proporções justas ou quase justas? Era a demanda, que determinava a oferta e a precedia. A produção, passo a passo, acompanhava o consumo. A grande indústria, forçada, pelos próprios instrumentos de que dispõe, a produzir sempre numa escala cada vez maior, não pode mais esperar pela demanda. A produção precede o consumo, a oferta pressiona a demanda.

---

55 W. Atkinson, *Principles of Political Economy...* [*Princípios de Economia Política...*], Londres, 1840, pp. 170 e 195.

Na sociedade atual, na indústria fundada nas trocas individuais, a anarquia da produção, que é a fonte de tantas misérias, é, ao mesmo tempo, a fonte de todo progresso.

Assim, das duas, uma: ou se deseja a justa proporção dos séculos passados com os meios de produção da nossa época, e se é simultaneamente reacionário e utopista; ou se deseja o progresso sem anarquia e, neste caso, para conservar as forças produtivas, se é obrigado a abandonar as trocas individuais.

As trocas individuais só são compatíveis com a pequena indústria dos séculos passados, com o seu corolário da "justa proporção", ou com a grande indústria atual, mas com todo o seu cortejo de miséria e anarquia.

De tudo o que dissemos, constata-se que a determinação do valor pelo tempo de trabalho – ou seja: a fórmula que o sr. Proudhon nos oferece como a fórmula regeneradora do futuro – não é mais que a expressão científica das relações econômicas da sociedade atual, como, bem antes do sr. Proudhon, Ricardo demonstrou-o clara e nitidamente.

Mas, pelo menos, não cabe ao sr. Proudhon a aplicação *"igualitária"* dessa fórmula? Não é ele o primeiro a imaginar a reforma da sociedade transformando todos os homens em trabalhadores imediatos, trocando iguais quantidades de trabalho? Não tem o direito de censurar os comunistas – essa gente desprovida de qualquer conhecimento de economia política, esses "homens obstinadamente idiotas", esses "sonhadores paradisíacos" – de não terem encontrado, antes dele, essa "solução do problema do proletariado"?

Qualquer pessoa minimamente familiarizada com o movimento da economia política na Inglaterra não ignora que quase todos os socialistas desse país, em épocas diferentes, propuseram a aplicação igualitária da teoria ricardiana. Poderíamos citar ao sr. Proudhon: a *Economia Política* de Hodgskin, 1827[56]; William Thompson: *An*

[56] [Na edição de 1847, aparece *Hopkins;* o erro foi aproveitado por Menger em 1885, até

inquiry into the principles to the distribution of wealth, most conducive to human happiness [*Investigação sobre os princípios de distribuição da riqueza, melhor conducentes à felicidade humana*], 1824; T. R. Edmonds: *Practical, Moral and Political Economy* [*Economia prática, moral e política*], 1828; etc. etc. – e quatro páginas de *etc.* Contentar-nos-emos em dar a palavra a um *comunista* inglês, o sr. Bray. Citaremos as passagens decisivas da sua notável obra: *Labour's wrongs and labour's remedy* [*Sofrimentos da classe operária e sua solução*], Leeds, 1839; vamos nos deter bastante sobre esse livro porque, primeiramente, o sr. Bray é ainda pouco conhecido na França e, depois, porque acreditamos encontrar nele a chave das obras passadas, presentes e futuras do sr. Proudhon.

> O único meio para chegar à verdade consiste em abordar frontalmente os primeiros princípios. (...) Retornemos diretamente à fonte de que derivam os próprios governos. (...) Indo assim à origem da coisa, verificaremos que toda forma de governo, toda injustiça social e governamental provêm do sistema social hoje vigente – *da instituição da propriedade tal como existe atualmente* (*the institution of property as it at present exists*) e que, portanto, para acabar definitivamente com as injustiças e misérias atuais, é necessário *subverter inteiramente o estado contemporâneo da sociedade.* (...) Atacando os economistas em seu próprio terreno e com as suas próprias armas, evitaremos a absurda tagarelice sobre os *visionários* e os *teóricos*, a que sempre estão dispostos a se entregar. (...) Exceto negando ou desaprovando as verdades e os princípios reconhecidos, sobre os quais fundam os seus próprios argumentos, os economistas não poderão rejeitar as conclusões a que chegamos por esse método (...)[57].
>
> *Somente o trabalho cria valor* (*It is labour alone wich bestows value*). (...) Cada homem tem um direito indubitável a tudo o que seu trabalho honesto pode lhe proporcionar. Apropriando-se assim dos frutos do seu

que Engels o corrige – cf. o seu prefácio à edição de 1892. Contudo, é preciso assinalar a existência de um Thomas Hopkins, cuja obra Marx conhecia.]

[57] Bray, *Labour's wrongs and labour's remedy,* Leeds, 1839, pp. 17 e 41.

trabalho, ele não comete nenhuma injustiça para com os outros homens, porque não usurpa de ninguém o direito de fazer o mesmo. (...) Todas as ideias de superioridade, de patrão e assalariado, originam-se da *negligência* desses primeiros princípios e porque, consequentemente, a desigualdade se introduziu na posse (*and to the consequent rise of inequality of possessions*). Enquanto se mantiver essa desigualdade, será impossível erradicar tais ideias ou subverter as instituições nela fundadas. Até hoje, sempre se teve a inútil esperança de remediar um estado de coisas contrário à natureza, tal como o que nos domina agora, destruindo a *desigualdade existente* e deixando subsistir a causa da desigualdade; porém, nós logo demonstraremos que o governo não é uma causa, mas um efeito, que ele não cria, mas é criado – que, numa palavra, ele é o *resultado da desigualdade na posse* (*the offspring of inequality of possessions*), e que esta se vincula, inseparavelmente, ao sistema social atual[58].

O sistema da igualdade tem a seu favor não apenas grandes vantagens, mas ainda a estrita justiça. (...) Cada homem é um elo, e um elo indispensável, na cadeia de efeitos que parte de uma ideia para conduzir, talvez, à produção de uma peça de tecido. Por isso, dado que os nossos gostos pelas diferentes profissões não são idênticos, não se pode concluir que o trabalho de um deva ser melhor retribuído que o de outro. O inventor receberá sempre, além da sua justa recompensa em dinheiro, o tributo da nossa admiração, que somente o gênio pode merecer de nós (...)[59].

Pela natureza mesma do trabalho e da troca, a estrita justiça exige que todos aqueles que trocam obtenham benefícios não apenas *mútuos*, mas *iguais* (*all exchangers should be not only mutualy but they should likewise be equaly benefitted*). Só existem duas coisas que os homens podem trocar entre si: o trabalho e o produto do trabalho. Se as trocas se operassem segundo um sistema equitativo, o valor de todos os artigos seria determinado pelos *seus custos de produção completos e valores iguais sempre se trocariam por valores iguais* (*If a just system of exchanges were acted upon, the value of all articles*

[58] *Idem,* pp. 33 e 36-37.

[59] *Idem,* p. 45.

would be determined by the entire cost of production, and equal values should always exchange for equal values). Se, por exemplo, um chapeleiro investe uma jornada para fazer um chapéu e um sapateiro o mesmo tempo para fabricar um par de sapatos (supondo que a matéria-prima que empregam tenha igual valor) e se trocam esses artigos entre si, o benefício que obtêm é, simultaneamente, mútuo e igual. A vantagem alcançada por cada uma das partes não pode constituir uma desvantagem para a outra, já que cada qual forneceu a mesma quantidade de trabalho e que os materiais de que se serviram eram de igual valor. Mas se o chapeleiro, mantidas as condições acima expostas, obtivesse *dois* pares de sapatos contra um chapéu, é evidente que a troca seria injusta. O chapeleiro usurparia ao sapateiro uma jornada de trabalho; e se agisse assim em todas as suas trocas, receberia pelo trabalho de *meio ano* o produto de *um ano inteiro* de outra pessoa. (...) Até aqui, continuamos sempre com esse sistema de troca soberanamente injusto: os *operários forneceram* ao capitalista o trabalho de um ano inteiro em troca do valor de meio ano (*the workmen have given the capitalist the labour of a whole year, in exchange for the value of only half a year*) – disto, e não de uma suposta desigualdade entre as forças físicas e intelectuais dos indivíduos, é que provém a desigualdade de riqueza e poder. A desigualdade nas trocas, a diferença de preços nas compras e vendas só podem existir enquanto os capitalistas continuam capitalistas e os operários permanecem operários – uns, uma classe de tiranos; outros, uma classe de escravos. (...) Essa transação prova claramente, portanto, que os capitalistas e os proprietários apenas oferecem ao operário, pelo seu trabalho de uma semana, uma parte da riqueza que obtiveram dele na semana anterior; isto é: por *alguma coisa*, não lhe dão *nada* (*nothing for something*). (...) A transação entre o trabalhador e o capitalista é uma verdadeira farsa: de fato, em muitas circunstâncias, ela não passa de um *roubo* vergonhoso, embora legal (*The whole transaction between the producer and the capitalist is a mere farce: it is, in fact, in thousands of instances, no other than a barefaced though legal robbery*)[60].

60 *Idem*, pp. 45. 48. 49 e 50.

O lucro do empresário jamais deixará de ser uma perda para o operário – até que as trocas entre as partes sejam iguais. E as trocas não podem ser iguais enquanto a sociedade estiver dividida em capitalistas e produtores, estes vivendo do seu trabalho e aqueles se enchendo com o lucro desse trabalho. É claro que, estabelecendo tal ou qual forma de governo, pregando a moral e o amor fraterno, (...) a reciprocidade continuará incompatível com a desigualdade nas trocas: esta, fonte da desigualdade das posses, é o inimigo secreto que nos devora (*No reciprocity can exist where there are unequal exchanges. Inequality of exchanges, as being the cause of inequality of possessions, is the secret enemy that devours us*)[61].

A consideração do objetivo e da finalidade da sociedade autoriza-me a concluir que não só todos os homens devem trabalhar e, assim, poder trocar, como, também, que valores iguais devem trocar-se por valores iguais. Ademais, como o lucro de um não deve ser a perda para o outro, o valor deve se determinar pelos custos de produção. Entretanto, vimos que, sob o regime social atual, (...) o lucro do capitalista e do homem rico é sempre perda para o operário – e que esse resultado é uma consequência inevitável, com o pobre permanecendo inteiramente abandonado, à mercê do rico, sob qualquer forma de governo, enquanto subsistir a desigualdade nas trocas – e que a igualdade nas trocas só pode ser assegurada por um regime social que reconheça a universalidade do trabalho. (...) A igualdade nas trocas transferiria gradualmente a riqueza das mãos dos capitalistas atuais para as das classes operárias[62].

Enquanto se mantiver em vigor esse sistema de desigualdade nas trocas, os produtores serão sempre tão pobres, tão ignorantes, tão sobrecarregados de trabalho como o são hoje, mesmo que *sejam abolidas todas as taxas, todos os impostos governamentais*. (...) Somente uma transformação total de sistema, a introdução da igualdade no trabalho e nas trocas, pode melhorar esse estado de coisas e assegurar aos homens a verdadeira igualdade de direitos. (...) Os produtores só têm a fazer um esforço – e os esforços para

61 *Idem*, pp. 51-52.

62 *Idem*, pp. 53 e 55.

a sua salvação devem ser realizados por eles mesmos – e as suas cadeias serão rompidas para sempre. (...) Como objetivo, a igualdade política é um erro; mesmo como meio, também é um erro (*As an end, the political equality is there a failure; as a means, also, it is there a failure*)[63].

Com a igualdade nas trocas, o lucro de um não pode ser a perda de outro: porque toda troca não é mais que uma simples *transferência* de trabalho e de riqueza, não exige nenhum sacrifício. Assim, sob um sistema social fundado na igualdade nas trocas, o produtor poderá também alcançar a riqueza através das suas economias;[64] mas a sua riqueza será apenas o produto acumulado do seu próprio trabalho. Ele poderá trocar a sua riqueza ou doá-la a outrem, mas ser-lhe-á impossível continuar rico, por um período mais longo, depois de abandonar o trabalho. Dada a igualdade nas trocas, a riqueza perde o seu poder atual de renovar-se e reproduzir-se, por assim dizer, graças a si mesma; ela não poderá mais suprir o vazio gerado pelo consumo porque, exceto quando reproduzida pelo trabalho, a riqueza consumida se perde definitivamente. O que hoje denominamos *lucros* e *juros* não poderá existir sob o regime da igualdade na troca. Então, o produtor e o distribuidor serão igualmente recompensados e a soma total do seu trabalho é que servirá para determinar o valor de todo artigo criado e posto à disposição do consumidor (...).

O princípio da igualdade nas trocas deve, portanto, pela sua própria natureza, conduzir ao *trabalho universal*"[65].

Depois de refutar as objeções dos economistas contra o *comunismo,* o sr. Bray prossegue:

Se uma transformação de caráter é indispensável para fazer triunfar um sistema social de comunidade na sua forma perfeita; e se, ademais, o regime social atual não apresenta nem as circunstâncias nem as facilidades para a consecução daquela transformação e para preparar os homens para o estado

[63] *Idem,* pp. 67, 88-89 e 94.

[64] [A partir deste trecho, e até o parágrafo sobre a concorrência e o monopólio, encontram-se, no exemplar da *Miséria da filosofia* que pertenceu a Proudhon, várias anotações marginais. Ao lado dessa citação de Bray, ele escreveu: "Sim"].

[65] Bray, *loc. cit.* pp. 109-110.

melhor que todos desejamos, é evidente que as coisas devem, necessariamente, permanecer como estão, a menos que se descubra e aplique um termo social preparatório – um movimento que tanto participe do sistema atual quanto do sistema futuro (o sistema da comunidade) –, um estágio intermédio a que a sociedade possa chegar, com todos os seus excessos e loucuras, e do qual possa sair em seguida, rica de qualidades e atributos que são as condições vitais do sistema da comunidade.[66]

Todo esse movimento exigiria apenas a cooperação na sua forma mais simples. (...) Os custos de produção determinariam, em todas as circunstâncias, o valor do produto, e valores iguais sempre se trocariam por valores iguais. Se, de duas pessoas, uma houvesse trabalhado uma semana inteira e a outra meia semana, a primeira receberia o dobro da remuneração da segunda; mas esse excedente de pagamento não seria feito a uma às expensas da outra: a perda de uma não redundaria em ganho para a outra. Cada pessoa trocaria o salário que recebeu individualmente por objetos de valor idêntico ao seu salário e, em nenhum caso, o lucro realizado por um homem ou por uma indústria constituiria um prejuízo para outro homem ou para outro ramo industrial. O trabalho de cada indivíduo seria a *única medida* dos seus lucros e dos seus prejuízos[67].

Através de escritórios (*boards of trade*), centrais e locais, determinar-se-ia a quantidade dos diferentes objetos exigidos pelo consumo e o valor relativo de cada objeto em comparação com os outros (o número de operários a empregar nos diferentes ramos de trabalho) – em suma: tudo o que se relaciona à produção e à distribuição social. Essas operações seriam realizadas, num país, com a mesma rapidez e facilidade com que, hoje, se fazem numa empresa particular. Os indivíduos se agrupariam em famílias, as famílias em comunas, como no regime atual. (...) Sequer se aboliria a distribuição da população entre a cidade e o campo, por pior que ela seja. (...) Nessa associação, cada indivíduo continuaria a desfrutar da liberdade, que possui hoje, de acumular como melhor lhe parecer e de utilizar como quiser essa

[66] *Idem,* p. 134.

[67] *Idem,* p. 158 e 160.

acumulação. (...) Nossa sociedade será, por assim dizer, uma grande sociedade por ações, composta por um número infinito de menores sociedades por ações que trabalham, produzem e trocam seus produtos à base da mais perfeita igualdade. (...) Nosso novo sistema de sociedade por ações, que não passa de uma concessão à sociedade atual para chegar ao comunismo[68] e que se estabelece de forma a permitir a coexistência da *propriedade individual* dos produtos com a *propriedade em comum* das forças produtivas, subordina a sorte de cada indivíduo à sua própria atividade e lhe concede uma parte igual em todas as vantagens propiciadas pela natureza e pelo progresso das artes. Por isso, esse sistema pode aplicar-se à sociedade tal como existe e prepará-la para ulteriores transformações"[69].

Poucas palavras nos serão suficientes para responder ao sr. Bray, que, independentemente da nossa vontade, suplantou o sr. Proudhon – com a seguinte diferença: longe de pretender proferir a última palavra da humanidade, o sr. Bray apenas propõe as medidas que lhe parecem boas para uma época de transição, entre a sociedade atual e o regime da comunidade.

Uma hora de trabalho de Pedro se troca por uma hora de trabalho de Paulo. Esse é o axioma fundamental do sr. Bray.

Suponhamos que Pedro tenha a seu favor doze horas de trabalho e Paulo apenas seis; nesse caso, Pedro só poderá fazer com Paulo uma troca de seis por seis. Consequentemente, restam a Pedro seis horas de trabalho. O que há de fazer com elas?

Ou não fará nada (o que significa que terá trabalhado inutilmente), ou deixará de trabalhar outras seis horas para restabelecer o equilíbrio ou, então – e esta é a sua última alternativa –, dará a Paulo essas seis horas, como acréscimo, já que nada pode fazer com elas.

Assim, no final das contas, o que Pedro ganhará comparativamente a Paulo? Não se trata de horas de trabalho, mas de lazer: ganhou horas de ócio – seis horas em que não trabalhará. Mas,

---

68 [No original inglês: *community of possessions*.]

69 Bray, *loc. cit.*, p. 162, 163, 168, 170 e 194.

para que esse novo direito ao ócio não seja apenas utilizado, mas também apreciado, na nova sociedade, é preciso que esta encontre a sua mais alta felicidade na preguiça, é preciso que o trabalho se lhe apareça como um castigo do qual ela deva livrar-se a qualquer preço. E, voltando ao nosso exemplo: se, ao menos, as seis horas de lazer que Pedro teve a mais sobre Paulo fossem um ganho real! Mas não: Paulo, começando por trabalhar seis horas, alcança, através de um trabalho regular e regrado, o mesmo resultado que Pedro só obtém começando com um excesso de trabalho. Todos desejarão ser Paulo: haverá concorrência para conquistar o lugar de Paulo – concorrência pela preguiça.

Pois bem – o que nos ofereceu a troca de quantidades iguais de trabalho? Superprodução, depreciação, excesso de trabalho seguido de inatividade; enfim: as relações econômicas tais como as vemos constituídas na sociedade atual, exceto a concorrência pelo trabalho.

Mas não: nós nos enganamos. Haverá ainda um expediente que poderá salvar a sociedade nova, a sociedade dos Pedro e dos Paulo. Pedro consumirá sozinho o produto das seis horas de trabalho que lhe restam. E a partir do momento em que não precisa trocar por ter produzido, ele já não precisa produzir para trocar: toda a suposição de uma sociedade fundada na troca e na divisão do trabalho cai por terra. Salva-se a igualdade das trocas porque as trocas deixam de existir: Pedro e Paulo alcançam a condição de Robinson.

Portanto, se se supõe todos os membros da sociedade como trabalhadores imediatos, a troca de quantidades iguais de horas de trabalho só é possível se se convenciona, previamente, o número de horas que será necessário empregar na produção material. Mas uma semelhante convenção nega a troca individual[70].

---

[70] [Marx retoma essa questão na sua *Crítica ao programa de Gotha,* quando menciona a primeira fase da sociedade comunista.]

Chegamos também à mesma consequência se partirmos não mais da distribuição dos produtos criados, mas do ato da produção. Na grande indústria, Pedro não tem liberdade para fixar por sua conta o tempo do seu trabalho, já que este não é nada sem o concurso de todos os Pedro e Paulo que formam a fábrica. É isso que esclarece muito bem a tenaz resistência que os fabricantes ingleses opuseram à *lei das dez horas:* eles sabiam perfeitamente que uma redução de duas horas na jornada de trabalho das mulheres e das crianças[71] implicaria logo uma redução do tempo de trabalho dos homens adultos. A natureza mesma da grande indústria exige que o tempo de trabalho seja igual para todos. O que hoje é o resultado do capital e da concorrência mútua dos operários, será amanhã – se se abolir a relação entre o trabalho e o capital – a consequência de uma convenção baseada na relação entre a soma das forças produtivas e a soma das necessidades existentes[72].

Semelhante convenção, porém, é a condenação da troca individual – e assim chegamos ao nosso primeiro resultado.

Em princípio, não há troca de produtos: há troca de trabalhos que concorrem para a produção. É do modo de troca das forças produtivas que depende o modo de troca dos produtos. Em geral, a forma de troca dos produtos corresponde à forma da produção. Se se modifica essa última, a primeira, em consequência, será modificada. Por isso, vemos, na história da sociedade, o modo de troca dos produtos ser regulado pelo modo da sua produção. A troca individual corresponde, ela também, a um modo de produção determinado que, por sua vez, responde ao antagonismo entre as

71 [A lei da jornada de trabalho das dez horas, que incidia apenas sobre as mulheres e as crianças, foi promulgada pelo Parlamento inglês em 8 de junho de 1847. Muitos fabricantes, porém, não a cumpriam.]

72 [Marx retoma, aqui, a argumentação desenvolvida por Engels em 1843-1844: "Numa situação digna da humanidade (...), a comunidade terá de calcular aquilo que pode fabricar com os meios de que dispõe e, segundo a relação dessa força produtiva com a massa dos consumidores, terá que determinar em que medida deve aumentar ou reduzir a produção..." (cf. "Esboço de uma crítica da Economia Política", *loc.* e *op. cit.,* p. 20).]

classes. Não há troca individual, pois, sem o antagonismo entre classes.

As consciências honestas, todavia, recusam essa evidência. O ponto de vista burguês só pode perceber nesse antagonismo uma relação de harmonia e de justiça eterna, que impede às pessoas afirmarem seus interesses prejudicando outras. Para o burguês, a troca individual pode subsistir sem o antagonismo entre classes – para ele, trata-se de coisas totalmente desvinculadas. A troca individual, tal como a representa o burguês, não se parece em nada com a troca individual tal como é praticada.

O sr. Bray faz da *ilusão* do honesto burguês o *ideal* que pretenderia realizar. Depurando a troca individual, expurgando-a de todos os seus componentes antagônicos, ele acredita encontrar uma relação *"igualitária"* que deseja introduzir na sociedade.

O sr. Bray não compreende que essa relação igualitária, esse *ideal corretivo* que gostaria de aplicar ao mundo, é, em si mesmo, um reflexo do mundo atual e que, consequentemente, é impossível reconstituir a sociedade sobre uma base que não passa de uma sombra embelezada de si mesma. À medida que a sombra torna-se corpo, percebe-se que este, longe de ser a transfiguração sonhada, é o corpo atual da sociedade[73].

---

[73] Como qualquer teoria, a do sr. Bray encontrou os seus partidários, que se deixaram enganar pelas aparências. Em Londres, Sheffield, Leeds e muitas outras cidades inglesas criaram-se *equitable-labour-exchange-bazars* [*lojas para a justa troca de produtos do trabalho*]: depois de absorverem enormes capitais, essas lojas faliram escandalosamente. As pessoas decepcionaram-se definitivamente com elas – esse é um aviso ao sr. Proudhon! [Para a edição alemã de 1885, Engels redigiu a seguinte nota: "Sabe-se que Proudhon não tomou a sério essa advertência. Em 1849, ele mesmo tentou a experiência de um novo banco de trocas em Paris, que faliu antes mesmo de iniciar suas operações. As perseguições judiciárias a Proudhon encobriram essa falência". A instituição em tela foi fundada em Saint-Dennis, em janeiro de 1849; as perseguições a Proudhon, que lhe custaram três anos de prisão, deveram-se aos seus artigos, através de *O Povo*, contra o Príncipe presidente. O primeiro banco de trocas foi criado em Londres, em 1830, inspirado nas ideias de Robert Owen.]

§ 3. Aplicação da lei das proporcionalidades dos valores

a) A moeda

"O ouro e a prata são as primeiras mercadorias cujo valor chegou à sua constituição"[74].

Assim, o ouro e a prata são as primeiras aplicações do "valor constituído"... pelo sr. Proudhon. E como o sr. Proudhon constitui os valores dos produtos determinando-os pela quantidade comparativa de trabalho neles fixado, a única coisa que tinha a fazer era demonstrar que as *variações* ocorridas no valor do ouro e da prata explicam-se sempre pelas variações do tempo de trabalho requerido para produzi-los. Mas o sr. Proudhon não se preocupa com isso: não fala do ouro e da prata como mercadoria, fala deles como moeda.

Toda a sua lógica, se é que há alguma lógica, consiste em escamotear a qualidade que o ouro e a prata possuem de servir como *moeda,* em benefício de todas as mercadorias que têm a qualidade de serem avaliadas pelo tempo de trabalho. Nessa prestidigitação, definitivamente, há mais ingenuidade que malícia.

Um produto útil, sendo avaliado pelo tempo de trabalho necessário à sua produção, é sempre aceitável em troca. Exclama o sr. Proudhon: provam-no o ouro e a prata, que se encontram nas minhas condições exigidas de "permutabilidade". O ouro e a prata, pois, são o valor chegado ao estado de constituição, são a encarnação da ideia do sr. Proudhon. Ele não poderia ser mais feliz na escolha do seu exemplo. O ouro e a prata, além da sua qualidade de mercadoria, avaliada, como qualquer outra, pelo tempo de trabalho, possuem a qualidade de agente universal da troca – são moeda. Tomando agora o ouro e a prata como uma aplicação do *"valor constituído"* pelo tempo de trabalho, nada é mais fácil de provar que toda mercadoria cujo valor se constitui pelo tempo de trabalho será sempre permutável, será sempre moeda.

[74] [Proudhon, *loc. cit.,* I, p. 69.]

Uma questão muito simples se apresenta ao espírito do sr. Proudhon: por que o ouro e a prata têm o privilégio de serem o tipo do "valor constituído"?

> A função particular que o uso conferiu aos metais preciosos de servirem de agente ao comércio é puramente convencional e qualquer outra mercadoria poderia, talvez menos comodamente, mas de um modo igualmente autêntico, desempenhar esse papel – os economistas o reconhecem e cita-se mais de um exemplo. Então, qual a razão dessa preferência geralmente dada aos metais para servirem de moeda e como se explica essa especialidade das funções do dinheiro, sem análoga na economia política?... Ora, é possível *restabelecer a série* da qual a *moeda* parece ter sido destacada e, consequentemente, reconduzi-la ao seu verdadeiro princípio?[75]

Colocando a questão nesses termos, o sr. Proudhon já supôs a *moeda*. A primeira questão que ele deveria colocar-se é saber por que, nas trocas, tais como elas se constituem atualmente, foi preciso individualizar, por assim dizer, o valor permutável, criando um agente especial de troca. A moeda não é uma coisa, é uma relação social. Por que a relação da moeda é uma relação de produção, como qualquer outra relação econômica, como a divisão do trabalho etc.? Se o sr. Proudhon compreendesse bem essa relação, não teria visto na moeda uma exceção, um elemento destacado de uma série desconhecida ou a ser reencontrada.

Ao contrário, ele teria reconhecido que essa relação é um elo e, como tal, intimamente ligada a todo o encadeamento das outras relações econômicas, e que ela corresponde a um modo de produção determinado, tanto quanto a troca individual. Mas o que faz ele? Começa por destacar a moeda do conjunto do modo de produção atual para, mais tarde, torná-la o primeiro elemento de uma série imaginária, de uma série a ser reencontrada.

Uma vez reconhecida a necessidade de um agente particular de troca, ou seja: a necessidade da moeda, só resta, então, expli-

75 [*Idem*, I, pp. 68-69.]

car por que essa função particular é conferida ao ouro e à prata, de preferência a qualquer outra mercadoria. Essa é uma questão secundária, que se explica não pelo encadeamento das relações de produção, mas pelas qualidades específicas inerentes ao ouro e à prata enquanto matérias. Se, depois de tudo isso, os economistas, neste caso, "colocaram-se fora do domínio da ciência, se se voltaram para a física, a mecânica, a história etc.", como os censura o sr. Proudhon, eles apenas fizeram o que deviam fazer. A questão já não pertence ao domínio da economia política.

> O que nenhum dos economistas viu ou compreendeu é a *razão econômica* que determinou, em favor dos metais preciosos, o privilégio de que gozam[76].

A razão econômica que, certamente, ninguém viu ou compreendeu, o sr. Proudhon viu, compreendeu e legou à posteridade.

> Ora, o que ninguém observou é que, de todas as mercadorias, o ouro e a prata são as primeiras cujo valor chegou à constituição. No período patriarcal, o ouro e a prata ainda se negociavam e se trocavam em lingotes, mas já com uma visível tendência à dominação e uma marcada preferência. *Pouco a pouco*, os soberanos se apoderaram desses metais e lhes puseram a sua chancela; e dessa consagração soberana nasceu a moeda, ou seja, a mercadoria por excelência, aquela que, apesar de todas as perturbações do comércio, conserva um valor proporcional determinado e se faz aceitar em todos os pagamentos. (...) O traço distintivo do ouro e da prata decorre, repito-o, de que, graças às suas propriedades metálicas, às dificuldades da sua produção e, sobretudo, à intervenção da autoridade pública, eles conquistaram logo, como mercadorias, a solidez e a autenticidade.[77]

Afirmar que, de todas as mercadorias, o ouro e a prata são as primeiras cujo valor chegou à constituição é afirmar, como se depreende de todo o precedente, que o ouro e a prata são as primeiras mercadorias que chegaram ao estado de moeda. Essa é a grande

76 [*Idem,* I, p. 69.]

77 [*Idem,* I, pp. 119-120, ed. de 1923.]

revelação do sr. Proudhon, a grande verdade que escapou a todos os que o antecederam.

Se, com essas palavras, o sr. Proudhon quis dizer que o ouro e a prata são as mercadorias para cuja produção primeiro se conheceu o tempo necessário, tratar-se-ia de uma dessas suposições com que sempre está pronto a gratificar os seus leitores. Se quiséssemos nos ater a essa erudição patriarcal, diríamos ao sr. Proudhon que o tempo requerido para produzir os objetos de primeira necessidade, como o ferro etc., foi conhecido antes. Dispensá-lo-emos do arco clássico de Adam Smith[78].

Mas, depois de tudo isso, como o sr. Proudhon pode ainda falar da constituição de um valor, já que este jamais se constitui por si só? Ele não se constitui pelo tempo requerido para produzi-lo isoladamente, constitui-se pela relação com a cota de todos os outros produtos que podem ser criados no mesmo tempo. Assim, a constituição do valor do ouro e da prata supõe a constituição já alcançada do valor de um grande número de outros produtos.

Portanto, não é a mercadoria que chegou, no ouro e na prata, ao estado de "valor constituído"; é o "valor constituído" do sr. Proudhon que, no ouro e na prata, chegou ao estado de moeda.

Examinemos agora, mais de perto, essas *razões econômicas* que, de acordo com o sr. Proudhon, conferiram ao ouro e à prata o privilégio de serem erigidos em moeda mais cedo do que todos os outros produtos, passando pelo estado constitutivo do valor.

Essas razões econômicas são: a "visível tendência à dominação", a "marcada preferência" já no "período patriarcal" e outros

[78] [Aqui, Marx alude à seguinte passagem da obra de Smith, *A riqueza das nações:* "Numa tribo de caçadores ou de pastores, um indivíduo faz arcos e flechas com mais rapidez e agilidade que um outro. Trocará, frequentemente, esses objetos com seus companheiros, contra caça ou gado, e logo perceberá que, por esse meio, poderá obter mais caça ou gado do que se dedicando a caçar. Assim, calculando seu lucro, ele torna a fabricação de arcos e flechas a sua principal ocupação, transformando-se numa espécie de armeiro.]

circunlóquios sobre o mesmo fato, que aumentam a dificuldade, pois que multiplicam o fato multiplicando os incidentes que o sr. Proudhon aduz para explicá-lo. Mas o sr. Proudhon ainda não esgotou todas as suas razões pretensamente econômicas. Eis uma, de uma força soberana, irresistível:

> É da consagração soberana que nasce a moeda: os soberanos se apoderam do ouro e da prata e lhes apõem a sua chancela[79].

Assim, o arbítrio dos soberanos é, para o sr. Proudhon, a razão suprema em economia política!

De fato, é preciso estar desprovido de todo conhecimento histórico para ignorar que os soberanos, em todos os tempos, submeteram-se às condições econômicas, sem jamais lhes impor a sua lei. A legislação, tanto política quanto civil, apenas enuncia, verbaliza as exigências das relações econômicas.

Foi o soberano que se apoderou do ouro e da prata para torná-los agentes universais da troca, imprimindo-lhes a sua chancela, ou foram esses agentes universais da troca, ao contrário, que se apoderaram do soberano, obrigando-o a lhes imprimir a sua chancela e a dar-lhes uma consagração política?

A marca que se imprimiu e se imprime à moeda não é a do seu valor, mas a do seu peso. A solidez e a autenticidade de que fala o sr. Proudhon aplicam-se apenas ao teor da moeda, e ele indica a quantidade de matéria metálica que existe numa porção de prata monetizada.

> O único valor intrínseco de um marco de prata – diz Voltaire, com o seu conhecido bom senso – é um marco de prata, meia-libra pesando 8 onças. Unicamente o peso e o teor constituem esse valor intrínseco.[80]

Mas subsiste a questão: quanto vale uma onça de ouro e de prata? Se um tecido da loja *Grand Colbert* trouxesse a marca de

---

79 [Proudhon, *loc. cit.*, I, p. 69.]

80 Voltaire, *Systeme de Law* [trata-se da obra *Histoire du Parlement de Paris* (*História do Parlamento de Paris*); a citação é extraída do capítulo LX, "Finances et système de Law pendant la régence" ("Finanças e sistema de Law durante a regência")].

fábrica: *pura lã,* essa marca ainda não diria nada do valor do tecido – restaria saber quanto vale a lã.

> Felipe I, rei da França, mistura à libra tornesa[81] de Carlos Magno um terço de liga, imaginando que, possuindo o monopólio da fabricação das moedas, pode fazer o que faz todo comerciante que tem o monopólio de um produto. De fato, em que consistiu essa alteração da moeda, tão censurada a Felipe e seus sucessores? Num raciocínio muito correto do ponto de vista da rotina comercial, mas muito errado do ponto de vista da ciência econômica, a saber: já que os valores se regulam pela oferta e pela demanda, pode-se, quer produzindo uma escassez artificial, quer açambarcando a produção, elevar a apreciação e, pois, o valor das coisas – e isso é verdade tanto para o ouro e a prata quanto para o trigo, o vinho, o azeite, o tabaco. Entretanto, logo que se suspeitou da fraude de Felipe, a sua moeda foi reduzida ao seu justo valor e, ao mesmo tempo, ele perdeu o que acreditara ganhar à custa dos seus súditos. O mesmo ocorreu depois com todas as tentativas semelhantes.[82]

Em primeiro lugar, já se demonstrou várias vezes que, se o soberano decide alterar a moeda, é ele quem sai perdendo. O que ganhou uma única vez, quando da primeira emissão, perde-o todas as vezes que as moedas falsificadas lhe retornam sob a forma de impostos etc. No entanto, Felipe e seus sucessores souberam resguardar-se parcialmente dessas perdas porque, logo que a moeda alterada era posta em circulação, eles se apressavam em ordenar uma refundição geral das moedas segundo o antigo escalão.

E, ademais, se Felipe I de fato raciocinasse como o sr. Proudhon, não teria raciocinado bem "do ponto de vista comercial". Nem Felipe I nem o sr. Proudhon demonstram genialidade mercantil quando imaginam que se pode alterar o valor do ouro como o de qualquer outra mercadoria, pela única razão de o seu valor ser determinado pela relação entre a oferta e a demanda.

---

81 [*Libra tornesa:* moeda de Tours, que valia 20 *sous,* à diferença da *libra parisiense,* que valia 25.]

82 [Proudhon, *loc. cit.,* I, pp. 70-71.]

Se o rei Felipe ordenasse que um moio de trigo passasse, a partir de então, a se chamar dois moios de trigo, teria sido um escroque. Teria burlado todos os rentistas, todos os que tinham a receber cem moios de trigo – estes, com isso, receberiam apenas cinquenta. Suponha-se que o rei devesse cem moios de trigo; então, ele pagaria somente cinquenta. Mas, no comércio, os cem moios nunca valeriam mais de cinquenta. Mudando-se o nome não se muda a coisa. A quantidade de trigo oferecida ou procurada não diminuirá nem aumentará pela simples mudança de nome. Portanto, a relação entre a oferta e a demanda sendo a mesma, apesar da alteração nominal, o preço do trigo não sofrerá nenhuma modificação real. Falando da oferta e da demanda das coisas, não se fala da oferta e da demanda do nome das coisas. Felipe I não fazia o ouro e a prata, como diz o sr. Proudhon; fazia o nome das moedas. Fazendo passar a caxemira[83] francesa pela asiática, é possível enganar a um ou dois compradores; mas, descoberta a fraude, as falsas caxemiras asiáticas voltarão ao preço das francesas. Atribuindo um rótulo falso ao ouro e à prata, o rei Felipe I só podia burlar enquanto a fraude não fosse conhecida. Como qualquer negociante, enganava seus fregueses qualificando falsamente a mercadoria – mas isso tinha uma duração limitada. Mais cedo ou mais tarde, sofreria o rigor das leis comerciais. O sr. Proudhon queria provar isso? Não. No seu entender, o dinheiro recebe o valor do soberano, e não do comércio. E o que, de fato, provou? Que o comércio é mais soberano que o soberano. Se o soberano decidir que um marco passe a ser dois marcos, o comércio dirá sempre que estes dois marcos valem tanto quanto o marco de antes.

Mas nem por isto se avança um só passo na questão do valor determinado pela quantidade de trabalho. Resta ainda decidir se

---

[83] [No original, *cachemire;* o *Grande Dicionário Francês-Português,* de Domingos de Azevedo (revisto por Duthoy e Rousé, Liv. Bertrand, Lisboa, 1975), esclarece: "Caxemira, tecido finíssimo feito com o pelo das cabras e carneiros do vale de Caxemira (Indostão)". O *Novo Dicionário da Língua Portuguesa,* de Aurélio Buarque de Holanda Ferreira (Ed. Nova Fronteira, Rio de Janeiro, 1ª. ed., 4ª. impressão), não registra o verbete.]

estes dois marcos, reconvertidos ao marco anterior, são determinados pelos custos de produção ou pela lei da oferta e da demanda.

O sr. Proudhon continua:

> É de observar ainda que se, em vez de alterar as moedas, o rei pudesse duplicar a sua massa, o valor permutável do ouro e da prata teria logo baixado à metade, ainda por esta razão de proporcionalidade e equilíbrio[84].

Se essa opinião, que o sr. Proudhon compartilha com outros economistas, é correta, ela constitui uma prova em favor da doutrina que esses economistas sustentam sobre a oferta e a demanda, mas nada diz em favor da proporcionalidade do sr. Proudhon. Porque, qualquer que fosse a quantidade de trabalho fixado na massa duplicada do ouro e da prata, o seu valor seria reduzido pela metade, com a demanda permanecendo igual e a oferta sendo dobrada. Ou será que, desta vez, casualmente, *"a lei da proporcionalidade"* confundir-se-ia com a lei tão desprezada da oferta e da demanda? Essa justa proporcionalidade do sr. Proudhon é tão elástica, de fato presta-se a tantas variações, combinações e permutações que poderia muito bem coincidir uma vez com a relação entre a oferta e a demanda.

Tornar "toda mercadoria aceitável na troca, se não de fato, pelo menos de direito", fundando-se no papel desempenhado pelo ouro e pela prata, significa ignorar esse papel. O ouro e a prata só são aceitáveis de direito porque o são de fato, e o são de fato porque a organização atual da indústria necessita de um agente universal de troca. O direito não é mais que o reconhecimento oficial do fato.

Como vimos, o exemplo do dinheiro enquanto aplicação do valor que passa ao estado de constituição só foi escolhido pelo sr. Proudhon para contrabandear toda a sua doutrina da permutabilidade, isto é, para demonstrar que toda mercadoria avaliada pelos seus custos de produção deve chegar ao estado de moeda. Tudo isso seria perfeito, não fora o inconveniente de precisamente o

---

84 [Proudhon, *loc. cit.* I, p. 71.]

ouro e a prata, enquanto moeda, serem, de todas as mercadorias, as únicas não determinadas pelos seus custos de produção – e tanto isso é verdade que, na circulação, podem ser substituídas pelo papel. Embora haja uma certa proporção observada entre as necessidades de circulação e quantidade de moeda emitida (seja em papel, ouro, platina ou cobre), não se poderá colocar a questão de uma proporção a observar entre o valor intrínseco (os custos de produção) e o valor nominal da moeda. Sem dúvida, no comércio internacional, a moeda é determinada, como qualquer mercadoria, pelo tempo de trabalho. Mas é porque o ouro e a prata, no comércio internacional, são meios de troca como produto e não como moeda, isto é, perdendo este caráter de "solidez e autenticidade", de "consagração soberana" que, segundo o sr. Proudhon, constituem a sua natureza específica. Ricardo compreendeu tão bem essa verdade que, após basear todo o seu sistema no valor determinado pelo tempo de trabalho e após dizer que "*o ouro e a prata,* como todas as outras mercadorias, só têm valor na proporção da quantidade de trabalho necessário para produzi-los e fazê-los chegar ao mercado", acrescenta, todavia, que o valor da *moeda* não é determinado pelo tempo de trabalho fixado na sua matéria, mas, unicamente, pela lei da oferta e da demanda.

> Embora o papel não tenha nenhum valor intrínseco, contudo, se se limita a sua quantidade, o seu valor permutável pode igualar o valor de uma moeda metálica da mesma denominação ou de lingotes avaliados em espécie. Graças ainda ao mesmo princípio, ou seja, limitando a quantidade de moeda, é que peças de baixo teor podem circular com o mesmo valor que teriam se os seus peso e teor fossem aqueles fixados pela lei, e não segundo o valor intrínseco do metal puro que conteriam. É por isso que, na história das moedas inglesas, vemos que o nosso numerário nunca foi depreciado na mesma proporção em que foi alterado. A razão está em que ele nunca foi multiplicado na proporção da sua depreciação.[85]

[85] Ricardo, *loc. cit.*, [II, pp. 206-207].

J.-B. Say, sobre essa passagem de Ricardo, observa:

> Este *exemplo* deveria bastar, creio eu, para convencer o autor de que a base de todo valor não é a quantidade de trabalho necessário para produzir uma mercadoria, mas a necessidade que se tem dela, comparada à sua escassez.[86]

Assim, a moeda, que, para Ricardo, já não é um valor determinado pelo tempo de trabalho e de que J.-B. Say se aproveita para convencê-lo de que também os outros valores não poderiam ser determinados pelo tempo de trabalho, a moeda, repito, considerada por J.-B. Say como exemplo de um valor exclusivamente determinado pela oferta e pela demanda, torna-se, para o sr. Proudhon, o exemplo por excelência da aplicação do valor constituído... pelo tempo de trabalho.

Para concluir: se a moeda não é um "valor constituído" pelo tempo de trabalho, menos ainda poderia ter qualquer coisa em comum com a justa "proporcionalidade" do sr. Proudhon. O ouro e a prata são sempre permutáveis porque têm a função particular de servirem como agente universal da troca e não porque existam em uma quantidade proporcional ao conjunto das riquezas; melhor ainda: eles são sempre proporcionais porque, dentre todas as mercadorias, são as únicas a servirem de moeda, de agente universal de troca, qualquer que seja a sua quantidade em relação ao conjunto das riquezas.

> A moeda em circulação nunca poderia ser abundante a ponto de se tornar excessiva porque, se se reduz o seu valor, aumenta-se, na mesma proporção, a sua quantidade, e, aumentando-se o seu valor, diminui-se a sua quantidade[87].

O sr. Proudhon se assombra:

> Que imbróglio é a economia política![88]

---

86 [Trata-se da nota de Say à edição francesa da obra de Ricardo, *loc. cit*,.II, p. 206; cf. nota 7.]

87 Ricardo, *loc. cit.* [II, p. 205].

88 [Proudhon, *loc. cit.*, I, p. 72.]

> Maldito ouro! – exclama graciosamente um comunista (pela boca do sr. Proudhon). – Seria o mesmo que dizer: maldito trigo, malditas vinhas, malditas ovelhas! Porque, como o ouro e a prata, *todo valor comercial* deve alcançar a sua exata e rigorosa determinação[89].

A ideia de fazer ovelhas e vinhas chegarem ao estado de moeda não é nova. Na França, ela pertence ao século de Luís XIV. Nessa época, com o dinheiro começando a estabelecer a sua onipotência, lamentava-se a depreciação de todas as outras mercadorias, e todos desejavam ansiosamente o momento em que "todo valor comercial" pudesse alcançar a sua exata e rigorosa determinação, o estado de moeda. Eis o que encontramos já em Boisguillebert, um dos mais antigos economistas da França:

> O dinheiro, então, graças a esse aparecimento de inumeráveis concorrentes, representados pelas próprias mercadorias restabelecidas nos seus justos valores, será colocado nos seus limites naturais[90].

Como se vê, as primeiras ilusões da burguesia são também as últimas[91].

b) O excedente do trabalho

> Lê-se nas obras de economia política esta hipótese absurda: "*Se o preço de todas as coisas duplicasse...*". Como se o preço de todas as coisas não fosse a proporção das coisas e se se pudesse duplicar uma proporção, uma relação, uma lei"[92].

Os economistas incorreram nesse erro porque não souberam aplicar a "lei da proporcionalidade" e a do "valor constituído".

Infelizmente, lê-se na própria obra do sr. Proudhon, à página 110 do primeiro volume, esta hipótese absurda: "Se o salário subisse de modo geral, o preço de todas as coisas aumentaria". Além disso,

---

89 [*Idem*. I, p. 73.]

90 Boisguillebert, *Économistes-financiers...* [*Economistas-financeiros...*] éd. Daire, p. 442.

91 [Marx retomará estudos sistemáticos sobre a moeda a partir de 1850, como o atestam os seus primeiros cadernos de notas do período londrino.]

92 Proudhon, *loc. cit.*, I, p. 81.

se se encontra a frase em questão nas obras de economia política, aí também se encontra a sua explicação.

> Se se diz que o preço de todas as mercadorias aumenta ou diminui, exclui-se sempre uma ou outra mercadoria; a mercadoria excluída é, em geral, o dinheiro ou o trabalho[93].

Passemos agora à *segunda aplicação* do "valor constituído" e de outras proporcionalidades, cujo único defeito é serem pouco proporcionadas, e vejamos se, então, o sr. Proudhon é mais feliz do que na *monetarização* das ovelhas.

> Um axioma geralmente admitido pelos economistas é o de que todo trabalho deve deixar um excedente. Essa proposição é, para mim, de uma verdade universal e absoluta: é o corolário da lei da proporcionalidade, que se pode considerar como a síntese de toda a ciência econômica. Mas, me perdoem os economistas, o princípio de que *todo trabalho deve deixar um excedente* não tem sentido na sua teoria e não é susceptível de nenhuma *demonstração*.[94]

Para provar que todo trabalho deve deixar um excedente, o sr. Proudhon personifica a sociedade; faz dela uma *sociedade-pessoa,* que não é a sociedade das pessoas, já que possui leis à parte, não tendo nada em comum com as pessoas de que se compõe a sociedade, e possui também a sua "própria inteligência", que não é a inteligência do comum dos homens, mas uma inteligência desprovida de senso comum. O sr. Proudhon censura os economistas de não haverem compreendido a personalidade desse ser coletivo. Gostaríamos de lhe opor a passagem seguinte, de um economista americano, que reprova nos outros economistas exatamente o contrário:

---

93 *Encyclopaedia Metropolitana or Universal Dictionary of Knowledge* [*Enciclopédia Metropolitana ou Dicionário Universal do Conhecimento*], [Londres], 1836, IV, verbete "Political Economy" ["Economia Política"], de Senior. Sobre essa expressão, ver também J. St. Mill, *Essays on some unsetled questions of Political Economy* [*Ensaios sobre algumas questões não-resolvidas de Economia Política*), [Londres], 1844 e [Th.] Tooke, *A History of prices...* [*A history of prices and of the state of the circulation, from 1793 to 1837* (*História dos preços e o estado da circulação, de 1793 a 1837*) I, [Londres],1838.

94 Proudhon, *loc. cit.* [I, p. 73].

> *A entidade moral* (*the moral entity*), o ser gramatical (*the grammatical being*) denominado sociedade foi revestido de atribuições que só existem realmente na imaginação daqueles que, com uma palavra, fazem uma coisa. (...) Foi isso que deu origem a tantas dificuldades e a deploráveis equívocos na economia política.[95]

Continua o sr. Proudhon:

> Esse princípio do excedente do trabalho só é verdadeiro para os indivíduos porque emana da sociedade que, assim, confere-lhes o benefício das suas próprias leis[96].

Com isso, quer o sr. Proudhon dizer, simplesmente, que a produção do indivíduo social ultrapassa a do indivíduo isolado? É sobre esse excedente da produção de indivíduos associados, em relação à produção de indivíduos não associados, que o sr. Proudhon pretende falar? Se é este o caso, poderemos indicar-lhe cem economistas que, isentos do misticismo de que se envolve o sr. Proudhon, exprimiram essa simples verdade. Eis o que diz, por exemplo, o sr. Sadler:

> O trabalho combinado propicia resultados que o trabalho individual jamais produziria. Assim, à medida que a humanidade cresça numericamente, os produtos da indústria reunida excederão largamente a soma de uma simples adição calculada sobre esse crescimento. (...) Nas artes mecânicas e nos trabalhos científicos, um homem, hoje, pode fazer mais num dia do que um indivíduo isolado durante toda a sua vida. O axioma dos matemáticos, segundo o qual o todo é igual às partes, aplicado ao nosso objeto, não é verdadeiro. Quanto ao trabalho, esse grande pilar da existência humana (*the great pillar of human existence*), pode-se dizer que o resultado dos esforços acumulados supera em muito tudo o que os esforços individuais e separados podem produzir algum dia.[97]

---

95 Th. Cooper, *Lectures on the elements of Political Economy* [*Conferências sobre elementos de Economia Política*], 1826. [O livro citado foi publicado pela primeira vez em Columbia; uma segunda edição, ampliada, apareceu em Londres, em 1831.]

96 [Proudhon, *loc. cit.*, I, p. 75.]

97 T. Sadler, *The law of population*... [*A lei da população*...], 1830 [o trecho transcrito, dessa obra publicada em Londres, foi extraído das páginas 83 e 84 do volume I].

Retornemos ao sr. Proudhon. O excedente do trabalho, diz ele, explica-se pela sociedade-pessoa. A vida dessa pessoa segue leis opostas àquelas que dirigem a atuação do homem como indivíduo, e o sr. Proudhon quer prová-lo com "fatos".

> A descoberta de um novo procedimento econômico jamais pode proporcionar ao inventor um lucro igual ao que oferece à sociedade. (...) Já se observou que as empresas ferroviárias são bem menos uma fonte de riquezas para os seus proprietários do que para o Estado. (...) O preço médio do transporte de mercadorias por estradas é de 18 cêntimos por tonelada e por quilômetro, incluídos os gastos de carga e descarga em armazéns. Calculou-se que, por esse preço, uma empresa ferroviária comum não obteria 10% de lucro líquido, resultado semelhante ao de uma empresa de transporte. Mas admitamos que a velocidade do transporte ferroviário seja 4 vezes maior que a do transporte por estrada: como, na sociedade, o tempo é o próprio valor, dada uma igualdade de preços, a ferrovia oferecerá, comparada ao transporte por estrada, uma vantagem de 400%. Entretanto, essa enorme vantagem, muito real para a sociedade, está bem longe de se realizar na mesma proporção para o transportador: proporcionando à sociedade um lucro de 400%, não consegue mais que 10%. Suponhamos, de fato, para evidenciar ainda mais a coisa, que a ferrovia eleve sua tarifa para 25 cêntimos, permanecendo a do transporte por estrada em 18: imediatamente, a empresa perderá todos os seus clientes. Expedidores, destinatários – todos retornarão à *malbrouke*[98] e, se preciso, à carroça. A locomotiva será abandonada: uma vantagem social de 400% será sacrificada à perda privada de 35%. A razão é facilmente compreensível: a vantagem que resulta da rapidez da ferrovia é inteiramente social, cada indivíduo participando dela numa proporção mínima (não esqueçamos que, neste momento, trata-se apenas do transporte de mercadorias), ao passo que a perda toca direta e pessoalmente ao consumidor. Um benefício social igual a 400 representa para o indivíduo, numa sociedade de um milhão de pessoas, quatro

98 [Espécie de furgão tirado por animais.]

décimos de milésimo, enquanto uma perda de 33% para o consumidor redundaria num *deficit* social de 33 milhões.[99]

Admite-se que o sr. Proudhon exprima uma velocidade elevada ao quádruplo por 400% da velocidade original; mas que relacione o percentual da velocidade com o percentual do lucro e estabeleça uma proporção entre duas relações que, podendo ser aferidas separadamente em porcentagem, são, todavia, incomensuráveis entre si – isso equivale a estabelecer uma proporção entre os percentuais e a deixar de lado as denominações[100].

Percentuais são sempre percentuais; 10% e 400% são comensuráveis: um está para o outro como 10 está para 400. Portanto, conclui o sr. Proudhon, um lucro de 10% vale 40 vezes menos uma velocidade quadruplicada. Para salvar as aparências, ele diz que, para a sociedade, o tempo é o valor (*time is money*). Este erro provém de que ele se recorda, confusamente, da existência de uma relação entre o valor e o tempo de trabalho, apressando-se a assimilar o tempo de trabalho ao tempo de transporte, ou seja, identifica alguns maquinistas, guardas de trem e semelhantes, cujo tempo de trabalho é o tempo de transporte, com a sociedade inteira. Com esse golpe, a velocidade se transforma em capital e, nesse caso, ele tem toda a razão de dizer: "Um benefício de 400% será sacrificado a uma perda de 35%". Depois de, como matemático, estabelecer essa estranha proposição, dá-nos a sua explicação como economista.

"Um benefício social igual a 400 representa para o indivíduo, se a sociedade é de apenas um milhão de homens, quatro décimos de milésimo". De acordo; mas não se trata de 400, trata-se de 400%, e um benefício de 400% representa, para o indivíduo, 400% – nem mais, nem menos. Qualquer que seja o capital, os dividendos se determinarão sempre na relação de 400%. O que

99 Proudhon, *loc. cit.* [I, pp. 75-76].

100 [Isto é, as próprias coisas a que os percentuais se referem.]

o sr. Proudhon faz? Toma a porcentagem como sendo o capital e, receando que a sua confusão não seja bastante manifesta, bastante "sensível", prossegue: "Uma perda de 33% para o consumidor redundaria num *deficit* social de 33 milhões". 33% de perda para um consumidor continuam a ser 33% de perda para um milhão de consumidores. Como pode o sr. Proudhon dizer, em seguida e impertinentemente, que o *deficit* social, no caso de uma perda de 33%, se eleva a 33 milhões, se desconhece tanto o capital social quanto o capital de apenas um dos interessados? Portanto, não bastou ao sr. Proudhon confundir o *capital* e os *percentuais:* ele se supera a si mesmo, identificando o *capital* investido numa empresa com o *número* dos interessados.

"Suponhamos, de fato, para tornar a coisa mais evidente", um capital determinado. Um lucro social de 400%, repartido por um milhão de participantes, investindo cada um 1 franco, oferece 4 francos de lucro a cada indivíduo, e não 0,0004, como o pretende o sr. Proudhon. Igualmente, uma perda de 33% para cada um dos participantes representa um *deficit* social de 330 mil francos, e não de 33 milhões (100:33 = 1 milhão:330 mil).

O sr. Proudhon, preocupado com a sua teoria da sociedade-pessoa, esquece-se de fazer a divisão por 100, obtendo, assim, 330 mil francos de perda; mas 4 francos de lucro por indivíduo dão, para a sociedade, 4 milhões de francos de lucro. Para a sociedade, resta um lucro líquido de 3,67 milhões de francos. Esse cálculo exato prova exatamente o contrário do que o sr. Proudhon queria demonstrar, isto é: que os benefícios e as perdas da sociedade não estão, de modo algum, em razão inversa aos benefícios e perdas dos indivíduos.

Depois de corrigir esses simples erros de puro cálculo, vejamos brevemente as consequências a que se chegaria se se quisesse admitir para as ferrovias essa relação entre velocidade e capital, como o sr. Proudhon a estabelece – abstraídos os seus erros de cálculo. Suponhamos que um transporte quatro vezes mais rápido custa quatro vezes mais; ele não propiciaria um lucro menor que o transporte por estrada, que é quatro vezes mais lento e custa a quarta parte dos gastos com o outro. Assim, se o transporte por estrada custa 18 cêntimos, o por ferrovia custaria 72 cêntimos. Essa seria, segundo o "rigor matemático", a consequência das suposições do sr. Proudhon (abstraídos, sempre, os seus erros de cálculo). Mas, repentinamente, ele nos diz que se a ferrovia cobrasse 25 cêntimos, em vez de 72, perderia imediatamente todos os seus clientes. Decididamente, é preciso voltar à *malbrouke* e mesmo à carroça. O único conselho que oferecemos ao sr. Proudhon é, no seu *"Programa de Associação Progressiva"*, não esquecer a divisão por 100. Mas não temos esperanças de que ele ouça o nosso conselho, porque está tão fascinado com o seu cálculo "progressivo", correspondente à "associação progressiva", que exclama enfaticamente:

> Já demonstrei, no capítulo II, pela solução da antinomia do valor, que a vantagem de qualquer descoberta útil é incomparavelmente menor para o inventor, faça ele o que fizer, do que para a sociedade; a minha demonstração, conduzi-a com *rigor matemático*[101].

Retornemos à ficção da sociedade-pessoa, ficção cujo único objetivo era provar esta simples verdade: uma nova invenção, permitindo produzir com a mesma quantidade de trabalho uma maior quantidade de mercadorias, reduz o valor venal do produto. A sociedade, pois, lucra: obtém mais não valores permutáveis, e sim mais mercadorias pelo mesmo valor. Quanto ao inventor, a concorrência reduz, em seguida, o seu lucro ao nível geral dos lucros. O sr. Proudhon demonstrou essa proposição como queria? Não. Mas isso não o impede de censurar aos economistas a ausência dessa demonstração. Para lhe provar o contrário, citaremos somente Ricardo e Lauderdale; Ricardo, mestre da escola que determina o valor pelo tempo de trabalho, e Lauderdale, um dos

---

[101] [Proudhon, *loc. cit.*, I, pp. 252-253, ed. de 1923.]

mais acérrimos defensores da determinação do valor pela oferta e pela demanda. Ambos desenvolveram a mesma tese.

> Aumentando constantemente a facilidade de produção, diminuímos constantemente o valor de algumas das coisas produzidas anteriormente, embora, por esse meio, não apenas aumentemos a riqueza nacional, mas, ainda, a faculdade de produzir para o futuro. (...) Quando, através de máquinas ou de nossos conhecimentos em física, forçamos os agentes naturais a fazer o que antes era executado pelos homens, o valor permutável dessa obra, consequentemente, é reduzido. Se fossem precisos dez homens para mover um moinho de trigo e se se descobrisse que, por meio do vento ou da água, poder-se-ia poupar o trabalho desses dez homens, a farinha, produto do moinho, a partir daí teria seu valor reduzido na proporção da soma de trabalho economizado; e a sociedade seria enriquecida com todo o valor das coisas que o trabalho daqueles dez homens produziria, os fundos destinados à manutenção dos trabalhadores não sofrendo, com isso, a menor redução.[102]

Lauderdale, por sua vez, afirma:

> O lucro dos capitais provém sempre do fato de eles substituírem uma porção de trabalho que o homem deveria realizar manualmente ou de executarem uma porção de trabalho superior aos esforços pessoais do homem e que ele não conseguiria efetivar por si mesmo. O diminuto lucro que, em geral, obtêm os proprietários das máquinas, em comparação com o preço do trabalho que elas realizam, poderia talvez colocar em dúvida a correção dessa assertiva. Uma bomba a vapor, por exemplo, extrai, em um dia, mais água de uma mina de carvão do que o conseguiriam 300 homens, transportando o líquido às costas, mesmo com o uso de tinas; e é indiscutível que a bomba substitui esse trabalho com menos custos. Esse é o caso de todas as máquinas. O trabalho manual do homem, elas o substituem e o realizam a um preço inferior. (...) Suponha-se que se atribua uma patente ao inventor de uma máquina que realiza o trabalho de quatro homens; como o privilégio exclusivo interdita toda concorrên-

102 Ricardo, *loc. cit.* [II, pp. 59 e 98].

cia, exceto a que resulta do trabalho dos operários, é claro que o salário destes será, enquanto durar o privilégio, a medida do preço que o inventor deve conferir aos seus produtos. Isso significa que, para garantir o seu emprego, o inventor exigirá um pouco menos que o salário do trabalho que a sua máquina substitui. Mas, expirado o privilégio, surgem outras máquinas semelhantes, que rivalizam com a sua. Então, regulará o seu preço pelo princípio geral, fazendo-o depender da abundância de máquinas. O lucro dos capitais investidos (...), embora resulte de um trabalho substituído, regula-se, enfim, não pelo valor desse trabalho, mas, como em todos os outros casos, pela concorrência entre os proprietários dos capitais; e o grau dessa concorrência é sempre fixado pela proporção entre a quantidade dos capitais oferecidos para essa função e a demanda que se manifesta.[103]

Finalmente, pois, enquanto o lucro for maior que noutras indústrias, haverá capitais que se lançarão na nova indústria, até que a taxa de lucro se reduza ao nível comum[104].

Acabamos de ver que o exemplo da ferrovia não era apropriado para esclarecer minimamente a ficção da sociedade-pessoa. Apesar disso, o sr. Proudhon retoma o seu discurso com audácia:

> Clarificados esses pontos, nada mais fácil do que explicar como o trabalho deve deixar a cada produtor um excedente[105].

O que agora se segue pertence à antiguidade clássica. Trata-se de um conto poético, escrito para amenizar ao leitor as fadigas que lhe causou o rigor das demonstrações matemáticas precedentes. O sr. Proudhon batiza a sua sociedade-pessoa: chama-lhe Prometeu e glorifica seus feitos nestes termos:

> Inicialmente, saindo do seio da natureza, Prometeu desperta para a vida numa inércia cheia de encantos (...). Prometeu mete mãos à obra e, desde o

[103] [Lauderdale, *loc. cit.*, pp. 119, 123, 124, 125 e 134.]

[104] [O problema da "taxa de lucro médio", levantado por Ricardo no sexto capítulo dos seus *Princípios...*, será minuciosamente analisado por Marx na segunda seção do livro terceiro d'O *capital*.]

[105] [Proudhon, *loc. cit.*, I, p. 77.]

> seu primeiro dia, primeiro dia da segunda criação, o seu produto, ou seja: a sua riqueza, o seu bem-estar, é igual a dez. No segundo dia, Prometeu divide o seu trabalho, e o seu produto torna-se igual a cem. No terceiro dia, e em cada um dos seguintes, Prometeu inventa máquinas, descobre novas utilidades nos corpos e novas forças na natureza. (...) A cada avanço da sua indústria, a soma da sua produção se eleva e lhe anuncia um acréscimo de felicidade. E, enfim, já que, para ele, consumir é produzir, é claro que cada dia de consumo, fazendo desaparecer apenas o produto da véspera, deixa para o dia seguinte um excedente de produto.[106]

Esse Prometeu do sr. Proudhon é um personagem cômico, tão frágil em lógica como em economia política. Enquanto Prometeu que se limita a nos ensinar a divisão do trabalho, o emprego das máquinas, a exploração das forças naturais e do poder científico, multiplicando as forças produtivas dos homens e fornecendo um excedente em comparação ao que produz o trabalho isolado, esse novo Prometeu tem apenas a infelicidade de chegar muito atrasado. Mas, enquanto Prometeu que se põe a misturar produção e consumo, ele se torna realmente grotesco. Consumir, para ele, é produzir; consome no dia seguinte o que produziu na véspera e, por isso, conta sempre com um dia de reserva, que é o seu "excedente de trabalho". Mas, consumindo no dia seguinte o que produzira na véspera, no primeiro dia, que não teve véspera, ele teve que trabalhar dois dias, a fim de, depois, ter um dia de reserva. Como é que Prometeu conseguiu esse excedente no primeiro dia, quando não havia nem divisão do trabalho, nem máquinas, nem mesmo outros conhecimentos de forças físicas além da do fogo? A questão, recuada "ao primeiro dia da segunda criação", não avançou um só passo. Essa maneira de explicar as coisas liga-se simultaneamente aos gregos e aos hebreus, é simultaneamente mística e alegórica e concede ao sr. Proudhon o pleno direito de afirmar:

---

[106] [*Idem*,I, pp. 77-78.]

> Demonstrei, com a teoria e com os fatos, o princípio de que todo trabalho deve deixar um excedente[107].

Os fatos são o famoso cálculo progressivo; a teoria é o mito de Prometeu. Continua o sr. Proudhon:

> Mas este princípio, tão certo quanto uma proposição de aritmética, está ainda longe de se realizar para todos. Enquanto, pelo progresso da indústria coletiva, cada jornada de trabalho individual obtém um produto cada vez maior, e, por uma consequência necessária, enquanto o trabalhador, com o mesmo salário, deveria tornar-se mais rico a cada dia, existem na sociedade estados[108] que prosperam e outros que declinam.[109]

Em 1770, a população do Reino Unido da Grã-Bretanha era de 15 milhões e a população produtiva de 3 milhões. O poder científico da produção equivalia a uma população adicional de 12 milhões de indivíduos; em suma, pois, havia 15 milhões de forças produtivas. Assim, o poder produtivo estava para a população na relação de 1 a 1, enquanto o poder científico estava para o poder manual na relação de 4 a 1.

Em 1840, a população não ultrapassava 30 milhões; a população produtiva era de 6 milhões, enquanto o poder científico chegava a 650 milhões, ou seja: estava para a população total na relação de 21 a 1 e para o poder manual na de 108 a 1[110].

Na sociedade inglesa, portanto, a jornada de trabalho ganhou, em 70 anos, um excedente de produtividade de 2.700% – isto é: em 1840, ela produziu 27 vezes mais que em 1770. Segundo o sr. Proudhon, dever-se-ia colocar a seguinte questão: por que o operário inglês de 1840 não era 27 vezes mais rico que o de 1770? Colocar semelhante questão supõe, naturalmente, que os ingleses poderiam produzir essas riquezas sem que existissem as condições históricas nas quais elas foram produzidas, tais

107 [*Idem*, p. 81, ed. de 1964.]

108 [Ou seja: camadas sociais.]

109 [Proudhon, *loc. cit.*, I, pp. 79-80.]

110 [Essa observação de Marx foi feita, originalmente, por Robert Owen.]

como a acumulação privada de capitais, a divisão moderna do trabalho, a fábrica mecanizada, a concorrência anárquica, o salariato, enfim, tudo o que se baseia no antagonismo entre as classes. Ora, para o desenvolvimento das forças produtivas e do excedente do trabalho, estas eram precisamente as condições de existência. Portanto, para obter esse desenvolvimento das forças produtivas e do excedente do trabalho, eram necessárias classes que prosperam e outras que declinam.

O que é, no final das contas, esse Prometeu ressuscitado pelo sr. Proudhon? É a sociedade, são as relações sociais fundadas no antagonismo entre as classes. Elas não são relações entre indivíduos, mas relações entre o operário e o capitalista, o arrendatário e o proprietário fundiário etc. Suprimidas essas relações, estará suprimida a sociedade, e o Prometeu não será mais que um fantasma sem braços ou pernas, ou seja, sem fábrica, sem divisão de trabalho, sem, numa palavra, tudo aquilo que em princípio lhe foi atribuído para obter esse excedente de trabalho.

Se, pois, na teoria bastasse, como o faz o sr. Proudhon, interpretar a fórmula do excedente de trabalho no sentido da igualdade, desprezando as condições atuais da produção, na prática deveria bastar uma repartição igualitária, entre os operários, de todas as riquezas hoje obtidas, sem nada alterar nas condições atuais da produção. É claro que essa repartição não garantiria um nível muito grande de conforto a cada um dos participantes.

Mas o sr. Proudhon não é tão pessimista quanto se poderia acreditar. Como a proporcionalidade é tudo para ele, não deixaria de ver no Prometeu, tal como no-lo apresenta, ou seja, na sociedade atual, um início de realização da sua ideia favorita.

> Mas em todos os lugares, também, o progresso da riqueza, isto é, a *proporcionalidade dos valores*, é a lei dominante; e quando os economistas opõem às queixas do partido social o acréscimo progressivo da fortuna pública e as melhorias introduzidas na condição das classes, mesmo as

mais desfavorecidas, eles proclamam, sem o perceber, uma verdade que é a condenação das suas teorias.[111]

De fato, o que é a riqueza coletiva, a fortuna pública? É a riqueza da burguesia, não a de cada burguês em particular. Pois bem: os economistas não fazem outra coisa que demonstrar como, nas relações de produção tal como existem, a riqueza da burguesia se desenvolveu e deve aumentar ainda mais. Quanto às classes operárias, ainda é questão muito discutida saber se a sua situação melhorou em consequência do aumento da riqueza pretensamente pública. Quando os economistas, para apoiar o seu otimismo, nos citam o exemplo dos operários ingleses ocupados na indústria algodoeira, eles só tomam a sua situação em raros momentos de prosperidade do comércio. Tais momentos estão em relação às épocas de crise e estagnação na "justa proporção" de três a dez. Mas pode ser que, falando de melhorias, os economistas pretendessem mencionar os milhões de operários que tiveram de perecer, nas Índias Orientais, para propiciar aos 1,5 milhões de operários ocupados, na Inglaterra, na mesma indústria, três anos de prosperidade em cada dez.

Quanto à participação temporária no acréscimo da riqueza pública, trata-se de outra questão. O fato da participação temporária é explicado pela teoria dos economistas, confirmando-a e não, como diz o sr. Proudhon, "condenando-a". Se houvesse algo a condenar, seria certamente o sistema do sr. Proudhon, que reduziria, como demonstramos, o operário ao mínimo de salário, apesar do crescimento das riquezas. Somente reduzindo-o ao mínimo de salário ele aplicaria a justa proporcionalidade dos valores, do "valor constituído" – pelo tempo de trabalho. É porque o salário, em razão da concorrência, oscila para além e para aquém do preço dos víveres necessários ao sustento do operário, que este pode participar, por pouco que seja, do desenvolvimento da riqueza coletiva,

111 [Proudhon, *loc. cit.*, I, p. 80.]

podendo, também, morrer de miséria. Nisso consiste toda a teoria dos economistas que não se deixam iludir.

Depois dessas longas divagações sobre ferrovias, Prometeu e a nova sociedade a reconstituir à base do "valor constituído", o sr. Proudhon se recolhe; a emoção o domina e ele exclama paternalmente:

> *Conclamo* os economistas a se interrogarem por um momento, no silêncio do seu coração, longe dos preconceitos que os perturbam e sem pensar nos empregos que têm ou esperam ter, nos interesses a que servem, nos sufrágios que ambicionam, nas distinções que embalam a sua vaidade: que se interroguem e digam se, até hoje, o princípio de que todo trabalho deve deixar um excedente se lhes apareceu com essa cadeia de preliminares e consequências que nós ressaltamos[112].

[112] [*Ibidem.*]

2. A METAFÍSICA DA ECONOMIA POLÍTICA

§ 1. O método

Eis-nos em plena Alemanha! Teremos de falar a linguagem da metafísica, sem abandonar a da economia política. E, ainda aqui, apenas seguimos as "contradições" do sr. Proudhon. Até há pouco, ele nos obrigava a falar inglês, a nos tornar sofrivelmente ingleses. Agora, a cena muda: o sr. Proudhon nos conduz à nossa querida pátria e nos força a recuperar, apesar de nós, a nossa qualidade de alemão[113].

Se o inglês transforma os homens em chapéus, o alemão transforma os chapéus em ideias. O inglês é Ricardo, banqueiro rico e distinto economista; o alemão é Hegel, simples professor de Filosofia na Universidade de Berlim.

Luís XV, último rei absoluto, tinha a seu serviço um médico, que era o primeiro economista da França. Este médico, este economista, representava o triunfo iminente e seguro da burguesia francesa. O dr. Quesnay fez da economia política uma ciência; resumiu-a no seu famoso *Quadro Econômico.* Além dos mil e um comentários aparecidos sobre esse quadro, temos um, do próprio autor: é a "análise do quadro econômico", seguida de "sete *observações importantes*"[114].

---

[113] [Como se sabe, em 1º de dezembro de 1845, em Bruxelas, Marx foi obrigado a renunciar à cidadania prussiana.]

[114] [Trata-se das duas principais obras econômicas de Quesnay: *Tableau Économique* (*Quadro Econômico*), 1758, e *Analyse du Tableau Économique* (*Análise do Quadro Econômico*), 1766.]

O sr. Proudhon é um outro Dr. Quesnay. É o Quesnay da metafísica da economia política.

Ora, a metafísica, a filosofia inteira se resume, segundo Hegel, no método. É necessário, pois, que procuremos esclarecer o método do sr. Proudhon, pelo menos tão tenebroso quanto o *Quadro Econômico.* Para isso, apresentaremos sete observações mais ou menos importantes. Se o sr. Proudhon não se contentar com elas, que se transforme em um abade Baudeau e forneça pessoalmente a "explicação do método econômico-metafísico"[115].

Primeira observação

> Não fazemos uma história segundo a ordem temporal, mas segundo a sucessão das ideias. As fases ou categorias econômicas são, em sua manifestação, ora contemporâneas, ora invertidas. (...) As teorias econômicas nem por isso deixam de ter a sua sucessão lógica e a sua série no entendimento: é essa ordem que nos orgulhamos de ter descoberto[116].

Decididamente, o sr. Proudhon quis amedrontar os franceses, lançando-lhes ao rosto frases quase hegelianas. Temos, pois, que nos haver com dois homens, primeiro o sr. Proudhon, depois com Hegel. Como o sr. Proudhon se distingue dos outros economistas? E Hegel, que papel desempenha na economia política do sr. Proudhon?

Os economistas exprimem as relações da produção burguesa, a divisão do trabalho, o crédito, a moeda etc., como categorias fixas, imutáveis, eternas. O sr. Proudhon, que tem à sua frente essas categorias já formadas, quer nos explicar o ato de formação, a geração dessas categorias, princípios, leis, ideias, pensamentos.

Os economistas nos explicam como se produz nessas relações dadas, mas não nos explicam como se produzem essas relações,

115 [Referência ao abade N. Baudeau, contemporâneo de Quesnay, que publicou, em 1770, a *Explication du Tableau Économique* (*Explicação do Quadro Econômico*), que Marx conheceu na sua edição por Daire.]

116 Proudhon, *loc. cit.*, I, p. 146.

isto é, o movimento histórico que as engendra. O sr. Proudhon, tomando essas relações como princípios, categorias, pensamentos abstratos, tem apenas que *ordenar* esses pensamentos, que, alfabeticamente dispostos, encontram-se no final de qualquer tratado de economia política. Os materiais dos economistas são a vida ativa e atuante dos homens; os materiais do sr. Proudhon são os dogmas dos economistas. Mas, a partir do momento em que não se persegue o movimento histórico das relações de produção, de que as categorias são apenas a expressão teórica, a partir do momento em que se quer ver nessas categorias somente ideias, pensamentos espontâneos, independentes das relações reais, a partir de então se é forçado a considerar o movimento da razão pura como a origem desses pensamentos.[117] Como a razão pura, eterna, impessoal, engendra esses pensamentos? Como ela procede para produzi-los?

Se tivéssemos a intrepidez do sr. Proudhon em matéria de hegelianismo, diríamos: em si mesma, ela se distingue de si mesma. O que significa isso? A razão impessoal, não tendo fora de si nem terreno sobre o qual possa pôr-se, nem objeto ao qual possa opor-se, vê-se forçada a uma cambalhota, pondo-se, opondo-se e compondo-se – posição, oposição, composição. Para falar grego, temos a tese, a antítese e a síntese. Quanto aos que desconhecem a linguagem hegeliana, dir-lhes-emos a fórmula sacramental: afirmação, negação e negação da negação. Eis o que significa isso. Claro, não se trata de hebraico, não se ofenda o sr. Proudhon[118]; trata-se da linguagem dessa razão tão pura, separada do indivíduo. Em lugar do indivíduo comum, com a sua maneira comum de

---

117 [No seu exemplar, Proudhon anotou: "Certamente que se é forçado, porque, na sociedade, tudo é, não importa o que se diga, *contemporâneo;* como, na natureza, todos os átomos são eternos". Rubel considera essa "observação bem obscura", e aventa a hipótese de que ela tenha qualquer relação com as reflexões epistemológicas que, sobre o atomismo, estão no "prólogo" da obra de Proudhon.]

118 [Alusão irônica às explicações etimológicas que são frequentes na obra de Proudhon, conhecedor da língua hebraica. Proudhon aprendeu esse idioma na época (por volta de 1836) em que, em Besançon, revisou as provas tipográficas de uma *Vulgata*.]

falar e pensar, o que temos é essa maneira comum inteiramente pura, sem o indivíduo.

Há razão para se espantar se todas as coisas, em última abstração – porque aqui há abstração e não análise –, se apresentam no estado de categoria lógica? Há razão para se espantar se, abandonando aos poucos tudo o que constitui a individualidade de uma casa, abstraindo os materiais de que ela se compõe e a forma que a distingue, chega-se a ter apenas um corpo; e se, abstraindo os limites desse corpo, obtém-se somente um espaço; e se, enfim, abstraindo as dimensões desse espaço, acaba-se por ter apenas a pura quantidade, a categoria lógica? À força de abstrair assim de todo objeto todos os pretensos acidentes, animados ou inanimados, homens ou coisas, temos razão de dizer que, em último grau de abstração, chegamos às categorias lógicas como substância. Assim, os metafísicos que, fazendo essas abstrações, acreditam fazer análise e que, à medida que se afastam progressivamente dos objetos, imaginam aproximar-se deles para penetrá-los, esses metafísicos têm, por sua vez, razão de dizer que as coisas aqui da terra são bordados, cujo pano de fundo é constituído pelas categorias lógicas. Eis o que distingue o filósofo do cristão: este, a despeito da lógica, só conhece uma encarnação do *Logos;* o filósofo conhece-as infinitas. Que tudo o que existe, tudo o que vive sobre a terra e sob a água, possa ser reduzido, à força de abstração, a uma categoria lógica; que, desse modo, todo o mundo real possa submergir no mundo das abstrações, no mundo das categorias lógicas – quem se espantará com isto[119]?

Tudo o que existe, tudo o que vive sobre a terra e sob a água, existe e vive graças a um movimento qualquer. Assim, o movimento da história produz as relações sociais, o movimento industrial nos proporciona os produtos industriais etc.

---

[119] [Nesta passagem, Marx retomou o argumento que desenvolvera n'*A sagrada família* (capítulo V, § 2, "O mistério da construção especulativa").]

Da mesma forma como, à força da abstração, transformamos todas as coisas em categorias lógicas, basta-nos somente abstrair todo caráter distintivo dos diferentes movimentos para chegar ao movimento em estado abstrato, ao movimento puramente formal, à fórmula puramente lógica do movimento. Se se encontra nas categorias lógicas a substância de todas as coisas, imagina-se encontrar na fórmula lógica do movimento o *método absoluto,* que tanto explica todas as coisas como implica, ainda, o movimento delas.

É desse método absoluto que Hegel fala, nestes termos:

> O método é a força absoluta, única, suprema, infinita, a que nenhum objeto poderia resistir; é a tendência da razão a reencontrar-se e reconhecer-se em todas as coisas[120].

Reduzidas todas as coisas a uma categoria lógica e todo movimento, todo ato de produção ao método, a consequência natural é a redução de qualquer conjunto de produtos e de produção, de objetos e de movimento a uma metafísica aplicada. O que Hegel fez em relação à religião, ao Direito etc., o sr. Proudhon procura fazer em relação à economia política[121].

Mas o que é esse método absoluto? A abstração do movimento. E o que é a abstração do movimento? O movimento em estado abstrato. O que é o movimento em estado abstrato? A fórmula puramente lógica do movimento ou o movimento da razão pura. Em que consiste o movimento da razão pura? Consiste em se pôr, se opor, se compor, formular-se como tese, antítese, síntese ou, ainda, afirmar-se, negar-se, negar sua negação.

Como opera a razão para se afirmar, para se pôr como categoria determinada? Isso é tarefa da própria razão e de seus apologistas.

---

120 Hegel, *Logik* [*Lógica*], III [trata-se, na verdade, de um resumo de um trecho da seção III, capítulo III, intitulado "Die absolute Idee" ("A ideia absoluta"), da obra *Wissenschaft der Logik* (*Ciência da Lógica*)].

121 [No seu exemplar, Proudhon anotou: "Muito bem; e isso é tão estúpido?". Realmente, a ambição declarada de Proudhon é, como escreveu a Ackermann, em 4 de outubro de 1844, "popularizar a metafísica". É dele, ainda, a afirmação, reproduzida por Sainte-Beuve: "Vou demonstrar que a economia política é a metafísica em ação".]

Mas uma vez que a razão conseguiu pôr-se como tese, esta tese, este pensamento, oposto a si mesmo, desdobra-se em dois pensamentos contraditórios, o positivo e o negativo, o sim e o não. A luta entre esses dois elementos antagônicos, compreendidos na antítese, constitui o movimento dialético. O sim tornando-se não, o não tornando-se sim, o sim tornando-se simultaneamente sim e não, o não tornando-se simultaneamente não e sim, os contrários se equilibram, neutralizam, paralisam. A fusão desses dois elementos contraditórios constitui um pensamento novo, que é a sua síntese. Este novo pensamento se desdobra ainda em dois pensamentos contraditórios que, por seu turno, se fundem em uma nova síntese. Deste trabalho de processo de criação nasce um grupo de pensamentos. Este grupo de pensamentos segue o mesmo movimento dialético de uma categoria simples, e tem por antítese um grupo contraditório. Destes dois grupos de pensamento nasce um novo, que é sua síntese.

Assim como do movimento dialético das categorias simples nasce o grupo, do movimento dialético dos grupos nasce a série e do movimento dialético das séries nasce todo o sistema.

Aplique-se este método à economia política e ter-se-á a lógica e a metafísica da economia política ou, em outros termos, as categorias econômicas que todos conhecem traduzidas numa linguagem pouco conhecida, o que lhes dá a aparência de recém-desabrochadas de uma cabeça da razão pura – porque essas categorias parecem engendrar-se umas às outras, encadear-se e entrelaçar-se umas às outras graças ao exclusivo trabalho do movimento dialético. O leitor que não se espante com essa metafísica e todos os seus andaimes de categorias, grupos, séries e sistemas. O sr. Proudhon, apesar de todo o seu grande esforço para escalar o cimo do *sistema das contradições,* jamais conseguiu passar dos dois primeiros degraus da tese e da antítese simples e, ademais, só os alcançou duas vezes – numa delas, caiu de costas.

Até agora, expusemos apenas a dialética de Hegel. Mais tarde, veremos como o sr. Proudhon conseguiu reduzi-la às mais mesquinhas proporções. Para Hegel, portanto, tudo o que ocorreu e que ainda ocorre é precisamente o que ocorre em seu próprio raciocínio. Assim, a filosofia da história não é mais que a história da filosofia, da sua própria filosofia. Já não há a "história segundo a ordem temporal": há, apenas, a "sucessão das ideias no entendimento". Ele acredita construir o mundo pelo movimento do pensamento, enquanto somente reconstrói, de forma sistemática e ordenando segundo o método absoluto, as ideias que estão na cabeça de todo mundo[122].

Segunda observação

As categorias econômicas são expressões teóricas, abstrações das relações sociais da produção. O sr. Proudhon, qual um filósofo autêntico, tomando as coisas ao inverso, vê nas relações reais as encarnações desses princípios, dessas categorias que, como nos diz ainda o filósofo sr. Proudhon, estariam adormecidas no seio da "razão impessoal da humanidade".

O sr. Proudhon, economista, compreendeu muito bem que os homens fazem os tecidos de lã, algodão e seda em relações determinadas de produção. Mas o que ele não compreendeu é que essas relações sociais determinadas são também produzidas pelos homens, como os tecidos de algodão, linho etc.[123] As relações sociais estão intimamente ligadas às forças produtivas. Adquirindo novas forças produtivas, os homens transformam o seu modo de produção e, ao transformá-lo, alterando a maneira de ganhar a sua vida, eles transformam todas as suas relações sociais. O moinho movido pelo braço humano nos dá a sociedade com o suserano; o moinho a vapor dá-nos a sociedade com o capitalista industrial.

---

122 [No seu exemplar, Proudhon anotou: "Foi o que pretendi fazer; e creio que já é alguma coisa. A sua primeira observação não observa nada".]

123 [No seu exemplar, Proudhon anotou: "Mentira. Eu digo exatamente isso. A sociedade produz *leis* e os *materiais* da sua experiência".]

Os mesmos homens que estabeleceram as relações sociais de acordo com a sua produtividade material produzem, também, os princípios, as ideias, as categorias de acordo com as suas relações sociais.

Assim, essas ideias, essas categorias são tão pouco eternas quanto as relações que exprimem. Elas são *produtos históricos e transitórios.*

Há um movimento contínuo de crescimento nas forças produtivas, de destruição nas relações sociais, de formação nas ideias; de imutável, só existe a abstração do movimento – *mors immortalis*[124].

Terceira observação

As relações de produção de qualquer sociedade constituem um todo. O sr. Proudhon considera as relações econômicas como umas tantas fases sociais que se engendram umas às outras, que resultam umas das outras assim como a antítese resulta da tese, e que realizam, na sua sucessão lógica, a razão impessoal da humanidade.

O único inconveniente desse método é que, ao abordar o exame de apenas uma dessas fases, o sr. Proudhon só possa explicá-la recorrendo a todas as outras relações da sociedade que, no entanto, ele ainda não engendrou pelo seu movimento dialético. Quando, em seguida, o sr. Proudhon, através da razão pura, passa a engendrar outras fases, o faz como se fossem recém-nascidas, esquecendo-se que têm a mesma idade da primeira[125].

Assim, para chegar à constituição do valor que, para ele, é a base de todas as evoluções econômicas, não podia prescindir da divisão do trabalho, da concorrência etc. Entretanto, na *série,* no

---

[124] [Marx retoma aqui um verso de Lucrécio, extraído de *De rerum natura* (*Da natureza das coisas*), livro III, verso 869: "mortalem vitam mors immortalis ademit" ("a morte imortal ceifou a vida mortal"). No seu exemplar, Proudhon anotou: "Sim, eternas como a humanidade, nem mais, nem menos; e todas contemporâneas. A sua segunda observação não conduz a nada".]

[125] [No seu exemplar, Proudhon anotou: "Digo exatamente tudo isso. Então, explique-me como você parte daí para falar sucessivamente dos objetos da economia política?"]

entendimento do sr. Proudhon, na *sucessão lógica,* essas relações ainda não existiam.

Construindo-se com as categorias da economia política o edifício de um sistema ideológico, deslocam-se os componentes do sistema social. Transformam-se os diferentes componentes da sociedade em várias sociedades, que se sucedem umas às outras. De fato, como é que a fórmula lógica do movimento, da sucessão, do tempo, poderia explicar, sozinha, o corpo social, no qual todas as relações coexistem simultaneamente, sustentando-se umas às outras?[126]

Quarta observação

Vejamos agora que modificações o sr. Proudhon impõe à dialética de Hegel ao aplicá-la à economia política.

Para o sr. Proudhon, toda categoria econômica tem dois lados – um bom, outro mau. Ele considera as categorias como o pequeno-burguês considera os grandes homens da história: *Napoleão* é um grande homem; fez muita coisa boa, mas, também, fez muita coisa má.

O *lado bom* e o *lado mau,* a *vantagem* e o *inconveniente,* tomados em conjunto, constituem, para o sr. Proudhon, a *contradição* em cada categoria econômica.

Problema a resolver: conservar o lado bom, eliminando o mau.

A *escravidão* é uma categoria econômica como qualquer outra. Portanto, possui também seus dois lados. Deixemos o lado mau e falemos do lado bom da escravidão, esclarecendo que se trata da escravidão direta, a dos negros no Suriname, no Brasil, nas regiões meridionais da América do Norte.

A escravidão direta é o eixo da indústria burguesa, assim como as máquinas, o crédito etc. Sem escravidão, não teríamos o algodão;

---

[126] [No seu exemplar, Proudhon anotou: "Quem lhe fala disso? A sua observação é uma calúnia".]

sem o algodão, não teríamos a indústria moderna. A escravidão valorizou as colônias, as colônias criaram o comércio universal, o comércio que é a condição da grande indústria. Por isso, a escravidão é uma categoria econômica da mais alta importância.

Sem a escravidão, a América do Norte, o país mais progressista, transformar-se-ia num país patriarcal. Tire-se a América do Norte do mapa do mundo e ter-se-á a anarquia, a completa decadência do comércio e da civilização modernos. Suprima-se a escravidão e ter-se-á apagado a América do Norte do mapa das nações[127].

A escravidão, por ser uma categoria econômica, sempre existiu nas instituições dos povos. Os povos modernos conseguiram apenas disfarçar a escravidão em seus próprios países, impondo-a sem véus no novo mundo.

Como fará o sr. Proudhon para salvar a escravidão? Colocará o *problema:* conservar o lado bom dessa categoria econômica e eliminar o lado mau.

Hegel não tem problemas a colocar. Ele possui apenas a dialética. Da dialética de Hegel, o sr. Proudhon só tem a linguagem. O movimento dialético, para ele, é a distinção dogmática entre o bom e o mau.

Tomemos, por um instante, o próprio sr. Proudhon como categoria. Examinemos seu lado bom e seu lado mau, suas vantagens e seus inconvenientes.

Se, em relação a Hegel, ele tem a vantagem de colocar problemas, reservando-se o resolvê-los para o bem maior da humanidade, tem

---

[127] [Na edição alemã de 1885, Engels introduziu, aqui, a seguinte nota: "Em 1847, isso era perfeitamente exato. Então, o comércio dos Estados Unidos com o mundo se limitava, principalmente, à importação de emigrantes e de artigos industriais e à exportação de algodão e de tabaco, ou seja, produtos do trabalho dos escravos do Sul. O Norte produzia, sobretudo, trigo e carne para as regiões escravagistas. A abolição da escravatura só foi possível quando o Norte começou a produzir trigo e carne para exportação ao mesmo tempo em que se industrializava e quando o monopólio algodoeiro norte-americano começou a sofrer a forte concorrência da Índia, do Egito, do Brasil etc. A consequência da abolição foi a ruína do Sul, que não conseguiu substituir a escravidão aberta dos negros pela escravidão camuflada dos *coolies* hindus e chineses".]

o inconveniente de ser atacado de esterilidade quando se trata de engendrar, através do trabalho da elaboração dialética, uma categoria nova. O que constitui o movimento dialético é a coexistência de dois lados contraditórios, sua luta e sua fusão numa categoria nova. É suficiente colocar o problema da eliminação do lado mau para liquidar o movimento dialético. Não é a categoria que se põe e se opõe a si mesma pela sua natureza contraditória; é o sr. Proudhon, que se move, se debate e se agita entre os dois lados da categoria.

Situado assim num impasse, do qual é difícil escapar pelos meios legais, o sr. Proudhon realiza um verdadeiro malabarismo, que o transporta a uma categoria nova. É então que se revela, a seus olhos assombrados, a *série no entendimento.*

Ele toma a primeira categoria que aparece e lhe atribui, arbitrariamente, a qualidade de veicular a correção dos inconvenientes da categoria que é necessário depurar. Assim, os impostos corrigem, a crer-se no sr. Proudhon, os inconvenientes do monopólio; a balança comercial, os dos impostos; a propriedade fundiária, os do crédito.

Tomando, dessa maneira, as categorias econômicas sucessivamente uma a uma e fazendo desta o *antídoto* daquela, o sr. Proudhon consegue construir, com essa mistura de contradições e antídotos de contradições, dois volumes de contradições, a que dá, com justa razão, o título de *Sistema das Contradições Econômicas*[128].

Quinta observação

> Na razão absoluta, todas essas ideias (...) são igualmente simples e gerais. (...) De fato, só chegamos à ciência através de uma *espécie de andaimes,*

---

[128] [Ao longo dessa *quarta observação* de Marx, Proudhon, no seu exemplar, fez seis anotações. Ele considera "absurda" a interpretação que Marx oferece da sua dialética, nega qualquer intenção de suprimir o "lado mau" e afirma que essa observação é apenas "calúnia" e "mentira". No último parágrafo dessa *quarta observação,* Marx não apenas ironiza o título da obra de Proudhon como, ainda, as suas disquisições sobre o problema da balança comercial.]

erguidos com as nossas ideias. Mas a verdade em si é independente dessas figuras dialéticas e livre das combinações do nosso espírito[129].

Repentinamente, graças a uma espécie de reviravolta cujo segredo já conhecemos, eis que a metafísica da economia política tornou-se uma ilusão! Jamais o sr. Proudhon disse algo tão correto.

É claro que, a partir do momento em que o processo do movimento dialético se reduz ao simples procedimento de opor o bem ao mal, de colocar problemas destinados à eliminação do mal e de apresentar uma categoria como antídoto da outra, a partir desse momento as categorias perdem sua espontaneidade: a ideia "já não *funciona*", já não tem vida em si mesma. Ela não se põe nem se decompõe mais em categorias. A sucessão destas tornou-se uma espécie de *andaimes*. A dialética não é mais o movimento da razão absoluta. Não há mais dialética; há, no máximo, a moral pura.

Quando o sr. Proudhon falava da *série no entendimento*, da *sucessão lógica das categorias*, declarava positivamente que não pretendia expor a história *segundo a ordem temporal*, ou seja, de acordo com o sr. Proudhon, a sucessão histórica na qual as categorias se *manifestaram*. Tudo se passava, então, para ele, no *éter puro da razão*. Tudo devia derivar desse éter graças à dialética. Agora, quando se trata de colocar em prática essa dialética, a razão o abandona. A dialética do sr. Proudhon renega a de Hegel, e ei-lo compelido a dizer que a ordem em que apresenta as categorias econômicas não é aquela pela qual elas se engendram umas às outras. As evoluções econômicas já não são mais as evoluções da própria razão.

O que, então, o sr. Proudhon nos apresenta? A história real, isto é, segundo o seu entendimento, a sucessão pela qual as categorias se *manifestaram* na ordem temporal? Não. A história tal como se desenvolve na própria ideia? Menos ainda. Portanto, nem a história profana nem a história sagrada das categorias. Enfim, que história nos oferece? A história das suas próprias contradições.

---

129 Proudhon, *loc. cit.*, II, p. 97.

Vejamos como elas se desenvolvem e como arrastam atrás de si o sr. Proudhon.

Antes de abordar o exame dessa questão, que constituirá a nossa sexta observação importante, temos, ainda, que fazer uma outra observação, menos importante.

Admitamos, com o sr. Proudhon, que a história real, a história segundo a ordem temporal, é a sucessão histórica na qual as ideias, as categorias, os princípios se manifestaram.

Cada princípio teve o seu século para nele se manifestar: o princípio da autoridade, por exemplo, teve o século XXI, como o do individualismo teve o 18. De consequência em consequência, era o século que pertencia ao princípio, e não o princípio ao século. Noutros termos: era o princípio que fazia história, não a história ao princípio. Quando, em seguida, tanto para salvar os princípios quanto a história, indaga-se por que tal princípio se manifestou nos séculos XXI ou XVIII e não em outros, é-se obrigatoriamente forçado a examinar com minúcia quais eram os homens dos séculos XXI e XVIII, quais eram as suas respectivas necessidades, suas forças produtivas, seu modo de produção, as matérias-primas da sua produção – enfim, quais eram as relações entre os homens que resultavam de todas essas condições de existência. Aprofundar todas essas questões não é fazer a história real, profana, dos homens em cada século, representar esses homens simultaneamente como os autores e os atores do seu próprio drama? Mas, a partir do momento em que os homens são representados como atores e autores da sua própria história, chega-se, por um atalho, ao verdadeiro ponto de partida, uma vez que são abandonados os princípios eternos de que inicialmente se arrancava.

O sr. Proudhon não avançou o suficiente nem mesmo nesses atalhos que o ideólogo percorre para alcançar a grande estrada da história.[130]

---

130 [Em seu exemplar, Proudhon anotou: "Quando é que pretendi que os *princípios* sejam

Sexta observação

Tomemos o atalho, com o sr. Proudhon.

Admitamos que as relações econômicas, consideradas como *leis imutáveis, princípios eternos, categorias ideais,* sejam anteriores aos homens, aos homens ativos e atuantes[131]; admitamos, ainda, que essas leis, esses princípios, essas categorias, desde a origem dos tempos, tenham estado adormecidas "no seio da razão impessoal da humanidade". Já vimos que, com todas essas eternidades imutáveis e imóveis, não há história; há, no máximo, a história na ideia, ou seja, a história que se reflete no movimento dialético da razão pura. O sr. Proudhon, afirmando que, no movimento dialético, as ideias já não se *"diferenciam"*, liquidou quer a *sombra* do movimento quer o *movimento das sombras,* através das quais, pelo menos, poder-se-ia criar um simulacro de história. *Ao invés,* ele imputa à história a sua própria impotência e reclama de tudo, até da língua francesa. Diz o sr. Proudhon filósofo:

> Não é exato, portanto, dizer que qualquer coisa *acontece*, que qualquer coisa *se produz*: na civilização, como no universo, tudo existe, tudo atua desde sempre. (...) O mesmo acontece com toda a economia social[132].

Tamanha é a força produtora das contradições que *funcionam* e que fazem funcionar o sr. Proudhon que, pretendendo explicar o aparecimento sucessivo das relações sociais, ele nega que *qualquer coisa* possa acontecer, que, pretendendo explicar a produção com todas as suas fases, ele contesta que *qualquer coisa possa produzir-se.*

Portanto, para o sr. Proudhon, já não há história, já não há sucessão de ideias e, entretanto, o seu livro ainda subsiste – e esse livro é, precisamente, de acordo com a sua própria expressão, a

---

mais que representação intelectual, causa geradora de fatos? (...) O verdadeiro sentido da obra de Marx está no lamentar que, em tudo, eu tenha pensado como ele e que o tenha dito antes dele. Só resta ao leitor crer que é Marx quem, depois de me ler, lamenta pensar como eu. Que homem!".]

131 [No seu exemplar, Proudhon anotou: "Não tenho necessidade desta sua admissão".]

132 Proudhon, *loc. cit.,* II, p. 102.

história segundo a sucessão das ideias. Como encontrar uma fórmula, porque o sr. Proudhon é o homem das fórmulas, que o ajude a ultrapassar, *com um único salto,* todas as suas contradições?

Para isso, ele inventou uma razão nova, que não é nem a razão absoluta, pura e virgem, nem a razão comum dos homens ativos e atuantes nos diferentes tempos, mas uma razão inteiramente à parte: a razão da sociedade-pessoa, do sujeito *humanidade,* que, através da pena do sr. Proudhon, surge às vezes como "*gênio social*", "*razão geral*" e, por último, como "*razão humana*". Essa razão, travestida com tantos nomes, dá-se, todavia, a conhecer, a cada instante, como a razão individual do sr. Proudhon, com seus lados bom e mau, seus antídotos e seus problemas.

"A razão humana não cria a verdade", oculta nas profundezas da razão absoluta, eterna; pode apenas desvelá-la. Mas as verdades que, até hoje, ela desvelou são incompletas, insuficientes e, por isso mesmo, contraditórias. Portanto, as categorias econômicas, sendo elas mesmas verdades descobertas, reveladas pela razão humana, pelo gênio social, são, igualmente, incompletas, contendo o germe da contradição. Antes do sr. Proudhon, o gênio social viu somente os *elementos antagônicos,* e não *a fórmula sintética,* ambos ocultos, simultaneamente, na *razão absoluta.* Apenas realizando sobre a terra essas verdades insuficientes, essas categorias incompletas, essas noções contraditórias, as relações econômicas são, pois, em si mesmas, contraditórias e apresentam os dois lados, um bom, outro mau.

Encontrar a verdade completa, a noção em toda a sua plenitude, a fórmula sintética que liquide a antinomia – eis o problema do gênio social. Eis também por que, na ilusão do sr. Proudhon, o mesmo gênio social foi conduzido de uma categoria a outra, sem ter conseguido ainda, com toda a sua bateria categorial, arrancar a Deus, à razão absoluta, uma fórmula sintética.

> Inicialmente, a sociedade (o gênio social) postula um primeiro fato, formula uma *hipótese* (...), verdadeira antinomia, cujos resultados antagônicos

se desenrolam na economia social da mesma forma como as consequências poderiam ser deduzidas no espírito; de modo que o movimento industrial, seguindo em tudo a dedução das ideias, divide-se em dois fluxos: um, dos efeitos úteis, e outro, dos resultados subversivos. (...) Para constituir harmonicamente esse princípio dúplice e resolver essa antinomia, a sociedade cria uma *segunda* antinomia, que logo será seguida de uma terceira, e esta será a *marcha do gênio social* até que esgote todas as suas contradições – suponho, embora isso não esteja provado, que a contradição na humanidade terá fim –, regressando, com um salto, a todas as suas posições anteriores e resolvendo, *numa só fórmula*, todos os seus problemas"[133].

Do mesmo modo como, antes, a *antítese* era transformada em *antídoto,* agora a *tese* se torna *hipótese.* Essa alteração de termos não tem por que nos surpreender, em se tratando do sr. Proudhon. A razão humana, que é tudo, exceto pura, sendo capaz apenas de visões incompletas, encontra, a cada passo, novos problemas a resolver. Cada nova tese que descobre na razão absoluta e que é a negação da primeira tese torna-se, para ela, uma síntese, que aceita ingenuamente como a solução do problema em causa. Eis por que essa razão se debate em contradições sempre novas até que, não mais as encontrando, se apercebe que todas as suas teses e sínteses são apenas hipóteses contraditórias. Na sua perplexidade, "a razão humana, o gênio social, regressa, com um salto, a todas as suas posições anteriores e resolve, numa só fórmula, todos os seus problemas". Essa fórmula única, diga-se de passagem, constitui a verdadeira descoberta do sr. Proudhon. É o *valor constituído.*

Sempre se formulam hipóteses com vistas a um fim qualquer. O fim visado primeiramente pelo gênio social que fala pela boca do sr. Proudhon era eliminar o que havia de mau em cada categoria econômica, para resguardar nela apenas o lado bom. Para ele, o bom, o bem supremo, o verdadeiro fim prático, é a *igualdade.* E por que o gênio social se propunha mais a igualdade que a desigualdade,

[133] Proudhon, *loc. cit.,* I, p. 133.

a fraternidade, o catolicismo ou qualquer outro princípio? Porque "a humanidade só realizou sucessivamente tantas hipóteses particulares tendo em vista uma hipótese superior", que, precisamente, é a igualdade. Noutras palavras: porque a igualdade é o ideal do sr. Proudhon. Ele imagina que a divisão do trabalho, o crédito, a fábrica, todas as relações econômicas foram inventadas apenas em proveito da igualdade e, no entanto, sempre acabaram se voltando contra ela. Já que a história e a ficção do sr. Proudhon conflitam a cada passo, ele deduz que nesse fato existe contradição. Se existe contradição, é apenas entre a sua ideia fixa e o movimento real.

Daqui em diante, o lado bom de uma relação econômica é o que afirma a igualdade; o mau é o que a nega e afirma a desigualdade. Toda nova categoria é uma hipótese do gênio social para eliminar a desigualdade engendrada pela hipótese precedente. Em resumo, a igualdade é a *intenção primitiva,* a *tendência mística,* o *objetivo providencial* que o gênio social tem sempre em vista, girando no círculo das contradições econômicas. Por isso, toda a bagagem econômica do sr. Proudhon é melhor transportada pela locomotiva da *Providência* que pela sua razão pura e etérea. À Providência ele consagra todo um capítulo, o que se segue ao sobre os impostos[134].

Providência, fim providencial – eis as grandes palavras que se utilizam hoje para explicar a marcha da história. Na realidade, essas palavras nada explicam: são, no máximo, formas declamatórias, maneiras, como quaisquer outras, de parafrasear os fatos[135].

É verdade que, na Escócia, as propriedades fundiárias adquiriram um valor novo pelo desenvolvimento da indústria inglesa, que abriu novos mercados para a lã. Para produzir lã em grande escala, era preciso transformar os campos de lavoura em pastagens. Para realizar essa transformação, era preciso concentrar a proprie-

---

134 [Marx se refere ao capítulo VIII do livro de Proudhon, intitulado "Da responsabilidade do homem e de Deus sob a lei da contradição, ou solução do problema da Providência".]

135 [No seu exemplar, Proudhon, indignado, fez várias anotações, concluídas pela frase: "Eis-me também culpado de adorar a Providência!".]

dade: era preciso erradicar as pequenas fazendas de arrendatários, expulsar milhares deles da sua terra natal e substituí-los por uns quantos pastores encarregados de cuidar de milhões de ovelhas. Assim, através de sucessivas transformações, a propriedade fundiária resultou, na Escócia, na expulsão dos homens pelas ovelhas. Diga-se, pois, que o fim providencial da instituição da propriedade fundiária na Escócia objetivava expulsar os homens, substituindo-os pelas ovelhas – e ter-se-á feito história providencial.

É indiscutível que a tendência à igualdade pertence ao nosso século. Dizer, todavia, que todos os séculos anteriores – com necessidades, meios de produção etc., totalmente diferentes – operaram providencialmente para a realização da igualdade, é, antes de tudo, substituir pelos meios e homens do nosso século os meios e homens de séculos anteriores e desconhecer o movimento histórico através do qual as gerações sucessivas transformam os resultados adquiridos pelas que as precederam. Os economistas sabem muito bem que a mesma coisa que, num caso, é matéria trabalhada, noutro é matéria-prima de uma nova produção.

Suponha-se, como o faz o sr. Proudhon, que o gênio social tenha produzido, ou, sobretudo, improvisado, os senhores feudais com o fim providencial de transformar os *colonos* em *trabalhadores responsáveis* e *igualitários*. Ter-se-á, assim, uma substituição de fins e pessoas digna dessa Providência que, na Escócia, institui a propriedade fundiária para se dar ao maligno prazer de contemplar a expulsão dos homens pelas ovelhas[136].

---

[136] [A expulsão dos arrendatários escoceses (*clearing of mates*) será objeto de um artigo de Marx, publicado no *New York Tribune* (09.02.1853), e tema do capítulo XXVII do livro primeiro d'*O capital*. Ao longo de toda esta passagem, Proudhon, no seu exemplar, fez várias anotações; um de seus comentários foi: "Pasquinada!". Face às observações de Marx sobre a sua filosofia da igualdade, escreveu: "O que significa essa chicana? – As gerações *transformam!* – Digo que o mesmo princípio une, governa todas as manifestações; só sei de *transformação*. A França de 1789 transformou seu monarca absoluto em monarca constitucional. Muito bem. Eis o seu estilo. De minha parte, digo que o Estado, em 1789, regularizou a divisão de poderes políticos existentes antes de 1789. O leitor julgará. A sexta observação incide sobre Hegel e nada expõe". No final, quando Marx ironiza a sua ternura face à Providência, Proudhon se

Mas, posto que o sr. Proudhon tenha um interesse tão terno pela Providência, remetemo-lo à *História da Economia Política,* do sr. Villeneuve-Bargemont[137], que, também ele, corre atrás de um fim providencial. Esse fim já não é a igualdade, é o catolicismo.

Sétima e última observação

Os economistas têm procedimentos singulares. Para eles, só existem duas espécies de instituições, as artificiais e as naturais. As instituições da feudalidade são artificiais, as da burguesia são naturais. Nisso, eles se parecem aos teólogos, que também estabelecem dois tipos de religião: a sua é a emanação de Deus, as outras são invenções do homem. Dizendo que as relações atuais – as relações da produção burguesa – são naturais, os economistas dão a entender que é nessas relações que a riqueza se cria e as forças produtivas se desenvolvem segundo as leis da natureza. Portanto, essas relações são, elas mesmas, leis naturais independentes da influência do tempo. São leis eternas que devem, sempre, reger a sociedade. Assim, houve história, mas já não há mais. Houve história porque existiram instituições da feudalidade e porque, nelas, encontram-se relações de produção inteiramente diferentes das da sociedade burguesa, que os economistas querem fazer passar por naturais e, logo, eternas.

A feudalidade também possuía o seu proletariado – os servos –, que continha todos os germes da burguesia. A produção feudal também possuía dois elementos antagônicos, designados igualmente como o *lado bom* e o *lado mau* da feudalidade, sem se considerar que sempre o lado mau sobrepôs-se ao bom. É o lado mau que produz o movimento que faz a história, constituindo a luta. Se, na época da dominação da feudalidade, os economistas,

irrita novamente: "Quanta asneira sobre o que escrevi!".]

137 [Marx se refere à *Histoire de l'Économie Politique,* de A. de Villeneuve-Bargemont, publicada em Bruxelas, em 1839.]

entusiasmados com as virtudes cavalheirescas, com a bela harmonia entre deveres e direitos, com a vida patriarcal das cidades, com o estado de prosperidade da indústria doméstica nos campos, com o desenvolvimento da indústria organizada pelas corporações, confrarias e grêmios – entusiasmados, enfim, com tudo o que constitui o lado bom da feudalidade, resolvessem eliminar tudo o que tornava sombrio esse quadro – servidão, privilégios, anarquia –, o que aconteceria? Ter-se-ia eliminado todos os elementos constitutivos da luta e sufocado, no seu embrião, o desenvolvimento da burguesia. Ter-se-ia colocado o absurdo problema de liquidar a história.

Quando a burguesia se impôs, não se colocou a questão do lado bom e do lado mau da feudalidade. Ela incorporou as forças produtivas que desenvolvera sob a feudalidade. Foram destruídas todas as antigas formas econômicas, as relações civis que lhes correspondiam, o estado político que era a expressão oficial da antiga sociedade civil.

Assim, para avaliar corretamente a produção feudal, é preciso considerá-la como um modo de produção fundado no antagonismo. É preciso mostrar como a riqueza se produzia no interior desse antagonismo, como as forças produtivas se desenvolviam ao mesmo tempo em que o antagonismo entre classes, como uma dessas classes, o lado mau, o inconveniente da sociedade, ia sempre crescendo, até que as condições materiais da sua emancipação alcançassem o ponto de maturidade. Não é o mesmo que dizer que o modo de produção, as relações nas quais as forças produtivas se desenvolvem, não são leis eternas, mas correspondem a um desenvolvimento determinado dos homens e das suas forças produtivas e que uma transformação nas forças produtivas dos homens conduz necessariamente a uma transformação nas suas relações de produção? Como o que importa principalmente é não se privar dos frutos da civilização, das forças produtivas adquiridas, é preciso liquidar as formas tradicionais em que elas se produziram. A partir de então, a classe revolucionária torna-se conservadora.

A burguesia começa com um proletariado que, por seu turno, é um resto do proletariado[138] dos tempos feudais. No curso do seu desenvolvimento histórico, a burguesia desenvolve necessariamente o seu caráter antagônico que, inicialmente, aparece mais ou menos disfarçado, existindo apenas em estado latente. À medida que a burguesia se desenvolve, desenvolve-se no seu interior um novo proletariado, um proletariado moderno: desenvolve-se uma luta entre a classe proletária e a classe burguesa, luta que, antes de ser sentida por ambos os lados, percebida, avaliada, compreendida, confessada e proclamada abertamente, manifesta-se previamente apenas por conflitos parciais e momentâneos, por episódios subversivos. Por outro lado, se todos os membros da burguesia moderna têm o mesmo interesse, enquanto formam uma classe frente a outra classe, eles têm interesses opostos, antagônicos, enquanto se defrontam entre si. Essa oposição de interesses decorre das condições econômicas da sua vida burguesa. Dia após dia, torna-se assim mais claro que as relações de produção nas quais a burguesia se move não têm um caráter uno, simples, mas um caráter dúplice; que, nas mesmas relações em que se produz a riqueza, também se produz a miséria; que, nas mesmas relações em que há desenvolvimento das forças produtivas, há uma força produtora de repressão; que essas relações só produzem a *riqueza burguesa,* ou seja: a riqueza da classe burguesa, destruindo continuamente a riqueza dos membros integrantes dessa classe e produzindo um proletariado sempre crescente.

Mais se evidencia este caráter antagônico, mais os economistas, os representantes científicos da produção burguesa, se embaraçam com a sua própria teoria e se formam diferentes escolas.

Temos os economistas *fatalistas,* que, na sua teoria, são tão indiferentes ao que chamam inconvenientes da produção burguesa

138 [No exemplar oferecido a N. Utina, figura esta anotação: "da classe trabalhadora".]

quanto os próprios burgueses, na prática, são-no face aos sofrimentos dos proletários que os auxiliam a adquirir riquezas. Nessa escola fatalista, há clássicos e românticos. Os clássicos, como Adam Smith e Ricardo, representam uma burguesia que, lutando ainda contra os restos da sociedade feudal, trabalha apenas para depurar as relações econômicas das marcas feudais, para aumentar as forças produtivas e para dar um novo impulso à indústria e ao comércio. Participando dessa luta, o proletariado, absorvido nesse trabalho febril, tem apenas sofrimentos passageiros, acidentais, e ele mesmo os vê desse modo. Os economistas como Adam Smith e Ricardo, que são os historiadores desta época, não têm outra missão que a demonstrar como a riqueza se adquire nas relações de produção burguesas, de formular essas relações em categorias, em leis e de demonstrar como essas leis, essas categorias são, para a produção de riquezas, superiores às leis e às categorias da sociedade feudal. A miséria, a seus olhos, é apenas a dor que acompanha toda gestação, tanto na natureza quanto na indústria[139].

Os românticos pertencem à nossa época, na qual a burguesia se encontra em oposição direta ao proletariado, na qual a miséria se engendra tão abundantemente como a riqueza. Então, os economistas se apresentam como fatalistas enfastiados que, do alto da sua posição, lançam um olhar de soberbo desprezo sobre os homens-máquina que fabricam as riquezas. Plagiam todos os desenvolvimentos feitos pelos seus antecessores, e a indiferença que, naqueles, era ingenuidade, neles se converte em afetação.

A seguir, vem a *escola humanitária,* que toma a peito o lado mau das relações de produção atuais. Ela procura, para desencargo de consciência, amenizar, ainda que minimamente, os contrastes reais; deplora sinceramente a infelicidade do proletariado, a concorrência

---

[139] [No seu exemplar, Proudhon fez várias anotações: "Marx tem a pretensão de apresentar, em oposição ao que eu teria escrito, tudo isso como sendo seu?"; "Tudo isso é da minha lavra"; "Eu disse tudo isso".]

desenfreada dos burgueses entre si; aconselha aos operários a sobriedade, o trabalho consciencioso e a limitação dos filhos; recomenda aos burgueses dedicarem-se à produção com entusiasmo refletido. Toda a teoria dessa escola assenta sobre as distinções intermináveis entre a teoria e a prática, os princípios e os resultados, a ideia e a aplicação, o conteúdo e a forma, a essência e a realidade, o direito e o fato, os lados bom e mau.

A *escola filantrópica* é a escola humanitária aperfeiçoada. Ela nega a necessidade do antagonismo; quer tornar burgueses todos os homens e quer realizar a teoria na medida em que esta se distingue da prática e não contém nenhum antagonismo. É supérfluo dizer que, na teoria, é fácil abstrair as contradições que, na realidade, se encontram a cada instante. Essa teoria, pois, corresponderia à realidade idealizada. Assim, os filantropos querem conservar as categorias que exprimem as relações burguesas sem o antagonismo que as constitui e que é inseparável delas. Imaginam combater seriamente a prática burguesa e são mais burgueses que os outros[140].

Assim como os *economistas* são os representantes científicos da classe burguesa, os *socialistas* e os *comunistas* são os teóricos da classe proletária. Enquanto o proletariado ainda não está bastante desenvolvido para se constituir como classe e, consequentemente, a sua própria luta com a burguesia não tem ainda um caráter político; enquanto as forças produtivas ainda não estão bastante desenvolvidas, no seio mesmo da burguesia, para possibilitar uma antevisão das condições materiais necessárias à libertação do proletariado e à formação de uma sociedade nova, esses teóricos são apenas utopistas que, para amenizar os sofrimentos das classes oprimidas, improvisam sistemas e correm atrás de uma ciência regeneradora. Mas, à medida que a história avança e, com ela, a luta do proletariado se desenha mais claramente, eles não precisam

140 [No seu exemplar, Proudhon anotou: "Marx faz como Vidal". Nos seus *Carnets*, Proudhon acusa Vidal dos mesmos "crimes" que Marx: incompreensão e plágio.]

mais procurar a ciência em seu espírito: basta-lhes dar conta do que se passa ante seus olhos e se tornarem porta-vozes disso. Enquanto procuram a ciência e apenas formulam sistemas, enquanto se situam nos inícios da luta, eles veem na miséria somente a miséria, sem observarem nela o lado revolucionário, subversivo, que derrubará a velha sociedade. A partir dessa observação, a ciência produzida pelo movimento histórico, e que se vincula a ele com pleno conhecimento de causa, deixa de ser doutrinária e se torna revolucionária.

Voltemos ao sr. Proudhon[141].

Cada relação econômica tem um lado bom e um lado mau – esse é o único ponto em que o sr. Proudhon não se desmente. O lado bom, ele o vê exposto pelos economistas; o mau, denunciado pelos socialistas. Dos economistas, ele toma a necessidade de relações eternas; dos socialistas, a ilusão de ver na miséria apenas a miséria. Ele concorda com uns e outros na referência à autoridade da ciência. Esta, para ele, reduz-se às magras proporções de uma fórmula científica – é um homem à caça de fórmulas. É assim que o sr. Proudhon se jacta de ter feito a crítica da economia política e do comunismo – está aquém de ambos. Aquém dos economistas porque, como filósofo que tem na manga uma fórmula mágica, acreditou poder dispensar-se de entrar em pormenores puramente econômicos; aquém dos socialistas porque carece da coragem e lucidez necessárias para se elevar, ainda que especulativamente, acima do horizonte burguês.

Ele pretende ser a síntese, e é um erro composto.

Pretende, como homem de ciência, pairar acima de burgueses e proletários, mas não passa do pequeno-burguês que oscila, constantemente, entre o capital e o trabalho, entre a economia política

[141] [No seu exemplar, junto das observações de Marx acerca dos utopistas, Proudhon anotou: "Plágio do meu primeiro capítulo", E, quanto à frase "Voltemos ao Sr, Proudhon", escreveu: "Mas como? *Voltemos!* Se as páginas precedentes são uma cópia do que eu redigi".]

e o comunismo.

§ 2. A divisão do trabalho e as máquinas

A divisão do trabalho abre, de acordo com o sr. Proudhon, a série das *evoluções econômicas.*

Lado bom da divisão do trabalho:	"Considerada em sua essência, a divisão do trabalho é o modo pelo qual se realiza a *igualdade* das condições e das inteligências"[142].
Lado mau da divisão do trabalho:	"A divisão do trabalho tornou-se, para nós, um instrumento de miséria"[143]. *variante* "O trabalho, *dividindo-se segundo a lei* que lhe é própria, e que é a condição primeira da sua fecundidade, chega à negação dos seus fins e se destrói a si mesmo"[144].
Problema a resolver:	Encontrar "a recomposição que suprima os inconvenientes da divisão, conservando, simultaneamente, os seus efeitos úteis"[145].

A divisão do trabalho, de acordo com o sr. Proudhon, é uma lei eterna, uma categoria simples e abstrata. Portanto, é também preciso que a abstração, a ideia, a palavra lhe bastem para explicar a divisão do trabalho nas diferentes épocas da história. As castas, as corporações, o regime manufatureiro, a grande indústria devem explicar-se por uma única palavra – *dividir.* Estudando-se bem, logo de início, o sentido de *dividir,* será desnecessário estudar as numerosas influências que conferem à divisão do trabalho, em

142 [Proudhon, *loc. cit.,* I, p. 93.]

143 [*Idem,* I, p. 94.]

144 [*Ibidem.*]

145 [*Idem,* I, p. 97.]

cada época, um caráter determinado.

É claro que reduzir as coisas às categorias do sr. Proudhon é torná-las demasiado simples. A história nunca procede tão categoricamente[146]. Na Alemanha, foram necessários três séculos inteiros para estabelecer a primeira grande divisão do trabalho, a separação entre as cidades e os campos. À medida que essa única relação da cidade ao campo se modificava, modificava-se a sociedade inteira. Mesmo tomando somente esse aspecto da divisão do trabalho, ter-se-á as repúblicas antigas ou a feudalidade cristã, a antiga Inglaterra, com os seus barões, ou a Inglaterra moderna, com os seus senhores do algodão (*cotton-lords*). Nos séculos XIV e XV, quando ainda não existiam colônias, quando a América não existia para a Europa, quando a Ásia existia apenas por intermédio de Constantinopla e quando o centro da atividade comercial era o Mediterrâneo, a divisão do trabalho tinha uma forma e um aspecto inteiramente diversos dos do século XVII, quando os espanhóis, portugueses, ingleses e franceses possuíam colônias estabelecidas em todas as partes do mundo. A extensão do mercado e a sua fisionomia dão à divisão do trabalho, em épocas diferentes, uma fisionomia e um caráter dificilmente dedutíveis da simples palavra *dividir,* da ideia, da categoria.

Afirma o sr. Proudhon:

> Todos os economistas, desde A. Smith, assinalaram as *vantagens* e os *inconvenientes* da lei da divisão, mas insistindo muito mais sobre as primeiras que sobre os segundos, porque isso servia melhor ao seu otimismo, e sem que, jamais, alguns deles se perguntassem o que poderiam ser os inconvenientes de uma lei. (...) Como o mesmo princípio, levado rigorosamente às suas consequências, conduz a efeitos diametralmente opostos? Nenhum economista, nem antes nem depois de A. Smith, percebeu sequer que existe aí um problema a esclarecer. Say chega ao ponto de reconhecer que, na divisão do

[146] [No seu exemplar, Proudhon anotou: "O que tudo isso prova? Que a humanidade progride lentamente".]

trabalho, a mesma causa que produz o bem engendra o mal[147].

Adam Smith viu bem mais longe do que imagina o sr. Proudhon. Observou justamente que,

> na realidade, a diferença dos talentos naturais entre os indivíduos é bem menor do que se acredita. Essas disposições tão diferentes, que parecem distinguir os homens das diversas profissões quando chegam à maturidade, são menos a *causa* que o *efeito* da divisão do trabalho[148].

No princípio, um carregador difere menos de um filósofo que um mastim de um galgo[149]. A divisão do trabalho é que introduziu um abismo entre ambos. Mas isso não impede que o sr. Proudhon afirme, em outra passagem, que Adam Smith sequer suspeitou dos inconvenientes produzidos pela divisão do trabalho[150]. E isso, também, leva-o a dizer que J.-B. Say foi o primeiro a reconhecer que, "na divisão do trabalho, a mesma causa que produz o bem engendra o mal".

Mas escutemos Lemontey (*Suum cuique – a cada um o que lhe pertence* – latim):

> O sr. J.-B. Say deu-me a honra de adotar, no seu excelente tratado de economia política, o princípio *que enunciei* neste fragmento sobre a influência moral da divisão do trabalho. O título um pouco frívolo do meu livro,[151] sem dúvida, não lhe permitiu citar-me. Só a este motivo posso atribuir o silêncio de um escritor tão rico em pensamentos próprios para negar um empréstimo tão modesto[152].

Façamos justiça a Lemontey: ele expôs, espirituosamente, as

---

147 [Proudhon, *loc. cit.*, I, pp. 95-96.]

148 [Marx retira a passagem da tradução francesa de A. Smith; *Recherches sur la nature et les causes de la richesse des nations* (*Investigação sobre a natureza e as causas da riqueza das nações.*), Paris, 1802, I, pp. 33-34.]

149 [Essa frase é uma citação quase literal de A. Smith.]

150 [No seu exemplar, Proudhon anotou: "Certo. Mas Smith esclareceu o problema? Não".]

151 [Lemontey refere-se a seu livro *Raison, folie, chacun son mot: petit cours de morale mis a la portée des vieux enfants* (*Razão, loucura, a cada um a sua palavra: pequeno curso de moral ao alcance dos velhos meninos*), Paris, 1801.]

152 [P. E. Lemontey, *Oeuvres complètes* (*Obras completas*), Paris, 1829, I, p. 194.]

consequências dolorosas da divisão do trabalho, tal como ela se apresenta em nossos dias, e o sr. Proudhon não encontrou o que agregar a essa exposição. Mas, já que, por culpa do sr. Proudhon, estamos envolvidos nessa questão de prioridade, digamos ainda, de passagem, que muito antes do sr. Lemontey e 17 anos antes que Adam Smith, A. Ferguson (de quem Adam Smith fora aluno) expusera o problema com clareza, num capítulo que trata especialmente da divisão do trabalho:

> Poder-se-ia duvidar que a capacidade geral de uma nação cresce proporcionalmente ao progresso das artes. Muitas artes mecânicas (...) triunfam perfeitamente quando prescindem totalmente do auxílio da razão e do sentimento; a ignorância é tanto a mãe da indústria quanto da superstição. A reflexão e a imaginação são passíveis de erros; mas o movimento habitual do pé ou da mão independem de ambas. Portanto, poder-se-ia afirmar que a perfeição, em relação às manufaturas, consiste na possibilidade de prescindir do espírito, de forma que, sem esforço intelectual, a oficina possa ser considerada como uma máquina cujas partes são os homens. (...) O general pode ser muito hábil na arte da guerra, mas todo o mérito do soldado limita-se à execução de alguns movimentos com o pé ou com a mão. Um pode ganhar o que o outro perde. (...) Num período em que tudo está separado, a arte de pensar pode, ela mesma, constituir uma profissão à parte[153].

Para terminar esta resenha literária, negamos formalmente que "*todos* os economistas tenham insistido mais sobre as vantagens que sobre os inconvenientes da divisão do trabalho". Basta citar Sismondi.

Assim, no que concerne às *vantagens* da divisão do trabalho, só restava ao sr. Proudhon a paráfrase mais ou menos pomposa de expressões gerais que todo mundo conhecia.

Vejamos, agora, como ele deriva da divisão do trabalho tomada como lei geral, como categoria, como pensamento, os *inconvenientes*

---

[153] A. Fergusson, *Essai sur l'histoire de la société civile* [*Ensaio sobre a história da sociedade civil*], Paris, 1783 [II, pp. 108, 109 e 110.]

que lhe são próprios. Como esta lei, esta categoria, implica, em detrimento do sistema igualitário do sr. Proudhon, uma repartição desigual do trabalho?

> Nesta hora solene da divisão do trabalho, ventos tempestuosos começam a soprar sobre a humanidade. O progresso não se realiza igual e uniformemente para todos; começa por abranger um pequeno número de privilegiados. (...) É esta parcialidade do progresso em relação a determinadas pessoas que originou a crença, vigente durante tanto tempo, na desigualdade natural e providencial das condições, engendrou as castas e constituiu hierarquicamente todas as sociedades[154].

A divisão do trabalho criou as castas. Ora, as castas são os inconvenientes da divisão do trabalho; logo, foi a divisão do trabalho que engendrou os inconvenientes. *Quod erat demonstrandum* [*O que era necessário demonstrar* – latim]. Alguém pode querer ir mais longe, perguntando o que fez a divisão do trabalho criar as castas, os regimes hierárquicos e os privilegiados. O sr. Proudhon responderá: o progresso. E o que engendrou o progresso? A limitação. Para o sr. Proudhon, a limitação é a parcialidade do progresso em relação a determinadas pessoas.

Depois da filosofia, vem a história. Já não é história descritiva nem história dialética: trata-se da história comparada. O sr. Proudhon estabelece um paralelo entre o operário impressor atual e o operário impressor medieval, entre o operário do Creusot e o ferreiro aldeão, entre o homem de letras contemporâneo e o da Idade Média e faz a balança pender para o lado daqueles que representam, mais ou menos, a divisão do trabalho tal como a Idade Média a constituiu ou transmitiu. Ele opõe a divisão do trabalho de uma época histórica à de outra época histórica. Era isso o que o sr. Proudhon tinha a demonstrar? Não. Deveria mostrar os inconvenientes da divisão do trabalho em geral, da divisão do trabalho como categoria. No entanto, por que insis-

[154] Proudhon, *loc. cit.*, I, p. 97.

tir sobre essa parte da obra do sr. Proudhon, se, mais adiante, vê-lo-emos retratar-se formalmente de todos esses pretensos desenvolvimentos[155]?

O sr. Proudhon continua:

> O primeiro efeito do trabalho parcelar, depois da *depravação da alma*, é o prolongamento das jornadas de trabalho que crescem na razão inversa da soma de inteligência dispendida. (...) Mas como a duração das jornadas não pode exceder 16-18 horas, a partir do momento em que a compensação não se possa fazer sobre o tempo, far-se-á sobre o preço, e o salário cairá. (...) O que é certo, e única coisa que nos interessa frisar, é que a *consciência universal* não avalia igualmente o trabalho de um contramestre e a atividade de um servente. *Portanto*, é necessário reduzir o preço da jornada, de forma que o trabalhador, depois de ter a sua alma afetada por uma função degradante, seja também afetado em seu corpo pela penúria da recompensa.[156]

Deixaremos de lado o valor lógico desses silogismos, que Kant chamaria de paralogismos que manquitolam[157].

Eis a sua substância: a divisão do trabalho reduz o operário a uma função degradante; a esta corresponde uma alma depravada, a que convém uma redução sempre crescente do salário. E, para provar que essa redução do salário convém a uma alma depravada, o sr. Proudhon, para alívio de consciência, diz que ela é requerida pela consciência universal. A alma do sr. Proudhon estará incluída na consciência universal?[158]

As *máquinas*, para o sr. Proudhon, são a "antítese lógica da divisão do trabalho" e, graças à sua dialética, começa por transformá-las em *fábrica*.

---

155 [No seu exemplar, Proudhon anotou: "O problema não está esclarecido".]

156 [Proudhon, *loc. cit.*, I, pp. 97-98.]

157 [Paralogismo: raciocínio falso. Kant analisou o paralogismo no segundo livro da *Crítica da razão pura*.]

158 [No seu exemplar, Proudhon anotou: "Vamos, caro Marx, você tem má-fé, enfim, não sabe nada".]

Depois de supor a fábrica moderna, para derivar a miséria da divisão do trabalho, o sr. Proudhon supõe a miséria engendrada pela divisão do trabalho para chegar à fábrica e para poder representá-la como a negação dialética daquela miséria. Depois de atingir moralmente o trabalhador com uma *função degradante* e fisicamente com a penúria do salário, depois de colocar o operário na *dependência do contramestre* e rebaixar o seu trabalho ao nível da *atividade de um servente,* ele recorre novamente à fábrica e às máquinas para *degradar* o trabalhador "dando-lhe um *patrão*" e conclui o seu envilecimento fazendo-o "decair da condição de artífice à de servente". Que bela dialética! Se, ao menos, parasse por aí... Mas não: ele precisa de uma nova história da divisão do trabalho, não mais para derivar dela as contradições, mas para reconstruir, à sua maneira, a fábrica. Para chegar a esse fim, necessita esquecer tudo quanto, pouco antes, dissera sobre a divisão.

O trabalho se organiza e se divide diferentemente conforme os instrumentos de que dispõe. O moinho manual supõe uma divisão distinta daquela requerida pelo moinho a vapor. Portanto, é chocar-se contra a história querer começar pela divisão do trabalho em geral para, depois, chegar a um instrumento específico de produção, as máquinas.

As máquinas, assim como o boi que puxa o arado, não são uma categoria econômica. Elas são apenas uma força produtiva. A fábrica moderna, fundada na utilização de máquinas, é uma relação social de produção, uma categoria econômica[159].

Agora, vejamos como as coisas se passam na brilhante imaginação do sr. Proudhon:

> Na sociedade, o aparecimento incessante das máquinas é a antítese, a fórmula inversa do trabalho: é o *protesto* do gênio industrial contra o *trabalho parcelar e homicida*. De fato, o que é uma máquina? *Uma maneira*

[159] [No seu exemplar, Proudhon anotou: "Quem diz isso é um filósofo".]

de reunir diversas partículas de trabalho, que a divisão separara. Toda máquina pode ser definida como um resumo de várias operações. (...) Logo, pela máquina, haverá *restauração do trabalhador* (...). As máquinas, colocando-se na economia política em contradição com a divisão do trabalho, representam a síntese que, no espírito humano, opõe-se à análise. (...) A divisão apenas separava as diversas partes do trabalho, permitindo a cada um dedicar-se à especialidade que mais lhe agradasse; a fábrica reúne os trabalhadores conforme a relação de cada parte ao todo, (...) introduz o princípio de autoridade do trabalho (...). Mas não é tudo: a *máquina* ou a *fábrica*, depois de degradar o trabalhador dando-lhe um patrão, conclui o seu envilecimento fazendo-o decair da condição de artífice à de servente. (...) O período que agora percorremos, o das máquinas, distingue-se por um caráter particular – o *salariato*. O salariato é *posterior* à divisão do trabalho e à troca"[160].

Uma simples observação ao sr. Proudhon: a separação das diversas partes do trabalho, permitindo a cada um dedicar-se à especialidade que mais lhe agrada – separação que o sr. Proudhon data do começo do mundo –, só existe na indústria moderna sob o regime da concorrência.

Em seguida, o sr. Proudhon nos apresenta uma "genealogia" extraordinariamente "interessante", para demonstrar como a fábrica nasceu da divisão do trabalho e o salariato da fábrica.

1º) Ele supõe um homem que "observou que, dividindo a produção em suas diversas partes e fazendo executar cada uma delas por um operário", multiplicou as forças de produção.

2º) Esse homem, seguindo o fio daquela ideia, diz-se a si mesmo que, formando um grupo permanente de trabalhadores escolhidos para o objetivo especial que *se propõe*, obterá uma produção mais elevada etc.[161]

3º) Esse homem faz uma *proposta* a outros homens, para que

160 [Proudhon, *loc. cit.*, I, pp. 135, 136 e 161.]

161 [*Idem*, I, p. 161.]

aceitem a sua ideia e sigam o seu fio.

4º) Esse homem, no início da indústria, trata de *igual para igual* os seus *companheiros*, que mais tarde se tornam seus operários.

5º) "É compreensível, com efeito, que essa igualdade primitiva deveria desaparecer rapidamente graças à posição vantajosa do patrão e à dependência do assalariado"[162].

Essa é outra amostra do *método histórico e descritivo* do sr. Proudhon.

Examinemos, agora, a partir do ponto de vista histórico e econômico, se, na verdade, a fábrica ou a máquina introduziram o *princípio de autoridade* na sociedade, posteriormente à divisão do trabalho; se isso, de um lado, reabilitou o operário, submetendo-o, de outro, à autoridade; se a máquina é a recomposição do trabalho dividido, a *síntese* do trabalho oposta à sua *análise*.

A sociedade inteira tem em comum com o interior de uma fábrica o fato de possuir também a sua divisão do trabalho. Se se tomasse como modelo a divisão do trabalho numa fábrica moderna para aplicá-lo a uma sociedade, a sociedade melhor organizada para a produção de riquezas seria, incontestavelmente, aquela que só tivesse um empresário-chefe, distribuindo entre os membros da comunidade tarefas previamente determinadas. Mas não é isso o que se verifica. Enquanto, no interior da fábrica moderna, a divisão do trabalho é minuciosamente regulada pela autoridade do empresário, a sociedade moderna, para distribuir o trabalho, não tem outra regra ou autoridade que a da livre concorrência.

Sob o regime patriarcal, sob o regime de castas, sob o regime feudal e corporativo, havia divisão do trabalho na sociedade inteira segundo regras fixas. Tais regras eram estabelecidas por um legislador? Não. Nascidas primitivamente das condições de produção material, elas só foram redigidas em leis muito mais tarde. Foi assim que essas diversas formas da divisão do trabalho tornaram-se as bases

---

162 [*Idem*, I, p. 163.]

de diversas organizações sociais. Quanto à divisão do trabalho na oficina, ela era muito pouco desenvolvida em todas essas formas de sociedade.

Pode-se mesmo estabelecer como regra geral que, quanto menos autoridade preside à divisão do trabalho no interior da sociedade, mais a divisão do trabalho se desenvolve no interior da oficina e mais ela está aí submetida à autoridade de uma só pessoa. Portanto, em relação à divisão do trabalho, a autoridade na oficina e a autoridade na sociedade estão reciprocamente em *razão inversa*.

Convém observar, agora, o que é a fábrica, na qual as ocupações estão separadas, onde a tarefa de cada trabalhador se reduz a uma operação muito simples, e onde a autoridade, o capital, reúne e dirige os trabalhos. Como nasceu essa fábrica? Para responder a essa pergunta, teríamos que examinar como a indústria manufatureira propriamente dita se desenvolveu. Quero referir-me a essa indústria que ainda não é a moderna, com as suas máquinas, mas que também não é mais a indústria dos artesãos da Idade Média, nem a indústria doméstica. Não entraremos em pormenores: exporemos alguns pontos sumários, para mostrar que não é possível fazer a história com fórmulas.

Uma condição das mais indispensáveis para a formação da indústria manufatureira era a acumulação de capitais, facilitada pela descoberta da América e pela introdução de seus metais preciosos.

Está suficientemente provado que o aumento dos meios de troca teve por consequência, de um lado, a depreciação dos salários e das rendas fundiárias e, de outro, o crescimento dos lucros industriais. Em outros termos: enquanto a classe dos proprietários e a classe dos trabalhadores, os senhores feudais e o povo, decaíam, ascendia a classe dos capitalistas, a burguesia.

Outras circunstâncias concorreram, simultaneamente, para o desenvolvimento da indústria manufatureira: o acréscimo de mercadorias postas em circulação desde que o comércio penetra nas Índias Orientais pela via do Cabo da Boa Esperança, o regime colonial, o desenvolvimento do comércio marítimo.

Um outro ponto que ainda não foi devidamente apreciado na história da indústria manufatureira foi a liberação de numerosos séquitos dos senhores feudais, cujos membros subalternos se tornaram vagabundos antes de entrar nas fábricas. A criação da fábrica foi precedida, nos séculos XV e XVI, por uma vagabundagem quase universal. A fábrica encontrou, ainda, um forte apoio entre os numerosos camponeses que, expulsos continuamente dos campos pela sua transformação em pastagens e pelos progressos agrícolas que requeriam menos braços para a cultura das terras, afluíram às cidades durante séculos inteiros[163].

A ampliação do mercado, a acumulação de capitais, as modificações verificadas na posição social das classes, uma multidão de pessoas privadas das suas fontes de renda – eis as várias condições históricas para a formação da manufatura. Não foram, como diz o sr. Proudhon, negociações amistosas entre iguais que reuniram os homens na fábrica. A manufatura não nasceu sequer no seio das antigas corporações. Foi o comerciante quem se tornou o chefe da oficina moderna, não o antigo mestre das corporações. Em quase todos os lugares, houve uma luta encarniçada entre a manufatura e os ofícios artesãos.

A acumulação e a concentração de instrumentos e de trabalhadores precederam o desenvolvimento da divisão do trabalho no interior da oficina. Uma manufatura consistia muito mais na reunião de vários trabalhadores e ofícios num único local, numa instalação às ordens de um capital, do que na fragmentação dos trabalhos e na adaptação de um operário especial a uma tarefa bem simples.

---

163 [Essa questão será retomada e desenvolvida por Marx n'*O capital;* cf. especialmente o capítulo XXIV, "A chamada acumulação primitiva", item 2, "Expropriação dos camponeses" (*op. cit.*, livro I, volume I, pp. 831 e ss).]

A utilidade de uma oficina consistia menos na divisão do trabalho do que no fato de se executar o trabalho em uma escala maior, reduzindo-se os custos inúteis etc. Nos finais do século XVI e inícios do século XVII, a manufatura holandesa conhecia pouco a divisão do trabalho.

O desenvolvimento da divisão do trabalho supõe a reunião dos trabalhadores em uma oficina. Não há um único exemplo, tanto no século XVI quanto no XVII, de que os diversos ramos de um mesmo ofício tenham sido tão explorados separadamente a ponto de ser suficiente reuni-los num só local para se obter uma oficina completa. No entanto, reunidos os homens e os instrumentos, a divisão do trabalho, tal como existia sob a forma das corporações, reproduzia-se e se refletia no interior das oficinas.

Para o sr. Proudhon, que vê as coisas ao inverso – quando as vê –, a divisão do trabalho, tal como a entende Adam Smith, precede a fábrica, que é uma condição da sua existência.

As *máquinas* propriamente ditas datam do fim do século XVIII. Nada é mais absurdo do que ver nelas a *antítese* da divisão do trabalho, a *síntese* que restabelece a unidade no trabalho fragmentado.

A máquina é uma reunião de instrumentos de trabalho, e nunca uma combinação de trabalhos para o próprio operário.

> Quando, pela divisão do trabalho, cada operação particular é reduzida ao emprego de um instrumento simples, a reunião de todos esses instrumentos, acionados por um único motor, constitui uma máquina[164].

Instrumentos simples, acumulação de instrumentos, instrumentos complexos, acionamento de um instrumento complexo por um único motor manual: o homem, acionamento desses instrumentos pelas forças naturais, máquina, sistema de máquinas com

[164] Babbage, *Traité sur l'économie des machines...* Paris, 1833 [a citação de Marx foi extraída da página 230 desse livro, cujo título completo é: *Traité sur l'économie des machines et des manufactures* (*Tratado sobre a economia das máquinas e das manufaturas*)].

um só motor, sistema de máquinas com um motor automático – eis o caminho percorrido pelas máquinas[165].

A concentração dos instrumentos de produção e a divisão do trabalho são tão inseparáveis uma da outra quanto, no regime político, o são a concentração dos poderes públicos e a divisão dos interesses privados. Na Inglaterra, com a concentração de terras, esses instrumentos do trabalho agrícola, há também a divisão do trabalho agrícola e a mecânica aplicada à exploração da terra. Na França, onde há dispersão dos instrumentos agrícolas, com o regime parcelar, não existe, em geral, nem divisão do trabalho nem aplicação das máquinas à terra.

Para o sr. Proudhon, a concentração dos instrumentos de trabalho é a negação da divisão do trabalho. Na realidade, verificamos o oposto. À medida que se desenvolve a concentração dos instrumentos, desenvolve-se também a divisão e vice-versa. É isso o que faz com que toda grande invenção na mecânica seja seguida de uma maior divisão do trabalho e que cada acréscimo na divisão do trabalho, por sua vez, conduza a novas invenções mecânicas[166].

Não temos necessidade de lembrar que os grandes progressos da divisão do trabalho começaram na Inglaterra após a invenção das máquinas. Assim, os tecelões e os fiandeiros eram, na sua maioria, camponeses, como ainda o são nos países atrasados. A invenção das máquinas acabou por separar a indústria manufatureira da indústria agrícola. O tecelão e o fiandeiro, outrora reunidos numa só família, foram separados pela máquina. Graças a esta, o fiandeiro pode morar na Inglaterra enquanto o tecelão vive nas Índias Orientais. Antes da invenção das máquinas, a indústria de um país operava principalmente

---

[165] [No seu exemplar, Proudhon fez várias anotações: "Não a divisão no sentido de A. Smith, mas a grande divisão natural das profissões"; "Mantenho o que escrevi"; "Logo, a máquina vem depois da divisão"; "Logo, a oficina que reúne as partes do trabalho vem depois da divisão".]

[166] [No seu exemplar, Proudhon fez as seguintes anotações, referentes aos dois últimos parágrafos: "Sem dúvida, trata-se de uma sucessão apenas lógica"; "Sim"; "Sim, tudo isso é verdadeiro, ao mesmo tempo"; "Muito bem: isso se explica perfeitamente na sua teoria, como o desenvolvimento paralelo da riqueza e da miséria".]

com as matérias-primas nele produzidas: a lã, na Inglaterra, o linho, na Alemanha, as sedas e o linho, na França, o algodão, nas Índias e no Levante etc. Com as máquinas e o vapor, a divisão do trabalho adquiriu dimensões tais que a grande indústria, desvinculada do solo nacional, depende apenas do mercado universal, das trocas internacionais, de uma divisão do trabalho internacional. Enfim, a máquina exerce uma tal influência sobre a divisão do trabalho que, no fabrico de qualquer coisa, se se consegue introduzir parcialmente a mecânica, a fabricação divide-se logo em duas explorações independentes entre si.

É necessário falar do *fim providencial* e filantrópico que o sr. Proudhon descobre na invenção e na aplicação primitiva das máquinas?

Quando, na Inglaterra, o mercado alcançou um desenvolvimento tal que o trabalho manual já não lhe era suficiente, experimentou-se a necessidade das máquinas. Começou-se, então, a pensar na aplicação da ciência mecânica, constituída já no século XVIII.

A fábrica assinala o seu aparecimento com atos que são tudo, exceto filantrópicos. As crianças foram mantidas no trabalho a golpes de chicote; tornaram-se objeto de tráfico e fizeram-se contratos com orfanatos. Aboliram-se todas as leis sobre a aprendizagem dos operários porque, para nos servirmos das frases do sr. Proudhon, já não eram necessários operários *sintéticos*. Enfim, desde 1825, quase todas as novas invenções resultaram das colisões entre o operário e o patrão, que, a qualquer preço, procura depreciar a especialidade do operário. Depois de cada nova greve de alguma importância, surgia uma nova máquina. O operário via tão pouco no emprego de máquinas uma espécie de reabilitação, de *restauração* – como diz o sr. Proudhon –, que, durante muito tempo, no século XVIII, resistiu ao nascente império do automatismo[167].

---

[167] [No seu exemplar, Proudhon anotou: "Absurdo, como a opinião que supõe desacreditar a balança comercial pelos vexames alfandegários". Aqui, há uma alusão ao nono capítulo do seu livro, consagrado à "sexta época", 1825, data da primeira crise de superprodução.]

> Wyatt – diz o doutor Ure – descobrira "os dedos de fiar" [a série de rolos canelados] muito antes que Arkwright (...). A principal dificuldade não consistia tanto na invenção de um mecanismo automático (...). Consistia, sobretudo, na disciplina necessária para fazer os homens renunciarem aos seus hábitos irregulares no trabalho e para identificá-los com a regularidade invariável de um grande autômato. A invenção e a imposição de um código de disciplina manufatureira, conveniente às exigências e à celeridade do sistema automático – eis uma empresa digna de Hércules, eis a notável obra de Arkwright[168].

Em suma: com a introdução das máquinas, a divisão do trabalho no interior da sociedade cresceu, a tarefa do operário no interior da oficina foi simplificada, o capital foi concentrado, o homem foi dividido ainda mais.

Quando o sr. Proudhon pretende ser economista e abandonar, por um instante, "a evolução na série do entendimento", vai buscar sua erudição em Adam Smith, ao tempo em que a fábrica mal nascia. De fato, há uma enorme diferença entre a divisão do trabalho do tempo de Adam Smith e a que constatamos na fábrica. Para torná-la bem compreensível, basta citar algumas passagens da *Filosofia das manufaturas*, do doutor Ure[169]:

> Quando A. Smith escreveu a sua obra imortal sobre os elementos da economia política, o sistema automático da indústria era quase desconhecido. A divisão do trabalho, com razão, aparece-lhe como o grande princípio do aperfeiçoamento manufatureiro; ele demonstrou, no caso de uma fábrica de alfinetes, que um operário, aperfeiçoando-se pela prática em um só e mesmo ponto, torna-se mais expedito e menos oneroso. Em cada ramo da manufatura, observou-se que, segundo esse princípio, algumas operações, como o corte dos fios de latão em comprimentos iguais, tornam-se de fácil execução e que outras, como o fabrico e a fixação das cabeças

168 [A. Ure, *Philosophie des Manufactures ou Économie Industrielle* (*Filosofia das manufaturas ou economia industrial*), Bruxelas, 1836, I, pp. 21, 22 e 23.]

169 [No seu exemplar, Proudhon anotou: "A divisão, para mim, é anterior a A. Smith; ela é tomada, também, num sentido mais largo".]

dos alfinetes, são relativamente mais difíceis – assim, ele concluiu que se pode, naturalmente, adequar a cada uma dessas operações um operário, cujo salário corresponde à sua habilidade. Essa *adequação* é a essência da divisão dos trabalhos. No entanto, o que no tempo do doutor Smith podia servir como exemplo útil, atualmente só induziria o público, em relação ao princípio real da indústria manufatureira, ao erro. De fato, a distribuição, ou sobretudo a adaptação dos trabalhos às diferentes capacidades individuais, quase não entra no plano de operação das fábricas: ao contrário, sempre que um procedimento qualquer exige muita destreza ou mão segura, retiram-no do braço do operário hábil e frequentemente inclinado a irregularidades de vários tipos, entregando-o a um mecanismo particular, cuja operação automática é tão bem regulada que uma criança pode controlá-lo. O princípio do sistema automático, portanto, consiste na substituição da mão-de-obra pela arte mecânica e na substituição da divisão do trabalho entre os operários pela análise de um procedimento em seus princípios constituintes[170]. No sistema de operação manual, a mão-de-obra era, normalmente, o elemento mais oneroso de um produto qualquer; mas, no sistema automático, os talentos do artesão são progressivamente substituídos por simples controladores da mecânica.

A fraqueza da natureza humana é tal que, quanto mais hábil o operário, mais ele se torna voluntarioso e intratável e, consequentemente, menos apropriado a um sistema de mecânica a cujo conjunto suas saídas caprichosas podem causar um dano considerável. Por isso, o grande problema do manufatureiro atual é, combinando a ciência com os seus capitais, reduzir a tarefa dos seus operários à observação e à destreza, faculdades que se aperfeiçoam na juventude *quando concentradas num único objeto.*

De acordo com o sistema de gradações do trabalho, é necessário um aprendizado de muitos anos antes que o olho e a mão se tornem suficientemente hábeis para executar algumas operações mecânicas dificílimas; mas, no sistema que decompõe um procedimento, pela redução a seus

---

[170] [No seu exemplar, Proudhon anotou: "Um é consequência do outro; e tudo o que se diz do primeiro cabe para o segundo".]

princípios constitutivos, e que submete todas as suas partes à operação de uma máquina automática, é possível confiar essas partes elementares a uma pessoa dotada de capacidades comuns, depois de passar por uma breve prova; e é mesmo possível, em caso de urgência, transferi-la de uma máquina a outra, segundo a vontade do diretor do estabelecimento. Essas transformações opõem-se abertamente à velha rotina, que divide o trabalho e assinala a um operário a tarefa de fazer a cabeça do alfinete e a outro a de afinar-lhe a ponta, trabalho cuja uniformidade irritante os enerva (...).[171] Todavia, sob o princípio da *equalização* ou o sistema automático, as faculdades do operário submetem-se apenas a um exercício agradável etc. (...). Já que ele as emprega para controlar o trabalho de um mecanismo bem regulado, pode aprender em pouco tempo; e quando transfere seus serviços de uma máquina a outra, varia a sua tarefa e desenvolve suas ideias, refletindo nas combinações gerais que resultam das suas tarefas e das dos seus companheiros. Assim, essa limitação das faculdades, essa atrofia das ideias, esse mal estar do corpo, que, com razão, foram atribuídos à divisão do trabalho, não podem, em condições normais, existir sob o regime de uma *distribuição igual das tarefas*.

O objetivo constante e a tendência de todo aperfeiçoamento no mecanismo são, realmente, os de prescindir inteiramente do trabalho do homem ou de reduzir-lhe o preço, substituindo a atividade do operário adulto pela de mulheres e crianças ou as tarefas de hábeis artesãos pelas de operários sem destreza. (...) Essa tendência a só empregar crianças de olhar vivo e dedos ágeis, em lugar de jornaleiros com longa experiência, demonstra que o dogma escolástico da divisão do trabalho segundo os diferentes graus de habilidade foi, finalmente, rejeitado pelos nossos manufatureiros esclarecidos"[172].

---

171 [No seu exemplar, Proudhon escreveu: "Muito bem: assinalei essa oposição – a degradação do operário é maior no que você chama de *sistema automático* que naquilo que A. Smith denomina divisão. Quanto a mim, indiquei esses dois graus pela *divisão* e pelas *máquinas*. Eu disse: a divisão do trabalho retalha, mutila, dispersa o homem; as máquinas o *escravizam* – é exatamente o mesmo que o dr. Ure afirma". Aqui, Proudhon se refere aos capítulos III ("A divisão do trabalho") e IV ("As máquinas") do seu livro.]

172 A. Ure, *loc. cit.*, I, cap. I [pp. 34-35.]

O que caracteriza a divisão do trabalho no interior da sociedade moderna é o fato de ela engendrar as especialidades, as especializações e, com elas, o idiotismo do ofício.

> Ficamos admirados – diz Lemontey – quando vemos, entre os antigos, que o mesmo personagem era, simultaneamente e em grau notável, filósofo, poeta, orador, historiador, padre, administrador, general. Nossas almas se espantam diante de um domínio tão vasto. Cada um planta os seus arbustos e se fecha no seu cercado. Não sei se, com essa separação, o campo se amplia, mas sei muito bem que o homem se amesquinha[173].

O que caracteriza a divisão do trabalho na fábrica é o fato de o trabalho perder aí todo caráter de especialidade. Mas, a partir do momento em que cessa todo desenvolvimento especial, a necessidade de universalidade, a tendência a um desenvolvimento integral do indivíduo começa a se fazer sentir. A fábrica liquida as especializações e o idiotismo do ofício.

O sr. Proudhon, sem ter compreendido sequer esse único aspecto revolucionário da fábrica, retrocede e propõe ao operário fazer não apenas a duodécima parte de um alfinete, mas, sucessivamente, as doze partes[174]. O operário chegaria, assim, à ciência e à consciência do alfinete. É isso o trabalho sintético do sr. Proudhon. Ninguém contestará que fazer um movimento para a frente e outro para trás é, igualmente, fazer um movimento sintético.

Em resumo, o sr. Proudhon não superou o ideal do pequeno-burguês. E, para realizar esse ideal, ele não imagina nada melhor do que nos fazer voltar ao companheiro ou, quando muito, ao

---

173 [P. E. Lemontey, *loc. cit.*, I, p. 213.]

174 [No seu exemplar, Proudhon anotou: "Muito bem: como você entende esse desenvolvimento integral?". E mais: "Sim, desde que se tratasse de resolver a antinomia da divisão; mas eu não resumi tudo a isso...". "É preciso que o operário, sempre sintetizando a habilidade antiga e a moderna, saiba trabalhar, ao mesmo tempo, com as mãos e com as máquinas...". "Porque é absurdo que ele possa prescindir da máquina, ele, que é substituído por ela (...). O sintetismo, chegado ao mais alto grau, exige do operário, simultaneamente, uma capacidade maior e um menor desenvolvimento" (o que se segue é ilegível; Rubel sugere: "da sagacidade").]

mestre-artesão da Idade Média. Basta, diz ele numa passagem qualquer do seu livro, ter feito uma só vez na vida uma obra-prima, ter-se sentido homem uma só vez. Não é esta, tanto na forma quanto no fundo, a obra-prima exigida pela corporação do ofício medieval?

§ 3. A concorrência e o monopólio

Lado bom da concorrência	"A concorrência é tão essencial ao trabalho quanto a divisão. (...) Ela é necessária *ao advento da igualdade*"[175].
Lado mau da concorrência	"O princípio é a negação de si mesmo. O seu efeito mais certo é o de perder aqueles que envolve"[176].
Reflexão total	"Os *inconvenientes* que a sucedem, tanto quanto o bem que proporciona (...), decorrem uns e outro, logicamente, do princípio"[177].
Problema a resolver	"Procurar o princípio de *acomodação* que deve derivar de uma lei superior à própria liberdade"[178]. *variante* "Portanto, aqui não caberia a questão de destruir a concorrência, coisa tão impossível quanto destruir a liberdade; trata-se de encontrar o equilíbrio – eu diria, de bom grado: a *polícia*"[179].

175 [Proudhon, *loc. cit.*, I, pp. 186 e 188.]

176 [*Idem*, I, p. 185.]

177 [*Idem*, I, pp. 185-186.]

178 [*Idem*, I, p. 185.]

179 [*Ibidem*.]

O sr. Proudhon começa por defender a necessidade eterna da concorrência contra aqueles que a querem substituir pela *emulação*[180].

Não há "emulação sem objetivo" e como

> o objeto de toda paixão é necessariamente análogo à própria paixão: uma mulher para o amante, poder para o ambicioso, ouro para o avaro, coroa para o poeta – o objeto da emulação industrial é necessariamente o *lucro*. (...) A emulação não é outra coisa que a própria concorrência[181].

A concorrência é a emulação visando o lucro. A emulação industrial é necessariamente a emulação visando o lucro, isto é, a concorrência? O sr. Proudhon prova-o afirmando-o. Já o vimos: para ele, afirmar é provar, tal como supor é negar.

Se o objeto imediato do amante é a mulher, o objeto imediato da emulação industrial não é o lucro, é o produto.

A concorrência não é a emulação industrial: é a emulação comercial[182]. Atualmente, a emulação industrial só existe em função do comércio. Há mesmo fases na vida econômica dos povos modernos em que todas as pessoas parecem tomadas por uma espécie de vertigem para obter lucro sem produzir. Essa vertigem de especulação, que retorna periodicamente, desnuda o verdadeiro caráter da concorrência, que procura escapar à necessidade da emulação industrial.

---

180 [Na edição alemã, Engels introduziu o seguinte esclarecimento: "Os adeptos de Fourier".]

181 [Proudhon, *loc. cit.*, I, p. 187.]

182 [No seu exemplar, à margem desses três últimos parágrafos, Proudhon anotou: "Sinônimos", "Outros sinônimos". Foram as suas últimas observações. Nos seus *Carnets*, ele faz um último juízo de Marx: "Marx é a *tênia* do socialismo" (27.09.1847); dois meses depois (20.11), afirma que Marx, Molinari, Vidal e Cabet comentaram o seu livro "com uma suprema má fé, inveja ou estupidez". Mais tarde (24.12), propõe-se escrever um artigo contra os judeus, "esta raça que envenena tudo"; pretende exigir a expulsão dos judeus da França, porque "o judeu é inimigo do gênero humano". Conclui: "É preciso recambiar essa raça para a Ásia ou exterminá-la". Aqui, Marx é relacionado a Heine, A. Weil, Rotschild, Crémieux e Fould, "seres iníquos, biliosos, invejosos, ásperos etc. etc., que nos odeiam".]

Se se dissesse a um artesão do século XIV que se iriam abolir os privilégios e toda a organização feudal da indústria, substituindo-os pela emulação industrial, chamada concorrência, ele replicaria que os privilégios das diversas corporações, confrarias e grêmios são a concorrência organizada. O sr. Proudhon não diz coisa melhor, afirmando que "a emulação não é outra coisa que a própria concorrência".

> Ordene-se que, a partir de 1º de janeiro de 1847, o trabalho e o salário sejam garantidos a todo mundo: logo um enorme relaxamento sucederá à ardente tensão da indústria[183].

Em lugar de uma suposição, de uma afirmação e de uma negação, temos agora uma ordem que o sr. Proudhon dita expressamente para provar a necessidade da concorrência, a sua eternidade como categoria etc.

Se se imagina que bastam ordens para escapar à concorrência, jamais se sairá dela. E se se levam as coisas ao ponto de propor a abolição da concorrência conservando-se o salário, o que se propõe é um contrassenso por decreto real. Mas os povos não atuam em função de decretos reais. Antes de recorrer a ordens desse gênero, eles devem, no mínimo, alterar de alto a baixo as condições de existência industrial e política e, consequentemente, toda a sua maneira de ser.

O sr. Proudhon, com a sua imperturbável segurança, responderá que esta é a hipótese "de uma transformação da nossa natureza sem precedentes históricos" e que teria o direito "de nos *desviar* da discussão", em virtude de um decreto que não sabemos qual seja.

O sr. Proudhon ignora que toda a história não é mais que uma transformação contínua da natureza humana.

> Permaneçamos nos fatos. (...) A Revolução Francesa fez-se tanto pela liberdade industrial quanto pela política; e embora a França, em 1789, não

183 [Proudhon, *loc. cit.*, I, p. 212, ed. de 1923.]

> tenha percebido todas as consequências do princípio cuja realização exigia, digamo-lo em voz alta, ela não se enganou, nem nos seus desejos, nem na sua esperança. Quem o negasse perderia, no meu entender, o direito à crítica: eu não discutiria jamais com um adversário que colocasse como princípio o erro espontâneo de 25 milhões de homens. (...) Se a concorrência não era um *princípio* da economia social, um *decreto do destino*, uma *necessidade da alma humana*, por que, em vez de abolir corporações, confrarias e grêmios, não se preferiu antes *corrigir* o todo?[184].

Assim, já que os franceses do século XVIII aboliram corporações, confrarias e grêmios em vez de modificá-los, os franceses do século XIX devem modificar a concorrência, em vez de aboli-la. Já que a concorrência se estabeleceu na França, no século XVIII, como consequência de necessidades históricas, ela não deve ser destruída no século XIX, em função de outras necessidades históricas. Sem compreender que o estabelecimento da concorrência se ligava ao desenvolvimento real dos homens do século XVIII, o sr. Proudhon fez dela uma necessidade da *alma humana, in partibus infidelium* [*nos países dos infiéis* – latim][185]. O que ele não faria do grande Colbert, no século XVII?

Após a Revolução, surge o estado de coisas atual. O sr. Proudhon, também aqui, aduz fatos para mostrar a eternidade da concorrência, provando que todas as indústrias nas quais esta categoria ainda não se desenvolveu bastante, como na agricultura, estão numa condição inferior, de decadência.

Dizer que há indústrias que ainda não chegaram à concorrência e que outras permanecem ainda abaixo do nível da produção burguesa não passa de disparates que, em absoluto, provam a eternidade da concorrência.

Toda a lógica do sr. Proudhon se resume nisto: a concorrência é uma relação social no interior da qual desenvolvemos atualmente as

184 [Proudhon, *loc. cit.*, I, pp. 191-192.]

185 [Literalmente: diz-se do bispo católico cujo título é puramente honorífico. No texto, o sentido é: fora da realidade.]

nossas forças produtivas. Dessa verdade, ele não oferece desdobramentos lógicos, mas fórmulas frequentemente bem desenvolvidas, dizendo que a concorrência é a emulação industrial, o modo atual de ser livre, a responsabilidade no trabalho, a constituição do valor, uma condição para o advento da igualdade, um princípio de economia social, uma necessidade da alma humana, uma inspiração da justiça eterna, a liberdade na divisão, a divisão na liberdade, uma categoria econômica.

> A *concorrência* e a *associação* apoiam-se uma sobre a outra. Longe de se excluírem, não são nem mesmo *divergentes*. Quem diz concorrência, já supõe um *objetivo comum*. A concorrência, pois, não é o *egoísmo*, e o erro mais deplorável do socialismo consiste em tê-la considerado como a destruição da sociedade[186].

Quem diz concorrência, diz objetivo comum – e isso prova, de um lado, que a concorrência é a associação e, de outro, que ela não é o egoísmo. E quem diz *egoísmo*, não diz objetivo comum? Todo egoísmo se exerce na sociedade e graças à sua existência. O egoísmo supõe, portanto, a sociedade, ou seja, objetivos comuns, meios de produção comuns etc. etc. Por isso, seria casual que a concorrência e a associação de que falam os socialistas não sejam sequer divergentes?

Os socialistas sabem muito bem que a sociedade atual se funda na concorrência. Como poderiam acusar a concorrência por destruir a sociedade atual, que eles mesmos querem destruir? E como poderiam acusar a concorrência de destruir a sociedade futura, na qual, ao contrário, eles veem a destruição da concorrência?

Mais adiante, o sr. Proudhon diz que a concorrência é o *oposto do monopólio* e que, consequentemente, ela não poderia ser o *oposto da associação*.

O feudalismo, desde a sua origem, opunha-se à monarquia patriarcal; assim, não se opunha à concorrência, ainda

[186] [Proudhon, *loc. cit.*, I, p. 223.]

inexistente. Segue-se daí que a concorrência não se oponha ao feudalismo?

De fato, *sociedade, associação* são denominações que se pode dar a todas as sociedades, à sociedade feudal como à sociedade burguesa, que é a associação fundada na concorrência. Como, portanto, podem existir socialistas que, apenas com a palavra *associação,* acreditem ser possível refutar a concorrência? E como o próprio sr. Proudhon pode pretender defender a concorrência contra o socialismo, designando-a pela simples palavra *associação*?

Tudo o que acabamos de dizer constitui o lado bom da concorrência, tal como o compreende o sr. Proudhon. Passemos agora ao lado vilão, isto é, ao lado negativo da concorrência, ao que ela possui de destrutivo, subversivo, de qualidades perniciosas.

O quadro que o sr. Proudhon nos apresenta tem qualquer coisa de lúgubre.

A concorrência engendra a miséria, fomenta a guerra civil, "altera as regiões naturais", confunde as nacionalidades, perturba as famílias, corrompe a consciência pública, "subverte as noções da equidade, da justiça", da moral e, o que é pior, destrói o comércio probo e livre e, em compensação, não oferece sequer o *valor sintético,* o preço fixo e honesto. Ela decepciona a todos, inclusive os economistas. Ela leva as coisas ao ponto da sua autodestruição.

Depois de todo o seu mal, que o sr. Proudhon aponta, poderá existir, para as relações da sociedade burguesa, seus princípios e suas ilusões, um elemento mais dissolvente, mais destrutivo que a concorrência?

Observemos que a concorrência torna-se progressivamente mais destrutiva para as *relações* burguesas à medida que estimula uma criação febril de novas forças produtivas, isto é, das condições materiais de uma sociedade nova. Sob esse aspecto, pelo menos, o lado mau da concorrência possuiria algo de bom.

> A concorrência, como posição ou fase econômica considerada na sua origem, é o resultado necessário (...) da teoria da redução dos custos gerais[187].

Para o sr. Proudhon, a circulação do sangue deve ser uma consequência da teoria de Harvey.

> O *monopólio* é o termo fatal da concorrência, que o engendra por uma negação incessante de si mesma. Essa geração do monopólio é já a sua justificação. (...) O monopólio é o oposto natural da concorrência (...) mas, desde que a concorrência é necessária, ela implica a ideia do monopólio, uma vez que este é como a sede de cada individualidade concorrente[188].

Alegramo-nos com o fato de o sr. Proudhon poder aplicar bem, pelo menos uma vez, a sua fórmula de tese e antítese. Todo mundo sabe que o monopólio moderno é engendrado pela própria concorrência.

Quanto ao conteúdo, o sr. Proudhon prende-se a imagens poéticas. A concorrência fazia "de cada subdivisão do trabalho como que uma soberania, em que cada indivíduo se colocava em sua força e sua independência". O monopólio é como que a "*sede* de cada individualidade concorrente". A soberania, a sede: eis duas coisas que se equivalem.

O sr. Proudhon fala apenas do moderno monopólio engendrado pela concorrência. Mas todos sabemos que a concorrência foi engendrada pelo monopólio feudal. Assim, primitivamente, a concorrência foi o contrário do monopólio, e não o monopólio o contrário da concorrência. Portanto, o monopólio moderno não é uma simples antítese; é, inversamente, a verdadeira síntese.

Tese: O monopólio feudal, anterior à concorrência.

Antítese: A concorrência.

Síntese: O monopólio moderno, que é a negação do monopólio feudal enquanto supõe o regime da concorrência, e que é a negação da concorrência enquanto é monopólio.

---

187 [*Idem*. I, p. 235.]

188 [*Idem*. I, pp. 236-237.]

Assim, o monopólio moderno, o monopólio burguês, é o monopólio sintético, a negação da negação, a unidade de contrários. É o monopólio em estado puro, normal, racional. O sr. Proudhon contradiz a sua própria filosofia quando faz do monopólio burguês o monopólio em estado bruto, *simplista,* contraditório, espasmódico. O sr. Rossi, que o sr. Proudhon cita várias vezes a propósito do monopólio, parece ter apreendido melhor o caráter sintético do monopólio burguês. Em seu *Curso de Economia Política*[189], ele distingue monopólios artificiais e monopólios naturais. Os monopólios feudais, diz, são artificiais, isto é, arbitrários; os monopólios burgueses são naturais, isto é, racionais.

O monopólio é uma boa coisa, raciocina o sr. Proudhon, porque é uma categoria econômica, uma emanação "da razão impessoal da humanidade". A concorrência também é uma boa coisa, já que, também ela, é uma categoria econômica. O que não é bom, contudo, é a realidade do monopólio e a realidade da concorrência. E o que é pior: a concorrência e o monopólio se devoram mutuamente. O que fazer? Procurar a síntese desses dois pensamentos eternos, arrancá-la ao seio de Deus, onde ela se encontra desde tempos imemoriais.

Na vida prática, encontra-se não apenas a concorrência, o monopólio e o seu antagonismo, mas também a sua síntese, que não é uma fórmula, e sim um movimento. O monopólio produz a concorrência, a concorrência produz o monopólio. Os monopolistas concorrem entre si, os concorrentes tornam-se monopolistas. Se os monopolistas restringem a concorrência entre si através de associações parciais, a concorrência cresce entre os operários; e quanto mais a massa de proletários cresce face aos monopolistas de uma nação, mais a concorrência entre monopolistas de nações diferentes se torna desenfreada. A síntese é tal

[189] [P. Rossi, *Cours d'Économie Politique* (*Curso de Economia Política*), Paris, I, 1840; II, 1841.]

que o monopólio só pode se manter passando continuamente pela luta da concorrência.

Para engendrar dialeticamente os *impostos,* que vêm depois do monopólio, o sr. Proudhon nos fala do *gênio social* que, após seguir *intrepidamente o seu caminho em ziguezague,*

> após marchar com passo seguro, *sem se arrepender* e sem se deter, *chega ao ângulo do monopólio*, olha melancolicamente para trás e, depois de uma reflexão profunda, sobrecarrega com impostos todos os objetos da produção e cria toda uma organização administrativa, a fim de que todos os *empregos sejam concedidos ao proletariado e pagos pelos homens do monopólio*[190].

O que dizer desse gênio que, em jejum, passeia em ziguezague? E o que dizer desse passeio, que não teria outro objetivo que o de demolir os burgueses por meio dos impostos, quando estes servem precisamente para dar aos burgueses os meios para se conservarem como classe dominante?

Apenas para entremostrar o modo pelo qual o sr. Proudhon trata os detalhes econômicos, bastará dizer que, de acordo com ele, o *imposto sobre o consumo* teria sido estabelecido visando à igualdade e para auxiliar o proletariado.

O imposto sobre o consumo só se desenvolveu verdadeiramente após o advento da burguesia. Nas mãos do capital industrial – ou seja, da riqueza sóbria e econômica que se mantém, reproduz e cresce pela exploração direta do trabalho –, o imposto sobre o consumo era um meio de explorar a riqueza frívola, feliz, pródiga, dos grandes senhores, que apenas consumiam. James Steuart expôs muito bem esse objetivo primitivo do imposto sobre o consumo, na sua obra *Investigação sobre os princípios da Economia Política,* publicada dez anos antes de Adam Smith:

> Na monarquia pura, os príncipes parecem de algum modo invejosos do crescimento das riquezas e, por isso, lançam impostos sobre aqueles que enriquecem [impostos sobre a produção]. No regime constitucional, os

---

190 [Proudhon, *loc. cit.*, pp. 284-285.]

impostos recaem principalmente sobre aqueles que se tornam pobres [impostos sobre o consumo]. Assim, os monarcas lançam um imposto sobre a indústria (...). Por exemplo: a capitação e a derrama são proporcionais à suposta opulência daqueles que estão sujeitos a elas. A cada um se impõe o tributo em função do lucro que se supõe que aufira. Nos governos constitucionais, os impostos incidem normalmente sobre o consumo. [A cada um se impõe o tributo em função da despesa que realiza.][191].

Quanto à *sucessão lógica* dos impostos, da balança comercial, do crédito – segundo o entendimento do sr. Proudhon –, observaremos apenas que a burguesia inglesa, que chegou à sua constituição política com Guilherme de Orange, criou imediatamente um novo sistema de impostos, o crédito público e o sistema de direitos protecionistas, logo que pôde desenvolver livremente as suas condições de existência.

Esse rápido apanhado bastará para dar ao leitor uma justa ideia das elucubrações do sr. Proudhon sobre a polícia ou o imposto, a balança comercial, o crédito, o comunismo e a população. Desafiamos a crítica mais indulgente a abordar com seriedade esses capítulos.

§ 4. A propriedade ou a renda

Em cada época histórica, a propriedade desenvolveu-se diferentemente e numa série de relações sociais totalmente distintas. Por isso, definir a propriedade burguesa não é mais que expor todas as relações sociais da produção burguesa.

Pretender dar uma definição da propriedade como uma relação independente, uma categoria à parte, uma ideia abstrata e universal – isso não pode ser mais que uma ilusão de metafísica ou de jurisprudência.

O sr. Proudhon, com ares de quem fala da propriedade em geral, trata apenas da *propriedade fundiária*, da *renda fundiária*.

---

[191] [J. Steuart, *Recherches des principles* de *l'Économie Politique* (*Investigação sobre os princípios da Economia Política*), Paris, II, 1789, pp. 190-191. A primeira edição inglesa desse livro foi publicada em Londres, em 1767.]

> A origem da renda, como da propriedade, é, por assim dizer, extraeconômica: reside em considerações de psicologia e de moral, que só remotamente se relacionam com a produção de riquezas[192].

Assim, o sr. Proudhon se reconhece incapaz para compreender a origem econômica da renda e da propriedade. Admite que essa incapacidade obriga-o a recorrer a considerações psicológicas e morais que, de fato remotamente relacionadas à produção de riquezas, vinculam-se, no entanto, muito intimamente à estreiteza da sua visão histórica. O sr. Proudhon afirma que a origem da propriedade possui algo de *místico* e *misterioso.* Ora, ver mistério na origem da propriedade, ou seja, transformar em mistério a relação da própria produção com a distribuição dos instrumentos de produção, não é – para falar a linguagem do sr. Proudhon – renunciar a qualquer pretensão à ciência econômica?

O sr. Proudhon se

> *limita* a recordar que, na sétima época da evolução econômica – o *crédito* –, tendo a ficção esvanecido a realidade e a atividade humana ameaçada de cair no vazio, tornara-se necessário *ligar mais fortemente o homem à natureza*: ora, a renda foi o preço desse novo contrato[193].

O *homem dos 40 escudos* pressentiu um futuro Proudhon: "Senhor criador, faça o que bem lhe parecer; cada qual é senhor no seu mundo; mas nunca me fará acreditar que este em que estamos seja de vidro"[194].

No seu mundo, onde o crédito era um meio para *se perder no vazio,* é bem possível que a propriedade tenha se tornado necessária para *ligar o homem à natureza.* No mundo da produção real, onde a propriedade fundiária sempre precede o crédito, o

192 [Proudhon, *loc. cit.*, II, p. 265.]

193 [*Ibidem.*]

194 [Marx extrai esta citação do conto de Voltaire, "O Homem dos quarenta escudos" ("L'homme aux quarante écus"), publicado em Amsterdã, em 1768. Esta nossa versão valeu-se da tradução de Mário Quintana, Voltaire, *Contos,* col. "Os imortais da literatura universal", nº 40, ed. Abril, São Paulo, 1972, p. 386.]

horror vacui [*horror ao vazio* – latim] do sr. Proudhon não poderia existir.

Admitida a existência da renda, qualquer que seja, aliás, a sua origem, ela se disputa contraditoriamente entre o arrendatário e o proprietário fundiário. Qual o último termo dessa disputa, ou, noutras palavras, qual a taxa média da renda? Eis o que diz o sr. Proudhon:

> A teoria de Ricardo responde a essa questão. No início da sociedade, quando o homem, novo sobre a terra, defrontava-se apenas com a imensidão das florestas, com a vastidão das terras e a indústria nascente, a renda tinha que ser nula. A terra, ainda não cultivada pelo trabalho, era um objeto de utilidade, e não um valor de troca; era comum, e não social. Pouco a pouco, a multiplicação das famílias e o progresso da agricultura revelaram o preço da terra. O trabalho veio dar ao solo o seu valor – daí nasceu a renda. Mais um campo, com a mesma quantidade de serviços, podia dar frutos, mais ele era valorizado; assim, a tendência dos proprietários foi sempre a de se atribuir a totalidade dos frutos da terra, exceto o salário do arrendatário, isto é, os custos de produção. Por isso, a propriedade segue de perto o trabalho para arrebatar-lhe tudo o que, no produto, ultrapassa os custos reais. Com o proprietário cumprindo um dever místico e representando, face ao colono, a comunidade, o arrendatário não passa, nas previsões da Providência, de um trabalhador responsável, que deve prestar contas à sociedade de tudo o que colhe além do seu salário legítimo. (...) Por essência e destinação, a renda, pois, é um instrumento de justiça distributiva, um dos milhares de meios que o gênio econômico utiliza para chegar à igualdade. Trata-se de um imenso cadastro, executado contraditoriamente pelos proprietários e arrendatários, sem colisão possível, num interesse superior, e cujo resultado definitivo deve ser a equalização da posse da terra entre os exploradores do solo e os industriais. (...) Era necessária essa magia da propriedade para extrair do colono o excedente do produto que ele não pode deixar de considerar seu e do qual se crê o autor exclusivo. A renda, ou, melhor dizendo, a propriedade, liquidou o egoísmo agrícola

e criou uma solidariedade que nenhuma força, nenhuma repartição de terras teria engendrado. (...) Atualmente, alcançado o efeito moral da propriedade, resta fazer a distribuição da renda[195].

Toda essa verborragia se reduz, antes de mais, ao seguinte: Ricardo diz que o excedente do preço dos produtos agrícolas sobre os seus custos de produção, aí compreendidos o lucro e o juro ordinários do capital, dá a medida da renda. O sr. Proudhon faz melhor: faz o proprietário intervir, como um *deus ex machina*[196] que extrai do *colono* todo o excedente da sua produção sobre os custos da mesma. Ele se serve da intervenção do proprietário para explicar a propriedade, da do arrendatário para explicar a renda. Responde ao problema retomando-o de novo e acrescentando-lhe uma sílaba.

Observemos, ainda, que, determinando a renda pela diferença de fertilidade da terra, o sr. Proudhon atribui-lhe uma nova origem, uma vez que a terra, antes de ser avaliada segundo os diferentes graus de fertilidade, não era, no seu entender, "um valor de troca", "era comum". Em que se transformou, portanto, essa ficção da renda, surgida da *necessidade* de reintegrar *à terra* o homem que *ia se perder no infinito do vazio?*

Desembaracemos agora a doutrina de Ricardo das frases providenciais, alegóricas e místicas com que, zelosamente, o sr. Proudhon a envolveu.

A renda, no sentido de Ricardo, é a propriedade fundiária no Estado burguês, ou seja: a propriedade feudal submetida às condições da produção burguesa.

Vimos que, conforme a doutrina de Ricardo, o preço de todos os produtos agrícolas é finalmente determinado pelos

195 [Proudhon, *loc. cit.*, II, pp. 270-272.]

196 [Literalmente: um deus (baixado) por meio de uma máquina. No teatro da Antiguidade, os atores que representavam os deuses eram baixados à cena por meio de uma máquina. Em sentido figurado, a expressão designa a aparição súbita de um personagem que salva uma situação.]

custos de produção, compreendido aí o lucro industrial; em outros termos: pelo tempo de trabalho empregado. Na indústria manufatureira, o preço do produto obtido com o mínimo de trabalho regula o preço de todas as outras mercadorias da mesma espécie, visto que se pode multiplicar ao infinito os instrumentos de produção menos caros e mais produtivos e que a livre concorrência conduz, necessariamente, a um preço de mercado, ou seja, a um preço comum para todos os produtos da mesma espécie.

Na agricultura, ao contrário, o que regula o preço de todos os produtos da mesma espécie é o preço do produto obtido com a maior quantidade de trabalho. Em primeiro lugar, não se pode, como na indústria, multiplicar à vontade os instrumentos de produção igualmente produtivos, isto é, os terrenos com o mesmo grau de fertilidade. Depois, à medida que a população cresce, são explorados terrenos de qualidade inferior ou são feitos, no mesmo terreno, novos investimentos de capital, proporcionalmente menos produtivos que os primeiros. Num e noutro caso, emprega-se uma maior quantidade de trabalho para obter um produto proporcionalmente menor. Já que o crescimento da população tornou necessário esse acréscimo de trabalho, o produto do terreno de uma exploração mais onerosa tem um escoamento forçado, tanto quanto é escoado aquele do terreno de uma exploração mais produtiva. Como a concorrência nivela o preço do mercado, o produto do melhor terreno será pago ao mesmo preço do produto do terreno inferior. O excedente do preço dos produtos do terreno melhor sobre os custos da sua produção constitui a renda. Se sempre fossem disponíveis terras com a mesma fertilidade; se se pudesse, como na indústria manufatureira, recorrer sempre a máquinas mais baratas e produtivas ou se os novos investimentos de capital fossem tão produtivos como os anteriores – então o preço dos produtos agrícolas seria determinado pelo custo dos artigos produzidos pelos melhores instrumentos de produção, como vimos no caso dos preços dos produtos manufaturados. Mas também, então, a renda desapareceria.

Para que a doutrina de Ricardo seja verdadeira de modo geral, é preciso[197]: que os capitais possam ser livremente aplicados nos diferentes ramos da indústria; que uma concorrência grandemente desenvolvida entre os capitalistas tenha situado os lucros numa taxa igual; que o arrendatário seja um capitalista industrial que procure, para o seu capital investido em terrenos de qualidade inferior[198], lucros iguais ao que obteria com ele, por exemplo, na indústria algodoeira[199]; que a exploração agrícola esteja submetida ao regime da grande indústria; e que, enfim, o proprietário fundiário mesmo só vise à renda monetária.

Na Irlanda, apesar do extremo desenvolvimento aí experimentado pelo arrendamento, a renda não existe[200]. Posto que a renda seja o excedente não só sobre o salário, mas ainda sobre o lucro industrial, ela não poderia existir onde as receitas do proprietário são apenas uma antecipação sobre o salário.

A renda, pois, longe de fazer do explorador da terra, do arrendatário, um *simples trabalhador* e de "extrair do colono o excedente do produto que ele não pode deixar de considerar seu", coloca, face ao proprietário fundiário, o capitalista industrial, em lugar do escravo, do servo, do tributário, do assalariado.

A propriedade fundiária, uma vez constituída em renda, só dispõe do excedente sobre os custos de produção, determinados

---

[197] [No exemplar oferecido a N. Utina, essa frase foi modificada: "Para que a doutrina de Ricardo, aceitos os seus postulados, seja verdadeira de modo geral, é preciso, ainda..."]

[198] [No exemplar oferecido a N. Utina, e na edição francesa de 1896, em lugar de "em terrenos de qualidade inferior", aparece "na terra".]

[199] [No exemplar oferecido a N. Utina, em lugar de "por exemplo, na indústria algodoeira", aparece "em uma manufatura qualquer".]

[200] [No exemplar de N. Utina, lê-se: "é possível que a renda não exista ainda, mesmo em um país onde o arrendamento tenha se desenvolvido extremamente". A edição francesa de 1896 registra: "É possível que a renda não exista ainda, como na Irlanda, apesar...". A edição alemã de 1885 consigna: "Pode ocorrer, como na Irlanda, que a renda não exista ainda, apesar...".]

não somente pelo salário, mas também pelo lucro industrial. É, portanto, do proprietário fundiário que a renda extrai uma parte das suas receitas[201].

Por isso, decorreu um largo lapso de tempo antes que o arrendatário feudal fosse substituído pelo capitalista industrial. Na Alemanha, por exemplo, essa transformação começou apenas no último terço do século XVIII. Somente na Inglaterra essa relação entre o capitalista industrial e o proprietário fundiário se desenvolveu inteiramente.

Enquanto existia apenas o *colono* do sr. Proudhon, não havia renda. Desde que há renda, o colono não é mais arrendatário, é o operário, o colono do arrendatário. O amesquinhamento do trabalhador, reduzido ao papel de simples operário, jornaleiro, assalariado que trabalha para o capitalista industrial; a intervenção do capitalista industrial, que explora a terra como uma fábrica qualquer; a transformação do proprietário fundiário, de pequeno soberano em vulgar usurário – eis as diferentes relações expressas pela renda.

A renda, no sentido de Ricardo, é a agricultura patriarcal transformada em indústria comercial, o capital industrial aplicado à terra, a burguesia das cidades transplantada para os campos. A renda, em vez de *ligar o homem à natureza,* apenas liga a exploração da terra à concorrência. Uma vez constituída em renda, a propriedade fundiária mesma é o *resultado da concorrência,* já que, desde então, ela depende do valor venal dos produtos agrícolas. Como renda, a propriedade fundiária é mobilizada e se torna um objeto de comércio. A renda só é possível a partir do momento em que o desenvolvimento da indústria das cidades e a organização social dele resultante forçam o proprietário fundiário a visar somente o lucro venal, à relação monetária de seus produtos agrícolas – a

[201] [Na edição alemã de 1885, esse parágrafo foi suprimido. Ademais, no parágrafo anterior, logo depois de "o capitalista industrial", introduziu-se: "que explora a terra através de seus operários assalariados e que só paga ao proprietário do solo o excedente que resta após a dedução do custo de produção, incluído neste o lucro do industrial".]

ver, enfim, na sua propriedade fundiária apenas uma máquina de cunhar moedas. A renda separou tão perfeitamente o proprietário fundiário do solo, da natureza, que ele nem sequer necessita conhecer as suas terras, como se vê na Inglaterra. Quanto ao arrendatário, ao capitalista industrial e ao operário agrícola, eles não estão mais ligados à terra que exploram do que o empresário e o operário manufatureiro ao algodão ou à lã que fabricam; só experimentam vinculação ao preço da sua exploração, ao produto monetário. Daí as jeremiadas dos partidos reacionários, que apelam com todas as vozes pelo retorno da feudalidade, da boa vida patriarcal, dos costumes simples e das grandes virtudes dos nossos antepassados. A sujeição do solo às leis que regem todas as outras indústrias é e será sempre o tema de condolências interesseiras. Por isso, pode-se dizer que a renda tornou-se a força motriz que lançou o idílio no movimento da história.

Ricardo, depois de supor a produção burguesa como necessária para determinar a renda, aplica-a, todavia, à propriedade fundiária de todas as épocas e de todos os países. Trata-se, aqui, do erro de todos os economistas, que apresentam as relações da produção burguesa como categorias eternas.

Do objetivo providencial da renda, que, para ele, é a transformação do *colono* em *trabalhador responsável,* o sr. Proudhon passa à retribuição igualitária da renda.

A renda, como acabamos de ver, é constituída pelo *preço igual* de produtos de terrenos de *fertilidade desigual,* de forma que um hectolitro de trigo que custou 10 francos é vendido por 20, se os custos de produção alcançam, em um terreno de qualidade inferior, 20 francos.

Enquanto a necessidade obriga à compra de todos os produtos agrícolas levados ao mercado, o preço de mercado é determinado pelos custos do produto mais caro. Portanto, é esta equalização do preço, resultante da concorrência e não da fertilidade diferente dos terrenos, que proporciona ao proprietário do melhor terreno uma renda de 10 francos em cada hectolitro que o seu arrendatário vende.

Suponhamos, por um momento, que o preço do trigo seja determinado pelo tempo de trabalho necessário para produzi-lo; logo, o hectolitro de trigo obtido no melhor terreno será vendido a 10 francos, enquanto que o produzido no terreno de qualidade inferior será pago por 20 francos. Admitida essa suposição, o preço médio do mercado será de 15 francos, enquanto, conforme a lei da concorrência, é de 20 francos. Se o preço médio fosse de 15 francos, não haveria nenhuma distribuição, nem igualitária nem desigual, porque não haveria renda. A renda só existe porque o hectolitro de trigo, que custa ao produtor 10 francos, é vendido por 20. O sr. Proudhon supõe a igualdade do preço de mercado para custos de produção desiguais para chegar à repartição igualitária do produto da desigualdade.

Podemos conceber que os economistas, como Mill[202], Cherbuliez, Hilditch e outros, tenham reclamado a atribuição da renda ao Estado, para servir à quitação dos impostos. Essa é a franca expressão do ódio que o capitalista industrial vota ao proprietário fundiário, que lhe parece uma inutilidade, algo supérfluo no conjunto da produção burguesa.

No entanto, fazer primeiro que se pague o hectolitro de trigo a 20 francos para, em seguida, fazer uma distribuição geral dos 10 francos que se arrancou a mais dos consumidores – isso basta para que o *gênio social* continue *melancolicamente no seu caminho em ziguezague* e quebre a cabeça num *ângulo* qualquer.

Na pena do sr. Proudhon, a renda se converte em

> um imenso cadastro, executado contraditoriamente pelos proprietários e arrendatários (...) num interesse superior, e cujo resultado definitivo

202 [Aqui, Marx se refere a James Mill e não a seu filho John Stuart Mill, como ele mesmo esclarece na carta a Sorge, de 20 de junho de 1881, em que afirma que alude a Mill, "o velho, e não a seu filho John Stuart, que retomou essa ideia modificando-a um pouco" (cf. Marx/Engels, *Correspondance*, ed. Progrès, Moscou. 1976, p. 342).]

deve ser a equalização da posse da terra entre os exploradores do solo e os industriais"[203].

Para que um cadastro qualquer, constituído pela renda, tenha algum valor prático, é preciso que sempre se permaneça nas condições da sociedade atual.

Ora, já demonstramos que o arrendamento pago pelo arrendatário ao proprietário exprime com maior ou menor exatidão a renda apenas nos países mais avançados industrial e comercialmente. E mesmo este arrendamento, com frequência, exprime o juro pago ao proprietário pelo capital incorporado à terra. A situação dos terrenos, a proximidade às cidades e muitas outras circunstâncias influem sobre o arrendamento e modificam a renda. Tais razões, peremptórias, bastariam para provar a inexatidão de um cadastro baseado na renda.

Por outro lado, a renda não poderia ser o índice constante da fertilidade de um terreno, porque a aplicação moderna da química, a cada instante, altera a natureza do solo, e os conhecimentos geológicos começam, justamente nos dias atuais, a modificar por inteiro a antiga avaliação da fertilidade relativa – foi apenas há cerca de 20 anos que se araram vastas áreas dos condados orientais da Inglaterra, até então incultas porque se apreciavam mal as relações entre o húmus e a composição da camada inferior.

Assim, portanto, a história, longe de apresentar, na renda, um cadastro concluído, não faz outra coisa senão alterar, modificar inteiramente os cadastros já prontos.

Finalmente, a fertilidade não é uma qualidade tão natural como se poderia acreditar: ela se vincula intimamente às relações sociais atuais. Uma terra pode ser muito fértil para o cultivo do trigo e, no entanto, o preço do mercado poderá determinar que o cultivador a transforme em pastagem artificial, tornando-a estéril.

---

203 [Proudhon, *loc. cit.*, II, p. 271.]

O sr. Proudhon improvisou o seu cadastro, que sequer tem o valor do cadastro comum, apenas para dotar de um corpo o *objetivo providencialmente igualitário* da renda. Ele continua:

> A renda é o juro pago por um capital que jamais perece: a terra. E como este capital não é suscetível de nenhum acréscimo quanto à matéria, mas somente de melhorias indefinidas quanto ao uso, ocorre que, enquanto o juro ou o lucro do empréstimo (*mutuum*) tende incessantemente a diminuir pela abundância de capitais, a renda tende a aumentar sempre pelo aperfeiçoamento da indústria, de que resulta a melhoria no uso da terra. (...) Eis, na sua essência, a renda[204].

Desta vez, o sr. Proudhon vê na renda todos os sintomas do juro, com a diferença de que ela provém de um capital de natureza específica. Este capital é a terra, capital eterno, que "não é suscetível de nenhum acréscimo quanto à matéria, mas somente de melhorias indefinidas quanto ao uso".

Na marcha progressiva da civilização, o juro possui uma tendência contínua para a baixa, enquanto a renda tende continuamente a subir. O juro baixa por causa da abundância de capitais; a renda aumenta com os aperfeiçoamentos introduzidos na indústria, que têm por consequência um uso mais inteligente do solo.

Eis, na sua essência, a opinião do sr. Proudhon.

Examinemos, primeiro, até que ponto é correto dizer que a renda é o juro de um capital.

Para o proprietário fundiário mesmo, a renda representa o juro do capital que a terra lhe custou, ou que ele obteria se a vendesse. Mas, comprando ou vendendo a terra, ele só compra ou vende a renda. O preço que paga para adquirir a renda é regulado pela taxa de juro geral e nada tem a ver com a própria natureza da renda. O juro dos capitais investidos na terra é, geralmente, inferior ao daqueles investidos nas manufaturas ou no comércio. Assim, para aquele que não distingue o juro que a terra representa para

---

204 [*Idem*, II, p. 265.]

o proprietário da renda mesma, o juro da terra-capital diminui ainda mais que o dos outros capitais. Mas não se trata do preço de compra ou venda da renda, do seu valor venal, da renda capitalizada – trata-se da própria renda.

O arrendamento pode implicar, ainda, além da renda propriamente dita, o juro do capital incorporado à terra. Então, o proprietário recebe essa parte do arrendamento não como proprietário, mas como capitalista; no entanto, esta não é a renda propriamente dita, sobre a qual devemos falar.

A terra, enquanto não é explorada como meio de produção, não é um capital. As terras-capital podem ser acrescidas, como todos os outros meios de produção. Nada se acresce à matéria, para empregar a linguagem do sr. Proudhon, mas se multiplicam as terras que servem de instrumentos de produção. Basta aplicar às terras, já transformadas em meios de produção, novos capitais para acrescer a terra-capital sem aumentar em nada a terra-matéria ou seja, sem ampliar a sua extensão. A terra-matéria do sr. Proudhon é a terra como limite. Quanto à eternidade que ele atribui à terra, admitimos que essa virtude lhe seja própria enquanto matéria. A terra-capital é tão eterna como qualquer outro capital.

O ouro e a prata, que propiciam o juro, são tão duráveis e eternos como a terra. Se o preço do ouro e da prata diminui enquanto o da terra vai subindo, certamente isso não decorre da sua natureza mais ou menos eterna.

A terra-capital é um capital fixo, mas este se desgasta como os capitais circulantes. As melhorias introduzidas na terra necessitam de reprodução e manutenção; duram um certo tempo, e este é o seu ponto em comum com todas as outras melhorias usadas para transformar a matéria em meio de produção. Se a terra-capital fosse eterna, certos terrenos, hoje, apresentariam um aspecto que não têm: veríamos os campos de Roma, a Sicília e a Palestina em todo o esplendor da sua antiga prosperidade.

Há mesmo casos em que a terra-capital poderia desaparecer, mesmo que as melhorias permaneçam incorporadas à terra. Em primeiro lugar, isso ocorre todas as vezes em que a renda propriamente dita é anulada pela concorrência de novos terrenos, mais férteis. Depois, porque melhorias que poderiam ter um valor em certa época deixam de possuí-lo a partir do momento em que se tornam universais pelo desenvolvimento da agronomia.

O representante da terra-capital não é o proprietário fundiário, mas o arrendatário. A receita que a terra proporciona como capital é o juro e o lucro industrial, não é a renda. Há terras que oferecem esses juro e lucro e que não propiciam renda.

Em resumo, a terra, enquanto proporciona juros, é a terra-capital e, como tal, não oferece renda, não constitui a propriedade fundiária. A renda resulta das relações sociais nas quais se realiza a exploração. Ela não poderia resultar da natureza mais ou menos sólida, mais ou menos durável da terra. A renda não provém do solo, mas da sociedade.

De acordo com o sr. Proudhon, as "melhorias no uso da terra" – consequências do "aperfeiçoamento da indústria" – são a causa do aumento contínuo da renda. Ao contrário, essas melhorias fazem-na baixar periodicamente.

Em geral, em que consiste toda melhoria, quer na agricultura, quer na manufatura? Consiste em produzir mais com o mesmo trabalho, em produzir tanto ou mesmo mais com menos trabalho. Graças a essas melhorias, o arrendatário dispensa-se de empregar uma maior quantidade de trabalho para um produto proporcionalmente menor. Assim, ele não tem necessidade de recorrer a terrenos inferiores, e parcelas do capital aplicadas sucessivamente ao mesmo terreno permanecem igualmente produtivas. Portanto, essas melhorias, longe de elevar continuamente a renda, como o sr. Proudhon o afirma, são, ao contrário, outros obstáculos temporários que se opõem à sua elevação.

Os proprietários ingleses do século XVII percebiam tão bem essa verdade que se opuseram aos progressos da agricultura, temendo a redução das suas receitas[205].

§ 5. As greves e as coalizões de operários

> Todo movimento de alta nos salários só pode ter como efeito uma alta do trigo, do vinho etc., ou seja, o efeito de uma escassez. Pois o que é o salário? É o preço de custo do trigo etc.; é o preço integral de todas as coisas. Vamos mais longe: o salário é a proporcionalidade dos elementos que compõem a riqueza e que são consumidos reprodutivamente, a cada dia, pela massa dos trabalhadores. Ora, duplicar os salários (...) é atribuir a cada um dos produtores uma parte maior que o seu produto, o que é contraditório; e se a alta incide apenas sobre um pequeno número de indústrias, provoca uma perturbação geral nas trocas, numa palavra, uma *escassez*. (...) É impossível, afirmo-o, que as greves seguidas de uma elevação de salários não conduzam a um *encarecimento geral*: isso é tão certo como dois e dois são quatro[206].

Negamos todas essas assertivas, exceto que dois e dois são quatro.

Em primeiro lugar, não há *encarecimento geral*. Se o preço de toda coisa dobra ao mesmo tempo que o salário, não há alteração nos preços, mas apenas nos seus termos. De fato, uma elevação geral dos salários jamais pode produzir um encarecimento mais ou menos geral das mercadorias: se todas as indústrias empregassem o mesmo número de operários em relação ao capital fixo ou aos instrumentos de que se servem, uma elevação geral dos salários produziria uma redução geral dos lucros e o preço corrente das mercadorias não sofreria nenhuma alteração.

Mas como a relação entre o trabalho manual e o capital fixo não é a mesma nas diferentes indústrias, todas aquelas que em-

---

[205] Ver Petty, economista inglês do tempo de Carlos II [a referência de Marx é ao texto "Political arithmetick" ("Aritmética política"), incluído no livro *Several essays in political arithmetick* (*Ensaios diversos sobre a aritmética política*), Londres, 1699].

[206] Proudhon, *loc. cit.*, I, pp. 110 e 111.

pregam relativamente uma massa maior de capital fixo e menos operários serão forçadas, cedo ou tarde, a reduzir o preço de suas mercadorias. Em caso contrário, não se reduzindo o preço das mercadorias, o seu lucro elevar-se-á acima da taxa comum dos lucros. As máquinas não são assalariados. Portanto, a elevação geral de salários afetará menos as indústrias que empregam, comparativamente às outras, mais máquinas que operários. Mas, com a concorrência tendendo sempre a nivelar os lucros, aqueles que se elevam acima da taxa comum só poderiam ser passageiros. Assim, à parte algumas oscilações, uma elevação geral dos salários conduzirá, não a um encarecimento geral, como diz o sr. Proudhon, mas a uma baixa parcial, ou seja, a uma baixa no preço corrente das mercadorias fabricadas principalmente com a ajuda de máquinas.

A elevação e a baixa do lucro e dos salários exprimem apenas a proporção na qual os capitalistas e os trabalhadores participam do produto de uma jornada de trabalho, sem influir, na maioria dos casos, no preço do produto. "As greves seguidas de uma elevação de salários conduzem a um encarecimento geral" – eis uma dessas ideias que só podem desabrochar no cérebro de um poeta incompreendido.

Na Inglaterra, as greves regularmente deram lugar à invenção e à aplicação de algumas máquinas novas. As máquinas eram, pode-se dizê-lo, a arma que os capitalistas empregavam para abater o trabalho especial em revolta. A *self-acting mule,* a maior invenção da indústria moderna, colocou fora de combate os fiandeiros revoltados[207]. Ainda que as coalizões e as greves tivessem como efeito voltar contra elas os esforços do gênio mecânico, sempre exerceram uma imensa influência sobre o desenvolvimento da indústria.

[207] [Recorde-se um pouco da cronologia das invenções incidentes na indústria têxtil: 1735 – tear de John Wyatt; 1764 – *mule-jenny* de James Hargreaves, aperfeiçoada por Arkwright em 1769-1771; 1779 – *mule,* de Samuel Crompton; 1825 – *self-acting mule,* de Richard Robert.]

Prossegue o sr. Proudhon:

Vejo, num artigo publicado pelo sr. Léon Faucher (...) em setembro de 1845[208], que, desde algum tempo, os operários ingleses perderam o hábito das *coalizões*, o que, seguramente, é um progresso pelo qual eles merecem felicitações; mas essa melhora no moral dos operários decorre, sobretudo, da sua instrução econômica. "Os salários não dependem dos manufatureiros" – exclamou, no comício de Bolton, um operário fiandeiro. Nas épocas de depressão, os patrões são apenas, por assim dizer, o chicote de que se arma a necessidade e, querendo-o ou não, é preciso que golpeiem. O princípio regulador é a relação entre a oferta e a demanda; e os patrões não têm esse poder (...).

E o sr. Proudhon exclama – até que enfim, eis aí operários bem educados, operários modelares etc. etc.: "Esta miséria faltava à Inglaterra: ela não cruzará o estreito"[209].

De todas as cidades da Inglaterra, Bolton é aquela onde o radicalismo está mais desenvolvido. Os operários de Bolton são conhecidos por serem extremamente revolucionários. Quando da grande agitação ocorrida na Inglaterra pela abolição das leis sobre os cereais[210], os fabricantes ingleses não acreditaram que poderiam enfrentar os proprietários fundiários sem colocar à frente os operários. Mas como os interesses dos operários não eram menos opostos aos dos fabricantes que os destes aos dos proprietários fundiários, era natural que os fabricantes não se saíssem bem nos comícios dos operários. O que fizeram os fabricantes? Para salvar as

---

208 [Trata-se do artigo "Les coallitions condamnées par les ouvriers anglais" ("As coalizões condenadas pelos operários ingleses"), publicado no volume II, agosto-novembro de 1845, p. 113/120, do *Journal des Économistes* (*Jornal dos Economistas*).]

209 Proudhon, *loc. cit.*, I, pp. 261 e 262.

210 [As leis relativas aos cereais, procurando limitar ou proibir a importação de grãos, foram implantadas na Inglaterra a partir de 1815, beneficiando os grandes proprietários fundiários (*landlords*). A burguesia industrial lutou contra essas leis, sob a consigna da liberdade de comércio – a *Anti-Corn Law League* (*Liga Contra as Leis dos Cereais*) foi fundada em Manchester, em 1838, por Richard Cobden e John Bright –, e conseguiu a sua abolição em 1846.]

aparências, organizaram comícios compostos em grande parte por contramestres, pelo pequeno número de operários que lhes eram dedicados e por *amigos do comércio* propriamente ditos. Quando, em seguida, os verdadeiros operários tentaram, em Bolton e em Manchester, participar desses comícios para protestar contra essas falsas demonstrações, foi-lhes proibida a entrada, sob o pretexto de que se tratava de *ticket-meeting*. Entende-se por essa expressão um comício do qual só podem participar pessoas munidas de convites. No entanto, os cartazes, afixados nas paredes, tinham anunciado comícios públicos. Todas as vezes em que havia comícios desse tipo, os jornais dos fabricantes noticiavam com pompa e detalhes os discursos proferidos. Não é preciso dizer que eram feitos pelos contramestres. Os jornais de Londres reproduziam-nos literalmente. O sr. Proudhon tem a infelicidade de tomar os contramestres por operários comuns e dá-lhes a ordem para não cruzarem o estreito.

Se, em 1844 e 1845, as greves saltavam menos à vista que antes, é porque estes foram os dois primeiros anos de prosperidade para a indústria inglesa desde 1837. Contudo, nenhuma *trade-union* foi dissolvida.

Ouçamos, agora, os contramestres de Bolton. Segundo eles, os fabricantes não são os donos dos salários porque não são os donos dos preços do produto, e não são os donos dos preços do produto porque não são os donos do mercado do universo. Por essa razão, dão a entender que não é preciso fazer coalizões para arrancar aos patrões um aumento de salários. O sr. Proudhon, ao contrário, interdita-as, temendo que uma coalizão seja seguida por uma elevação de salários que acarretaria uma escassez geral. Não é preciso dizer que, num único ponto, existe um entendimento cordial entre os contramestres e o sr. Proudhon: uma elevação dos salários equivale a uma alta nos preços dos produtos.

Mas o temor de uma escassez é a verdadeira causa do rancor do sr. Proudhon? Não. Muito simplesmente, ele não perdoa os contramestres de Bolton determinarem o valor pela *oferta* e pela *demanda* e desprezarem o *valor constituído,* o valor que passou ao estado de constituição, a constituição do valor, aí incluídas a *permutabilidade permanente* e todas as outras *proporcionalidades de relações* e *relações de proporcionalidade,* sustentadas pela Providência:

> A greve dos operários é *ilegal.* E não é somente o Código Penal que o afirma, é o sistema econômico, é a necessidade da ordem estabelecida. (...) Que cada operário, individualmente, possa dispor livremente da sua pessoa e dos seus braços, isso é tolerável; mas que os operários empreendam, através de coalizões, violências contra o monopólio, eis o que a sociedade não pode permitir.[211]

O sr. Proudhon pretende fazer passar um artigo do Código Penal por um resultado necessário e geral das relações da produção burguesa.

Na Inglaterra, as coalizões são autorizadas por um ato do Parlamento e foi o sistema econômico que forçou o Parlamento a dar a essa autorização uma sanção legal. Em 1825, quando, sob o ministro Huskisson, o Parlamento foi levado a modificar a legislação, para melhor adequá-la a um estado de coisas resultante da livre concorrência, ele teve, necessariamente, que abolir todas as leis que interditavam as coalizões dos operários. Mais a indústria moderna e a concorrência se desenvolvem, mais existem elementos que provocam e favorecem as coalizões e tão logo elas se tornam um fato econômico, assumindo dia a dia mais consistência, não podem tardar em se tornarem um fato legal.

Portanto, o artigo do Código Penal prova, quando muito, que a indústria moderna e a concorrência ainda não estavam bem desenvolvidas sob a Assembleia Constituinte e sob o Império[212].

---

211 Proudhon, *loc. cit.* I, pp. 334 e 335. [Até por volta de 1800, a legislação inglesa declarava ilegais todas as coalizões. Essa legislação foi abolida em 1824, e, a partir do ano seguinte, as *trade-unions* se expandem.]

212 [As leis então vigentes na França – a chamada "lei de le Chapelier", adotada pela Assembleia Constituinte, em 1791, e o Código Penal, redigido no período imperial de Napoleão – proibiam aos operários associações e greves. Essa legislação só foi abolida em 1884.]

Os economistas e os socialistas[213] estão de acordo em relação a um único ponto: a condenação das *coalizões*. Apenas apresentam motivos diferentes para a sua condenação.

Os economistas dizem aos operários: – Não façam coalizões. Fazendo-as, vocês entravarão a marcha regular da indústria, impedirão os fabricantes de atender às encomendas, perturbarão o comércio e precipitarão a introdução de máquinas que, tornando o seu trabalho parcialmente inútil, forçá-los-ão a aceitar um salário ainda mais baixo. Ademais, seria vão: o salário de vocês será sempre determinado pela relação entre os braços procurados e os braços oferecidos e é um esforço tão ridículo quanto perigoso a sua revolta contra as leis eternas da economia política.

Os socialistas dizem aos operários: – Não façam coalizões porque, no fim das contas, o que ganharão? Uma elevação de salários? Os economistas lhes provarão até a evidência que os poucos centavos que vocês poderiam conquistar, por alguns momentos em caso de êxito, serão seguidos por uma baixa permanente. Calculistas hábeis lhes mostrarão que vocês precisarão de anos para recuperar, apenas considerando o aumento dos salários, o que gastaram para organizar e manter as coalizões. Nós, na nossa qualidade de socialistas, nós lhes diremos que, independentemente dessa questão de dinheiro, antes e depois vocês não serão menos operários e os patrões menos patrões. Assim, nada de coalizões, nada de política – pois fazer coalizões não é fazer política?

Os economistas querem que os operários permaneçam na sociedade tal como ela está formada e tal como eles a consignaram e sancionaram em seus manuais. Os socialistas querem que os operários deixem de lado a sociedade antiga para que possam entrar melhor na sociedade nova que tão previdentemente preparam para eles.

---

213 [Na edição alemã de 1885, Engels introduziu a seguinte nota: "Ou seja, os socialistas da época, adeptos de Fourier na França, de Owen na Inglaterra".]

Apesar de uns e outros, apesar dos manuais e das utopias, as coalizões não deixaram nunca de progredir e crescer com o desenvolvimento e o crescimento da indústria moderna. E isso a tal ponto que, hoje, o grau alcançado pela coalizão em um país assinala nitidamente o grau que ele ocupa na hierarquia do mercado do universo. A Inglaterra, onde a indústria atingiu o mais alto grau de desenvolvimento, possui as coalizões mais amplas e melhor organizadas.

Na Inglaterra, não se ficou nas coalizões parciais, que só objetivavam uma greve passageira e desapareciam com ela. Formaram-se coalizões permanentes, *trade-unions* que servem de baluarte aos operários em suas lutas contra os patrões. E, atualmente, todas essas *trade-unions* locais encontram um ponto de união na *National Association of United Trades*[214], cujo comitê central está em Londres e que já conta com 80 mil membros. A formação dessas greves, coalizões e *trade-unions* caminha simultaneamente às lutas políticas dos trabalhadores, que hoje constituem um grande partido político, sob a denominação de *cartistas*[215].

Os primeiros ensaios dos trabalhadores para se *associarem* entre si sempre se verificaram sob a forma de coalizões.

A grande indústria aglomera num mesmo local uma multidão de pessoas que não se conhecem. A concorrência divide os seus interesses. Mas a manutenção do salário, esse interesse comum que têm contra o seu patrão, os reúne num mesmo pensamento de resistência – *coalizão*. A coalizão, pois, tem sempre um duplo objetivo: fazer cessar entre elas a concorrência, para poder fazer

214 [Esta *Associação Nacional das Profissões Unidas* foi criada em 1845 e desenvolveu grande mobilização para defender melhorias na legislação fabril e nas condições de venda da força de trabalho. Existiu até inícios dos anos 1860, mas desde 1851 não desempenhou mais qualquer papel importante no movimento sindical.]

215 [Denomina-se *cartismo* (em função das suas reivindicações básicas, contidas na *Carta do Povo*) ao movimento político que empolgou os trabalhadores ingleses entre os anos de 1830 e 1850. No verão de 1846, Marx estabeleceu relações com Harvey e O'Connor, líderes cartistas.]

uma concorrência geral ao capitalista. Se o primeiro objetivo da resistência é apenas a manutenção do salário, à medida que os capitalistas, por seu turno, se reúnem em um mesmo pensamento de repressão, as coalizões, inicialmente isoladas, agrupam-se e, em face do capital sempre reunido, a manutenção da associação torna-se para elas mais importante que a manutenção do salário. Isso é tão verdadeiro que os economistas ingleses assombram-se ao ver que os operários sacrificam boa parte do salário em defesa das associações que, aos olhos desses economistas, só existem em defesa do salário. Nessa luta – verdadeira guerra civil –, reúnem-se e se desenvolvem todos os elementos necessários a uma batalha futura. Uma vez chegada a esse ponto, a associação adquire um caráter político.

As condições econômicas, inicialmente, transformaram a massa do país em trabalhadores. A dominação do capital criou para essa massa uma situação comum, interesses comuns. Essa massa, pois, é já, face ao capital, uma classe, mas ainda não o é para si mesma. Na luta, de que assinalamos algumas fases, essa massa se reúne, se constitui em classe para si mesma. Os interesses que defende se tornam interesses de classe. Mas a luta entre classes é uma luta política.

Na história da burguesia, devemos distinguir duas fases: aquela durante a qual a burguesia se constituiu em classe, sob o regime da feudalidade e da monarquia absoluta, e aquela em que, já constituída em classe, derrubou a feudalidade e a monarquia para fazer da sociedade uma sociedade burguesa. A primeira dessas fases foi a mais longa e exigiu os maiores esforços. Ela também se iniciou com coalizões parciais contra os senhores feudais.

Fizeram-se muitas investigações para descrever as diferentes fases históricas que a burguesia percorreu, desde a comuna até a sua constituição como classe. Mas quando se trata de apresentar um quadro exato das greves, coalizões e outras formas pelas quais, diante de nossos olhos, os proletários realizam a sua organização como classe, alguns são tomados por um temor real e outros exibem um desprezo *transcendental.*

Uma classe oprimida é a condição vital de toda sociedade fundada no antagonismo entre classes. A libertação da classe oprimida implica, pois, necessariamente, a criação de uma sociedade nova. Para que a classe oprimida possa libertar-se, é preciso que os poderes produtivos já adquiridos e as relações sociais existentes não possam mais existir uns ao lado de outras. De todos os instrumentos de produção, o maior poder produtivo é a classe revolucionária mesma. A organização dos elementos revolucionários como classe supõe a existência de todas as forças produtivas que poderiam se engendrar no seio da sociedade antiga.

Isso significa que, após a ruína da velha sociedade, haverá uma nova dominação de classe, resumindo-se em um novo poder político? Não.

A condição da libertação da classe laboriosa é a abolição de toda classe, assim como a condição da libertação do terceiro estado, da ordem burguesa, foi a abolição de todos os estados[216] e de todas as ordens.

A classe laboriosa substituirá, no curso do seu desenvolvimento, a antiga sociedade civil por uma associação que excluirá as classes e seu antagonismo, e não haverá mais poder político propriamente dito, já que o poder político é o resumo oficial do antagonismo na sociedade civil.

Entretanto, o antagonismo entre o proletariado e a burguesia é uma luta de uma classe contra outra, luta que, levada à sua expressão mais alta, é uma revolução total. Ademais, é de provo-

---

216 [Na edição alemã de 1885, Engels introduziu a seguinte nota: "*estado* tem aqui o sentido histórico das ordens do estado feudal, desfrutando de privilégios bem delimitados. A revolução burguesa aboliu as ordens e, ao mesmo tempo, os seus privilégios. A sociedade burguesa só conhece *classes*. Portanto, contradiz totalmente a história a designação do proletariado como *quarto estado*".]

car espanto que uma sociedade, fundada na *oposição* de classes, conduza à *contradição* brutal, a um choque corpo-a-corpo como derradeira solução?

Não se diga que o movimento social exclui o movimento político. Não há, jamais, movimento político que não seja, ao mesmo tempo, social.

Somente numa ordem de coisas em que não existam mais classes e antagonismos entre classes as *evoluções sociais* deixarão de ser *revoluções políticas*. Até lá, às vésperas de cada reorganização geral da sociedade, a última palavra da ciência social será sempre:

"O combate ou a morte: a luta sanguinária ou o nada. É assim que a questão está irresistivelmente posta" (George Sand)[217].

[217] [A frase é extraída do romance histórico *Jean Ziska. Épisode de la Guerre des Hussites* (*Jean Ziska. Episódio da Guerra dos Hussitas*), publicado pela primeira vez em 1843.]

ANEXOS

PREFÁCIO À PRIMEIRA EDIÇÃO ALEMÃ[218]

Esta obra foi escrita durante o inverno de 1846-1847, quando Marx elaborou definitivamente os princípios fundamentais das suas novas concepções históricas e econômicas. O livro de Proudhon, *Système des contradictions économiques ou philosophie de la misère* [*Sistema das contradições econômicas ou filosofia da miséria*][219], publicado pouco antes, propiciou-lhe a oportunidade para desenvolver aqueles princípios fundamentais opondo-os aos pontos de vista do homem que, a partir de então, ocuparia a posição mais proeminente entre os socialistas franceses daquela época. Desde o período em que, em Paris, ambos passaram noites discutindo questões econômicas, seus caminhos divergiram cada vez mais; o livro de Proudhon mostrou que um abismo intransponível, impossível de ignorar, existia entre eles e, na sua resposta, Marx explicitou a ruptura definitiva.

A avaliação global de Proudhon por Marx, o leitor pode encontrá-la no texto[220] que se publicou nos números 16, 17, 18 do *Sozial-Demokrat* [*Social-Democrata*], de Berlim[221]. Essa foi a única

[218] [Este prefácio foi publicado tanto na primeira edição alemã do livro de Marx (*Das Elend der Philosophie. Antwort auf Proudhons "Philosophie des Elends"*, Stuttgart, 1885) quanto na revista *Neue Zeit* (*Novos Tempos*), órgão teórico da social-democracia alemã, sob o título *Marx e Rodbertus* (edição de janeiro de 1885).]

[219] Editado em Paris, 2 volumes, 1846, por Guillaumin.

[220] Engels se refere à carta de Marx a Schweitzer, incluída nos "Anexos" deste volume.

[221] [Este periódico, órgão da *União Operária Geral Alemã*, associação da tendência lassalleana, foi publicado em Berlim entre 1864 e 1871; Schweitzer foi o seu redator-chefe durante os dois primeiros anos da sua existência.]

contribuição de Marx a esse periódico: as tentativas do sr. von Schweitzer, logo descobertas, para encaminhar o jornal por vias convenientes ao governo e ao partido feudal obrigaram-nos, poucas semanas depois, a desistir publicamente de colaborar com ele.[222]

Este livro, hoje, tem para a Alemanha uma significação que Marx jamais previra. Como ele poderia imaginar que, dirigindo a crítica a Proudhon, atingiria Rodbertus, o ídolo dos arrivistas modernos, esse Rodbertus de que, naquela época, Marx nem conhecia o nome?!

Este não é o lugar para o exame detalhado das relações entre Marx e Rodbertus; seguramente, terei a oportunidade de fazê-lo em breve.[223] Direi apenas, por agora, que, quando Rodbertus acusa Marx de "saquear" seus textos e de "utilizar profusamente e sem citações", n'*O capital,* o seu livro *Zur Erkenntniss*[224], ele avança até a calúnia, explicável somente pela irritação de um gênio desconhecido e pela sua assombrosa ignorância acerca do que se produz mais além dos limites da Prússia, especialmente na literatura socialista e econômica. Nem a citada obra, nem as acusações de Rodbertus jamais chegaram ao conhecimento de Marx; desse autor, Marx leu apenas as três *Sozialen Briefe*[225], e não antes de 1858 ou 1859.

É com fundamento que, nessas cartas, Rodbertus assegura ter descoberto o "valor constituído proudhoniano" *antes* do próprio Proudhon; mas, ainda aqui, vangloria-se inutilmente em ser o *primeiro.* De qualquer maneira, a crítica desse livro o atinge, e sou obrigado a me deter, rapidamente, sobre o seu opúsculo fundamen-

222 [Marx e Engels romperam com o jornal através de uma declaração publicada na imprensa alemã em finais de fevereiro e princípios de março de 1865.]

223 [Engels alude ao seu prefácio, datado de 5 de maio de 1885, à primeira edição alemã do livro II d'*O capital* (cf. Marx, K.: *O capital. Crítica da Economia Política,* Rio de Janeiro, livro 2, volume 3, 1970, pp. 1-19).]

224 [Rodbertus-Jagetzow: *Zur Erkenntniss unserer staatswirtschatlichen Zustande* (*Contribuição ao conhecimento do nosso regime econômico*), Neubrandenburg, Friedland, 1842.]

225 [Engels se refere aos três textos de Rodbertus, editados em 1850-1851, em Berlim, sob o título *Sozialen Briele an von Kirchmann* (*Cartas sociais a von Kirchmann*).]

tal, de 1842, *Zur Erkenntniss unerer staatswirtschaftlichen Zustande*, porque, além do comunismo à Weitling nele contido (ainda que inconscientemente), a obra se antecipa ao próprio Proudhon.

O socialismo moderno, qualquer que seja a sua tendência, na medida em que arranca da economia política burguesa, subscreve, quase sem exceções, a teoria do valor de Ricardo. Dos dois postulados estabelecidos por Ricardo, em 1817, nas primeiras páginas dos seus *Principles*[226] – 1º) o valor de toda mercadoria é determinado única e exclusivamente pela quantidade de trabalho necessário para produzi-la e 2º) o produto de todo trabalho social é dividido entre três classes: os proprietários fundiários (renda), os capitalistas (lucro) e os operários (salário) –, desses dois postulados, a partir de 1821, na Inglaterra, extraíram-se deduções socialistas[227] e com um vigor e decisão tais que essa literatura, hoje quase esquecida e em grande parte recuperada por Marx, não foi superada até a publicação d'*O capital*. Sobre essa questão, havemos de voltar em outra oportunidade. O que importa, todavia, é que, quando Rodbertus, em 1842, extraiu conclusões socialistas dos postulados referidos, isso significou, naturalmente, dado o contexto alemão, um progresso; contudo, só na Alemanha isso podia adquirir contornos de uma descoberta. Na sua crítica a Proudhon, vítima da mesma presunção, Marx demonstrou a pouca originalidade consistente numa semelhante aplicação da teoria de Ricardo:

> Qualquer pessoa minimamente familiarizada com o movimento da economia política na Inglaterra não ignora que quase todos os socialistas desse

[226] [Ricardo, D.: *On the principles of Political Economy and taxation* (*Princípios de Economia Política e tributação*), Londres, 1817.)

[227] [Data de 1821 o opúsculo anônimo, publicado em Londres, sob o título *The source and remedy of the national difficulties, deduced from principles of Political Economy. A letter to Lord John Russel* (*Fonte e solução das dificuldades nacionais, deduzidas dos princípios da Economia Política. Carta a Lord John Russel*). No prefácio citado na nota 223, Engels estuda esse opúsculo, que caracteriza como "o ponto mais avançado de toda uma literatura que, de 1820 a 1830, emprega a teoria ricardiana do valor e da mais-valia no interesse do proletariado (...), combatendo a burguesia com suas próprias armas" (*loc. cit.*, p. 13).]

país, em épocas diferentes, propuseram a aplicação igualitária da teoria ricardiana. Poderíamos citar ao sr. Proudhon: a *Economia Política* de Hodgskin, 1827; William Thompson: *An inquiry into the principles of the distribution of wealth, most conducive to human happiness* [*Investigação sobre os princípios de distribuição da riqueza, melhor conducentes à felicidade humana*], 1824; T. R. Edmonds: Practical, moral and political economy [Economia prática, moral e política], 1828; etc. etc. e quatro páginas de etc. Contentar-nos-emos em dar a palavra a um comunista inglês, o sr. Bray. Citaremos as passagens decisivas da sua notável obra *Labour's wrongs and labour's remedy* [*Sofrimentos da classe operária e sua solução*], Leeds, 1839.[228]

As citações que Marx faz de Bray são suficientes para anular boa parte das pretensões que Rodbertus mantém acerca de seu pioneirismo.

Naquela época, Marx ainda não conhecia as salas de leitura do Museu Britânico. Além das bibliotecas de Paris e de Bruxelas e dos meus livros e extratos, consultara apenas as obras que encontrara em Manchester, durante a viagem que, juntos, fizemos pela Inglaterra, em seis semanas do verão de 1845. Deduz-se, assim, que, nos anos 1840, a literatura referida não era tão inacessível como o é hoje. E se, apesar disso, ela continuou ignorada por Rodbertus, a razão está, exclusivamente, no seu estreito provincianismo de cariz prussiano. Ele é o verdadeiro fundador do socialismo especificamente prussiano e, enfim, é hoje reconhecido como tal.

Infelizmente, nem mesmo na sua idílica Prússia, Rodbertus teve paz. Em 1859, em Berlim, publicou-se o livro de Marx *Zur kritik der Politischen Oekonomie, Ersters Heft*[229], em que, entre as objeções levantadas contra Ricardo pelos economistas, Marx cita a seguinte, na página 40:

---

[228] [Cf., neste volume, p. 83-84.]

[229] [Publicado por F. Duncker (Berlim). Há edição em português: *Contribuição para a crítica da Economia Política,* São Paulo, 2008.]

> Se o valor de troca de um produto é igual ao tempo de trabalho que ele contém, o valor de troca de um dia de trabalho é igual ao produto de um dia de trabalho. Ou ainda: o salário deve ser igual ao produto do trabalho. Ora, acontece precisamente o contrário.[230]

E, em nota, ele observa:

> Esta objeção, feita a Ricardo pelos economistas burgueses, foi mais tarde retomada pelos socialistas. Admitindo a exatidão teórica da fórmula, eles denunciavam que a prática contradizia a teoria e instavam à sociedade burguesa que extraísse na prática a dedução implícita do seu princípio teórico. Foi assim que os socialistas ingleses voltaram contra a economia política a fórmula do valor de troca de Ricardo.[231]

Nessa mesma nota, Marx faz referência ao seu livro *Miséria da filosofia* que, àquela altura, ainda se encontrava à venda em todos os lugares.

Rodbertus, portanto, tinha a inteira possibilidade de avaliar a novidade das suas descobertas de 1842. Em vez de fazê-lo, não deixa de proclamá-las a todo instante e as considera tão insuperáveis que sequer ocorre-lhe pensar que Marx, sozinho, pudesse extrair da teoria de Ricardo as mesmas deduções que ele próprio! Nunca! Marx "saqueou" suas obras – obras de um autor a quem Marx oferecia todas as possibilidades de se convencer que, bem antes de ambos, idênticas deduções (pelo menos sob a forma tosca que ainda conservam em Rodbertus) foram enunciadas na Inglaterra!

O que dissemos expressa exatamente a mais simples aplicação socialista da teoria de Ricardo. Essa aplicação conduziu Rodbertus, entre outros, a considerações sobre a origem e a natureza da mais-valia que, em muitos pontos, ultrapassam largamente as concepções de Ricardo. Deixando de lado o fato de as suas descobertas já serem conhecidas pelos seus predecessores, cabe notar que Rodbertus erra tanto quanto eles ao aceitar acriticamente as categorias econômicas

230 [Cf. a edição citada na nota anterior, p. 92.]

231 [*Idem*, p. 92.]

trabalho, capital, valor etc. –, adotando-as sob a forma grosseira da tradição econômica, uma forma que se detém na superfície dos fenômenos sem alcançar o seu conteúdo. Com esse procedimento, Rodbertus não só se priva da possibilidade de qualquer avanço – ao contrário de Marx, que foi o primeiro a extrair consequências desses postulados que são repetidos há 64 anos – mas, ainda, como veremos, caminha diretamente para a utopia.

A referida aplicação da teoria de Ricardo – vale dizer: aos operários, únicos produtores efetivos, pertence a totalidade do produto social, que é o *seu* produto – conduz claramente ao comunismo. Mas, como Marx assinala na passagem mencionada, ela é, em termos econômicos, formalmente falsa, uma vez que expressa uma simples extensão da moral à economia política. Segundo as leis da economia burguesa, a maior parte do produto não pertence aos operários que o criaram. Afirmar que esse fenômeno não é justo, que deve ser eliminado – isso nada tem a ver com a economia política: significa apenas que esse fenômeno colide com a nossa avaliação moral. Precisamente por isso, Marx jamais fundou suas reivindicações comunistas sobre argumentos semelhantes, e sim sobre a inevitável ruína do modo de produção capitalista, ruína que, a cada dia e ante nossos olhos, adquire proporções maiores. Marx se limita a dizer que a mais-valia se constitui de trabalho não pago; limita-se ao fato. Mas o que é formalmente falso em termos econômicos pode ser verdadeiro em termos da história universal. Se a consciência moral das massas considera injusto um fenômeno econômico qualquer, como, outrora, a escravatura ou a servidão, isso mostra que o fenômeno em tela é algo anacrônico e que emergiram outros fenômenos econômicos em função dos quais ele se torna já intolerável e insustentável. Assim, numa inexatidão econômica formal pode ocultar-se um conteúdo econômico real. Aqui, porém, seria despropositado um exame mais profundo do significado e da história da teoria da mais-valia.

No entanto, a teoria do valor de Ricardo permite outras inferências – e elas foram efetivadas. O valor das mercadorias é determinado pelo trabalho necessário à sua produção. Entretanto, nesse nosso mundo de pecados, as mercadorias se vendem ora acima do seu valor, ora abaixo dele, e esse fato não se deve apenas às oscilações geradas pela concorrência. A taxa de lucro tende a reduzir-se a um mesmo nível para todos os capitalistas, igualmente como os preços das mercadorias tendem a reduzir-se, mediante a oferta e a procura, ao valor do trabalho cristalizado nelas. Mas a taxa de lucro é calculada em relação a todo o capital investido numa empresa industrial. E como, em dois ramos industriais diferentes, o produto anual pode cristalizar idênticas quantidades de trabalho e, portanto, representar valores iguais dado um mesmo nível de salários – levando-se em conta que os capitais investidos num ramo podem ser, e frequentemente o são, duas ou três vezes maiores que no outro –, a lei do valor de Ricardo, nesse caso, contradiz (como o próprio Ricardo o percebeu) a lei da equalização da taxa de lucro. Se os produtos dos dois ramos industriais são vendidos pelo seu valor, as taxas de lucro não podem ser iguais; se são iguais, os produtos não podem ser vendidos pelos seus valores. Temos, aqui, uma contradição, uma antinomia de duas leis econômicas; na prática, de acordo com Ricardo (capítulo I, seções 4 e 5), a solução frequente favorece a taxa de lucro às expensas do valor.

A definição ricardiana do valor, porém, apesar das suas implicações negativas, possui um outro aspecto que a torna gratificante para o bom burguês. Esta definição apela, com irresistível vigor, ao seu sentimento de justiça. A justiça e a igualdade de direitos são os fundamentos sobre os quais o burguês dos séculos XVIII e XIX desejara construir o seu edifício social, após liquidar as injustiças, desigualdades e privilégios feudais. Como Marx o demonstrou, a determinação do valor das mercadorias pelo trabalho e a livre troca de produtos do trabalho que se realiza sobre a base dessa medida do valor entre os donos das mercadorias, iguais em direitos, são os pilares reais sobre que se erguem toda a ideologia política, jurídica e filosófica da burguesia moderna. Uma vez estabelecido que o trabalho é a medida do valor da mercadoria, o bom burguês deve escandalizar-se até a medula dos seus melhores sentimentos com esse mundo imoral, em que aquela lei primária da justiça é afirmada de direito e, de fato, negada vergonhosamente a cada instante. Justamente o pequeno-burguês, cujo honrado trabalho – ainda que seja apenas o dos seus empregados e aprendizes – é precisamente desvalorizado pela concorrência da grande indústria e das máquinas, justamente esse pequeno produtor sonha com uma sociedade em que a troca dos produtos segundo o valor do trabalho neles cristalizado seja, enfim, uma verdade plena e absoluta. Noutras palavras: ele aspira a uma sociedade em que reine, sem exceção, e exclusivamente, uma lei da produção mercantil, mas na qual estejam suprimidas as condições que garantem a vigência dessa lei, ou seja: as outras leis da produção mercantil e, mais tarde, capitalista.

Há várias provas da profunda ressonância dessa utopia na mentalidade do pequeno-burguês – por sua situação ou por suas ideias – contemporâneo: já em 1831, ela foi sistematicamente desenvolvida por John Gray[232]; nos anos de 1830, na Inglaterra, fizeram-se tentativas para levá-la à prática, ao mesmo tempo que foi amplamente divulgada no terreno da teoria; em 1842, Rodbertus proclamou-a, na Alemanha, como novíssima verdade e, em 1846, Proudhon fez o mesmo na França; em 1871, ela foi novamente preconizada por Rodbertus como solução para o problema social e, simultaneamente, como o seu legado[233]; e, em 1884, encontra partidários entre a camarilha de arrivistas que, protegendo-se com

232 [Gray, J.: *The social system. A treatise on the principle of exchange* (*O sistema social. Tratado sobre o princípio da troca*), Edinburg, 1831.]

233 [Engels refere-se a um artigo de Rodbertus, *Der Normal-Arbeitstag* (*A jornada normal de trabalho*), publicado em 16-23-30.09.1871 na *Berliner Revue* (*Revista Berlinense*); no mesmo ano, foi editado em livro.]

o nome de Rodbertus, pretende utilizar o socialismo de Estado prussiano.[234]

A crítica de Marx a essa utopia, dirigida tanto contra Proudhon quanto contra Gray[235], é tão exaustiva que, agora, posso limitar-me a poucas observações sobre a forma específica que Rodbertus adotou para fundamentá-la e expô-la.

Como se referiu, Rodbertus toma as definições correntes dos conceitos econômicos tal como as apresenta a tradição dos economistas – não faz qualquer tentativa analítica. Para ele, o valor é

> a avaliação, tomada como medida, do objeto em sua relação quantitativa com outros objetos.[236]

Esta definição que, para dizer com delicadeza, é extremamente vaga, oferece-nos, no melhor dos casos, uma ideia aproximada do valor, mas não nos esclarece, em absoluto, o que ele é. E como isto é tudo o que Rodbertus pode nos afirmar sobre o valor, compreende-se que procure a sua medida fora dele. Depois de confundir, na maior desordem, ao longo de 30 páginas, o valor de uso com o valor de troca, evidenciando uma capacidade de raciocínio abstrato que causa infinito assombro a Adolph Wagner[237], Rodbertus conclui que não existe uma medida real do valor, devendo-se, por isso, conformar-se com um sucedâneo de medida. O trabalho serviria para tanto, exclusivamente quando se trocassem, sempre, produtos de iguais quantidades de trabalho, independentemente de que "isso ocorra de modo espontâneo ou em decorrência de providências aplicadas"[238]. Consequentemente, o valor e o trabalho continuam sem vinculações reais, embora o primeiro capítulo da obra tenha

---

234 [Engels se refere ao grupo de testamenteiros literários de Rodbertus (especialmente Kozak e Wagner), responsáveis pela publicação de *Das kapital. Vierter sozialer Brief an von Kischmann* (*O capital. Quarta carta social a von Kischmann*), Berlim, 1884.]

235 [Cf. o texto de Marx, sobre Gray, incluido nos "Anexos" deste volume.]

236 [Rodbertus, *op. cit.* , p. 61.]

237 [No prefácio à obra citada na nota 234, Wagner escreveu: "Rodbertus revela aqui um vigor de raciocínio abstrato próprio dos gênios" (pp. VII-VIII).]

238 [Rodbertus, *op. cit.*, p. 62.]

sido inteiramente consagrado à explicação de como e por que as mercadorias "custam trabalho" e nada mais que trabalho.

O conceito de trabalho também é tomado por Rodbertus sem crítica, tal como se apresenta nos economistas. Mais: embora aluda rapidamente às diferenças na intensidade do trabalho, Rodbertus o concebe em seu aspecto genérico como algo que "possui valor" e, logo, que mensura valor, seja ou não empregue em condições sociais medidas e normais. O fato de os produtores investirem dez dias ou somente um na produção de um artigo que pode ser fabricado em um dia; a utilização de instrumentos melhores ou piores; o aproveitamento do tempo de trabalho para a produção de artigos socialmente indispensáveis e na quantidade socialmente necessária, ou a produção de artigos para os quais não há demanda ou, ainda, a produção de artigos em quantidade superior ou inferior à demanda – nada disso interessa a Rodbertus; o que conta é: o trabalho é trabalho, produtos de igual quantidade de trabalho devem trocar-se entre si. Sobre esta questão, Rodbertus – que, quanto a outras está sempre disposto, pertinente ou impertinentemente, a adotar o ponto de vista do conjunto nacional e a examinar as relações entre os produtores a partir das alturas da sociedade em geral – revela a sua pusilanimidade. Há uma razão para isso: desde a primeira linha do seu livro, ele salta na utopia dos vales do trabalho, e qualquer análise da propriedade criadora de valor, que é inerente ao trabalho, impediria o curso das suas ideias. Aqui, os raciocínios abstratos de Rodbertus cedem o passo ao seu instinto. Aliás, para admirar a capacidade de raciocínio abstrato de Rodbertus é preciso estar dotado de um concreta indigência mental.

O trânsito à utopia é imediato. As "providências" que asseguram a troca de mercadorias pelo valor do trabalho nelas cristalizado, segundo uma regra sem exceções, não oferecem qualquer dificuldade. Outros utopistas da mesma tendência, de Gray a Proudhon, queimaram pestanas para idealizar instituições públicas capazes de atingir esse objetivo. Pelo menos, tentaram resolver economicamente as questões econômicas, apoiando-se na ação dos próprios donos das mercadorias que realizam a troca. A solução de Rodbertus é muito mais simples: como prussiano autêntico, apela ao Estado – os poderes públicos decretam a reforma.

Portanto, e felizmente, o valor se "constitui", mas não de modo pioneiro, como Rodbertus pretende. Ao contrário: muito antes que ele, Gray e Bray – como uma multidão de outros economistas – repetiram à saciedade esta mesma ideia: o piedoso voto de se adotarem medidas tendentes a garantir que a troca dos produtos, sempre e em todas as circunstâncias, se realize exclusivamente segundo o valor do trabalho materializado neles.

Depois de ter constituído assim o valor de pelo menos uma parte dos produtos – Rodbertus é modesto –, o Estado emite seus vales de trabalho e os adianta aos capitalistas industriais, que pagam com eles aos operários que, por sua vez, compram os produtos com tais vales, remetendo o papel-moeda ao seu ponto de partida. Devemos passar a palavra a Rodbertus, para ver como tudo isso funciona admiravelmente:

> Quanto a esta segunda condição, as medidas necessárias para assegurar que os valores consignados nos vales estejam realmente em circulação resumem-se em conceder vales, com a exata indicação da quantidade de trabalho empregado na produção de artigos, exclusivamente às pessoas que, de fato, fabricaram tais artigos. Quem entregar um produto de dois dias de trabalho, receberá um vale onde se lê: "dois dias". Observada rigorosamente essa norma na emissão dos vales, aquela segunda condição efetivar-se-á necessariamente. Como, de acordo com a nossa premissa, o valor dos artigos coincide sempre com a quantidade de trabalho empregado na sua produção, sendo medida pelas frações naturais do tempo investido, a pessoa que entrega um produto no qual gastou dois dias de trabalho, ao receber um vale de dois dias, está de posse de uma nota ou um certificado que é equivalente ao de fato produzido. E como, ademais, *somente* recebe esse vale quem, efetivamente, criou um produto para a circulação, é também claro que o valor consignado no vale existe realmente para a

> satisfação das necessidades da sociedade. Observada rigorosamente essa norma, por maior que seja a divisão do trabalho, *a soma de valor existente deve ser exatamente igual à soma de valor registrada nos vales*. E como esta é, por seu lado, a soma exata de todos os vales, deverá *coincidir necessariamente com a quantidade de valor existente, e todas as exigências estarão satisfeitas e liquidadas de um modo justo* (pp. 166-167).

Se, até aqui, Rodbertus teve a infelicidade de sempre chegar atrasado com as suas descobertas, a ele se pode atribuir, agora, o mérito de *uma* certa originalidade: nenhum de seus rivais atrevera-se a expressar a insensatez da utopia dos vales de trabalho com tamanha e tão nítida puerilidade, de forma – permita-se a expressão – tão verdadeiramente pomeraniana. Já que cada vale corresponde a um objeto representativo de valor e, por outro lado, cada objeto de valor é entregue contra a apresentação do respectivo vale, a soma dos vales deve ser necessariamente coberta pela soma dos objetos de valor; as contas se resolvem sem qualquer excedente, até os segundos de trabalho coincidem e nenhum contador da tesouraria da Fazenda Pública, envelhecido por anos de serviço, poderá encontrar o menor erro. É possível pedir mais?

Na sociedade burguesa moderna, cada capitalista industrial, por sua conta e risco, produz o que quer, como e quanto quer. Ele ignora as necessidades sociais, a qualidade e a quantidade dos artigos que a demanda exige. O que hoje não é produzido com a suficiente rapidez, amanhã pode ser oferecido em quantidades muito superiores às requeridas. No entanto, de um modo ou de outro, bem ou mal, a produção geralmente se dirige para os artigos que são necessários. Como se resolve essa contradição? Pela concorrência. E como a concorrência a resolve? Simplesmente, ela reduz os preços das mercadorias que, num momento dado, por seu gênero ou quantidade, não são adequadas às necessidades da sociedade, depreciando o valor do trabalho materializado nelas; por essa via indireta, a concorrência mostra aos produtores que seus artigos são desnecessários, ou que são indispensáveis, mas que a sua produção está exagerada. Desse fato duas deduções são possíveis.

Primeira: os desvios contínuos dos preços das mercadorias em relação aos seus valores constituem a condição necessária através da qual, e só mediante a qual, o valor próprio da mercadoria pode se manifestar. Exclusivamente através das oscilações da concorrência (e, logo, dos preços das mercadorias) se efetiva a lei do valor da produção mercantil e se realiza a determinação do valor da mercadoria pelo tempo de trabalho socialmente necessário. E mesmo quando a forma de manifestação do valor – o preço – não se identifica, como é regra geral, com o valor que expressa, ainda aqui o valor compartilha a sorte da maioria das relações sociais. Na maioria dos casos, também o monarca não se identifica com a monarquia que representa. Por isso, numa sociedade de produtores que trocam as suas mercadorias, pretender o estabelecimento da determinação do valor pelo tempo de trabalho empregado, impedindo que a concorrência realize essa determinação através da pressão sobre os preços (que é a única via possível para isso), evidencia apenas que, nesse âmbito, se prolonga o habitual desprezo dos utópicos face às leis econômicas.

Segunda: numa sociedade de produtores que trocam as suas mercadorias, a concorrência, ao acionar a lei do valor inerente à produção mercantil, funda uma organização e uma ordenação da produção social que, nas circunstâncias dadas, são as únicas possíveis. Os diferentes produtores só percebem as necessidades sociais através da depreciação ou do excessivo encarecimento dos produtos. E é precisamente esse único instrumento regulador que a utopia representada também por Rodbertus quer suprimir. E se perguntarmos o que garante a produção adequada de cada artigo, qual a garantia de que não nos faltarão trigo e carne enquanto sobram toneladas de açúcar de beterraba e torrentes de aguardente de batata nos afogam, qual a garantia de que não nos faltarão calças em meio à superabundância de botões – Rodbertus, solene, nos mostrará o seu famoso registro de vales, em que, para cada quilo de açúcar em excesso, para cada barril de aguardente não comprado, para cada botão não utilizado em calças, está consignada a entrega de um vale exato, o que assegura a perfeita "coincidência" dos cálculos, graças a que "todas as exigências estarão satisfeitas e liquidadas de um modo justo". Aquele que duvidar pode se dirigir ao contador X, da tesouraria da Fazenda Pública da Pomerânia, que verificou o registro de vales, comprovou a sua perfeição e merece a confiança que se deposita no funcionário que nunca cometeu um erro de caixa.

Observemos agora a ingenuidade com que Rodbertus, através da sua utopia, pensa suprimir as crises comerciais e industriais. Quando a produção mercantil assume as dimensões do mercado mundial, o equilíbrio entre a produção dos diferentes produtores, orientados pelos seus cálculos individuais, e o mercado para o qual produzem, mercado que desconhecem, ignorando as quantidades e as qualidades que demanda, esse equilíbrio se estabelece por meio de uma tempestade no mercado mundial – por meio de uma crise comercial.[239] Impedir que a concorrência mostre aos diferentes produtores, através da alta e da queda dos preços, o estado do mercado mundial, significa deixá-los completamente às cegas. Organizar a produção mercantil de modo que os produtores não consigam conhecer a situação do mercado para o qual operam é oferecer para a doença das crises uma panaceia que até o doutor Eisenbart invejaria a Rodbertus.

Compreende-se, então, por que Rodbertus determina o valor da mercadoria simplesmente pelo "trabalho", admitindo, no máximo,

[239] Pelo menos, foi assim até recentemente. Desde que o monopólio inglês no mercado mundial se vê ameaçado pela participação da França, da Alemanha e, especialmente, da América do Norte no comércio internacional, parece emergir uma nova forma de equilíbrio. O período de prosperidade geral anterior à crise ainda não retornou. Se ele não ressurgir, a estagnação crônica, embora com ligeiras oscilações, deverá constituir o estado normal da indústria moderna.

diferentes graus da sua intensidade. Se investigasse por meio de que e como o trabalho cria e, portanto, determina e mensura o valor, ele chegaria ao trabalho socialmente necessário: necessário tanto para cada produto em relação a outros da mesma classe quanto em relação à demanda de toda a sociedade. Ele seria conduzido ao exame da adequação da produção dos diferentes produtores de mercadorias a toda a demanda social – e a sua utopia seria impossível. Mas Rodbertus preferiu, realmente, "abstrair": "abstraiu", simplesmente, a essência mesma do problema.

Enfim, vejamos o ponto em que Rodbertus nos oferece algo efetivamente novo, algo que o distingue de todos os seus correligionários, defensores da organização da economia mercantil com o auxílio dos vales de trabalho. Todos eles preconizam essa organização da troca com o objetivo de abolir a exploração do trabalho assalariado pelo capital. Cada produtor deve receber integralmente o valor do trabalho materializado em seu produto. Quanto a isso, todos estão de acordo, de Gray a Proudhon. Rodbertus contrapõe – de forma alguma: o trabalho assalariado e a sua exploração devem subsistir.

Em primeiro lugar, qualquer que seja a sociedade que imaginarmos, o operário não pode receber para o consumo o valor integral do seu produto; o que é produzido deverá cobrir sempre os gastos de diversas funções que, embora improdutivas no sentido econômico são necessárias, e, consequentemente, cobrir os gastos de manutenção das pessoas encarregadas dessas funções. Isso só é válido nas condições da atual divisão do trabalho. Numa sociedade em que o trabalho produtivo seja obrigatório para todos – e uma sociedade assim também é "imaginável" –, essa validez é derrogada. É claro que um fundo social de reserva e um fundo de acumulação continuarão necessários e, pois, todos os trabalhadores (ou seja: todos os membros da sociedade) possuirão e desfrutarão, com certeza, todo o seu produto, mas, separadamente, ninguém desfrutará o "produto integral do seu trabalho". Alguns utópicos dos vales de trabalho levaram em conta os gastos das funções economicamente improdutivas que devem ser extraídos do produto do trabalho; eles, porém, concedem aos próprios operários o direito de determinar os descontos necessários a esses gastos, segundo os procedimentos democráticos habituais. Rodbertus, que projetou a sua reforma em 1842, adequando-se estritamente ao Estado prussiano da época, inova: atribui essa tarefa à burocracia que, soberanamente, determina e, benevolente, entrega ao operário a parte que lhe corresponde do seu próprio produto.

Em segundo lugar, devem permanecer intocáveis a renda fundiária e o lucro. De fato, os latifundiários e os capitalistas industriais também exercem funções socialmente úteis e até necessárias, embora improdutivas do ponto de vista econômico, e, sob a forma da renda fundiária e do lucro, recebem uma espécie de remuneração. Sabe-se que, nem mesmo em 1842, isso constituía uma novidade. Para dizer a verdade, os latifundiários e os capitalistas industriais recebem, hoje, muito pelo pouco que fazem (e que fazem mal); Rodbertus, no entanto, tem necessidade, pelo menos para os próximos 500 anos, de uma classe privilegiada; por isso, a atual taxa de mais-valia – para falar com exatidão – não deve aumentar, mas se conservar. Rodbertus fixa essa taxa moderna de mais-valia em 200%, isto é: por um trabalho diário de doze horas, o operário receberá um vale de quatro horas e o valor produzido nas oito restantes será repartido entre o proprietário fundiário e o capitalista. Numa palavra: os vales de trabalho de Rodbertus não passam de uma mentira. E é preciso ser dono de uma propriedade agrária senhorial na Pomerânia para acreditar que, trabalhando doze horas, a classe operária aceite vales de quatro horas. Traduzido nessa linguagem ingênua, o truque da produção capitalista aparece como um roubo descarado e se torna inviável. Cada vale entregue ao operário seria uma aberta convocação à insurreição e cairia sob a alçada do artigo 110 do Código Penal do Império Germânico. É preciso nunca ter visto outro proletariado que os jornaleiros semisservos das propriedades agrárias da Pomerânia, onde reinam o chicote e o cacete e onde todas as belas aldeãs fazem parte do harém do senhor, para imaginar que se possam fazer essas cínicas propostas à classe operária. Mas os nossos conservadores são, de fato, os nossos maiores revolucionários.

Contudo, se os nossos operários forem dóceis a ponto de se convencerem que, em doze horas de labor brutal, só trabalharam quatro, terão como recompensa a garantia, pelos séculos afora, de que a sua parte no seu próprio produto nunca será inferior a um terço. Isso não passa de música do futuro, tocada com instrumentos de brinquedo – e não vale a pena perder tempo com isso. Toda a novidade que Rodbertus trouxe à utopia da troca mediante os vales de trabalho é mera puerilidade e a sua significação não alcança o plano atingido pelos seus numerosos antecessores e sucessores.

No momento em que foi publicado, o livro de Rodbertus, *Zur Erkenntniss...*, constituiu certamente um trabalho importante. O seu desenvolvimento da teoria ricardiana do valor – embora só fosse novidade para o próprio Rodbertus e para a Alemanha – tem o nível das obras dos seus melhores predecessores e representava um começo cheio de promessas. Mas era apenas um começo, a partir do qual uma efetiva contribuição teórica implicaria um trabalho ulterior, fundamental e crítico. Essa evolução foi interditada por Rodbertus mesmo, quando se pôs a desenvolver a teoria de Ricardo em outra direção, no sentido da utopia. Com isso, ele perdeu a primeira condição da crítica – a ausência de um critério preconcebido. Antes, Rodbertus trabalhou sem os antolhos postos por objetivos apriorísticos; depois, converteu-se num economista tendencioso. Prisioneiro da sua utopia, privou-se de qualquer possibilidade de um progresso científico. De 1842 à sua morte, Rodbertus não fez mais que girar em torno do mesmo ponto, repetindo incessantemente ideias formuladas ou esboçadas na sua primeira obra; sentiu-se ignorado, imaginou-se plagiado onde nada havia para plagiar e, enfim, conscientemente, recusou-se a compreender que descobrira o que, na realidade, já era conhecido há muito.

Em algumas passagens, a tradução alemã desse livro de Marx se diferencia do original publicado em francês. Tais diferenças se devem às emendas autógrafas de Marx, que também serão introduzidas na nova edição francesa.[240]

Não é preciso advertir aos leitores que a terminologia empregada nesta obra nem sempre coincide com a d'*O capital*. Por exemplo: aqui ainda se fala de *trabalho* (*Arbeit*) como mercadoria, de compra e venda de trabalho, em vez de *força de trabalho* (*Arbeitskraft*).

Complementamos essa edição com dois outros materiais: 1º) um fragmento da obra de Marx, *Contribuição para a crítica da Economia Política* (Berlim, 1859), a propósito da *primeira* utopia da troca mediante vales de trabalho, idealizada por John Gray; 2º) o discurso de Marx sobre o livre-câmbio, pronunciado em Bruxelas (1848), que pertence ao mesmo período de desenvolvimento do autor que a *Miséria da filosofia*.

Friedrich Engels

Londres, 23 de outubro de 1884

240 [Engels se refere à segunda edição francesa, de que então se ocupava Laura Lafargue, filha de Marx. Esta edição só foi publicada em Paris em 1896.]

PREFÁCIO À SEGUNDA EDIÇÃO ALEMÃ

Com relação a esta segunda edição, limito-me a dizer que o nome de Hopkins, que aparece no texto francês, foi substituído pelo de Hodgskin, que é o certo, e que se corrigiu a data da obra de William Thompson, de 1824.[241] Esperamos que, assim, a consciência bibliográfica do sr. prof. Anton Menger fique tranquila.[242]

Friedrich Engels
Londres, 29 de março de 1892

---

241 [Cf., neste volume, a p. 83. É preciso dizer, todavia, que é inegável a existência de um certo Thomas Hopkins, que, em 1822, publicou, em Londres, um livro de economia que foi estudado por Marx e comentado nas *Teorias sobre a mais-valia*.]

242 [As pequenas incorreções contidas na edição francesa de 1847, e repetidas na versão alemã de 1885, foram utilizadas pelo sociólogo e jurista austríaco A. Menger para, no seu livro *Das Recht auf den vollen Arbeitsertrag in Geschichtlicher Darstellung* (*O direito às rendas integrais procedentes do trabalho na interpretação histórica*), Stuttgart, 1886, criticar Marx e Engels.]

JOHN GRAY E OS VALES DE TRABALHO[243]

Foi John Gray[244] quem, pela primeira vez, desenvolveu sistematicamente a teoria do tempo de trabalho enquanto unidade de medida imediata da moeda. Um banco central nacional, com o apoio das suas sucursais, certifica o tempo de trabalho investido na produção das diversas mercadorias. Em troca da mercadoria, o produtor recebe um certificado oficial do seu valor, ou seja: um recibo que atesta a quantidade de trabalho contida na sua mercadoria[245], e esses bilhetes bancários de uma semana, um dia, uma hora de trabalho etc., funcionam simultaneamente como vales para um equivalente em todas as outras mercadorias armazenadas

---

243 [Como Engels informa na edição alemã, este fragmento foi extraído de Marx, K.: *Zur kritik des Politischen Oekonomie,* Berlim, 1859, pp. 61-64 (cf. nota 229 do prefácio de Engels à primeira edição alemã].

244 John Gray, *The social system. A treatise on the principle of exchange* [*O sistema social. Tratado sobre o princípio da troca*], Edinburg, 1831. Cf. também, do mesmo autor, *Lectures on the Nature and use of money* [*Ensaios sobre a natureza e a utilização do dinheiro*], Edinburg, 1848. Após a Revolução de Fevereiro, Gray enviou ao governo provisório francês um relatório em que afirmava que a França não carecia de uma "organização do trabalho" (*"organization of labour"*), mas de uma "organização de troca" (*"organization of exchange"*), cujo plano estava inteiramente elaborado no sistema monetário que concebera. O valente John não poderia imaginar que, 16 anos depois da publicação do seu *The social system,* o muito inventivo Proudhon patentearia a mesma descoberta.

245 Gray, *loc. cit.*, p. 63: "O dinheiro deve ser, apenas, um recibo, o certificado de que o seu detentor contribuiu, com um valor determinado, para a riqueza nacional existente, ou de que ele adquiriu o direito desse valor de outro que já fizera a mesma contribuição".

nos depósitos do banco[246]. Este é o princípio fundamental, desenvolvido em seus detalhes e apoiado inteiramente nas instituições existentes na Inglaterra. Com esse sistema, segundo Gray, "seria sempre tão fácil vender por dinheiro quanto, hoje, é fácil comprar com dinheiro. A produção seria a fonte uniforme e jamais exaurida da demanda"[247]. Os metais preciosos perderiam o seu "privilégio" sobre as outras mercadorias e "tomariam, no mercado, o lugar que lhes cabe, ao lado da manteiga e dos ovos, dos lençóis e dos tecidos de algodão, e seu valor nos interessaria tanto quanto o dos diamantes"[248]. "Devemos conservar a nossa fictícia medida dos valores, o ouro, entravando assim as forças produtivas do país, ou devemos recorrer à medida natural dos valores, o trabalho, liberando as forças produtivas do país?"[249].

Se o tempo de trabalho é a medida imanente dos valores, por que lhe aduzir uma outra medida exterior? Por que o valor de troca se converte em preço? Por que todas as mercadorias se avaliam por uma única mercadoria, que assim se transforma em modo de existência adequado do valor de troca, em dinheiro? Este era o problema que Gray tinha de resolver. Em vez de solucioná-lo, ele imaginou que as mercadorias poderiam se relacionar entre si, diretamente, como produtos do trabalho social. Elas, porém, só podem se relacionar entre si por aquilo que são. E são, imediatamente, produtos de trabalhos privados, independentes e isolados que, através da sua alienação no processo da troca privada, devem ser reconhecidos como trabalho social geral. Noutros termos: sobre a base da produção mercantil, o trabalho só se torna trabalho social

---

[246] Gray, *loc. cit.*, pp. 67-68: "Quando um determinado valor estiver materializado no produto, este pode ser depositado no banco e retirado logo que houver necessidade, simplesmente estipulando, por uma convenção geral, que quem depositou um bem qualquer no banco nacional projetado pode retirar um valor igual de qualquer produto sem estar obrigado a retirar o mesmo objeto que depositou".

[247] *Idem*, p. 16.

[248] Gray, *Lectures...*, pp. 182-183.

[249] *Idem*, p. 169.

pela alienação universal dos trabalhos individuais. Mas, ao colocar o tempo de trabalho contido nas mercadorias como *imediatamente social,* Gray o coloca como tempo de trabalho coletivo ou como tempo de trabalho de indivíduos diretamente associados. Neste caso, realmente, uma mercadoria específica, como o ouro e a prata, não poderia apresentar-se face às outras como a encarnação do trabalho geral; o valor de troca não se converteria em preço; mas, também, o valor de uso não se transformaria em valor de troca e o produto não se transformaria em mercadoria, de forma que a própria base da produção burguesa seria suprimida. Mas este não é, em absoluto, o pensamento de Gray. *Os produtos devem ser fabricados como mercadorias, mas não devem ser trocados como tais.* Gray confia a um banco nacional a execução desse piedoso desejo. De um lado, a sociedade, sob a forma do banco, independentiza os indivíduos das condições da troca privada; de outro, deixa-os continuar produzindo sobre a base da troca privada. Entretanto, a lógica interna compele Gray a negar, umas após as outras, as condições da produção burguesa, embora ele queira, apenas, "reformar" a moeda oriunda da troca mercantil. Assim, transforma o capital em capital nacional[250], a propriedade fundiária em propriedade nacional[251] e, se se examina com cuidado o seu banco, verifica-se que ele não se limita a receber as mercadorias e a entregar certificados do trabalho investido, mas que regula a própria produção. Em sua última obra, *Lectures* ..., em que Gray procura ansiosamente apresentar a sua moeda-trabalho como uma reforma puramente burguesa, ele se confunde em contradições ainda mais gritantes.

Toda mercadoria, imediatamente, é moeda. Esta era a teoria de Gray, deduzida da sua análise incompleta e, por isso mesmo, falsa, da mercadoria. A construção "orgânica" de uma "moeda-trabalho",

---

250 "Os negócios de cada país devem ser conduzidos por um capital nacional" (Gray, *The social system,* p. 171).

251 "A terra deve ser transformada em propriedade nacional" (*idem,* p. 298).

de um "banco nacional" e de "depósitos de mercadorias" é uma quimera, na qual um dogma equivocado se apresenta como lei universal. O dogma que considera a mercadoria imediatamente como moeda, ou que identifica imediatamente o trabalho individual privado nela contido com o trabalho social, não se tornará uma verdade porque um banco acredite nele e opere de acordo com ele. Nesse caso, a falência assumirá o papel da crítica prática. O que em Gray permanece oculto, e é, para ele mesmo, um segredo, é justamente o fato de a moeda-trabalho ser uma expressão econômica vazia, manifestação do piedoso desejo de abolir o dinheiro, com o dinheiro abolir o valor de troca, com o valor de troca abolir a mercadoria, com a mercadoria abolir a forma burguesa da produção. E precisamente isso foi dito, sem dissimulação, por alguns socialistas ingleses, que escreveram antes e depois de Gray[252]. Todavia, apenas ao sr. Proudhon e à sua escola estava reservado o preconizar seriamente a degradação do *dinheiro* e a sacralização da *mercadoria* como a essência do socialismo, reduzindo, assim, o socialismo a uma cândida incompreensão da necessária relação entre a mercadoria e o dinheiro.[253]

---

[252] Cf., por exemplo, W. Thompson, *An inquiry into the distribution of wealth...* [*Investigação dos princípios da distribuição da riqueza...*], Londres, 1824, e Bray, *Labour's wrongs and labour's remedy* [*Sofrimentos da classe operária e sua solução*], Leeds, 1839.

[253] A quintessência dessa melodramática teoria da moeda é o livro de Alfred Darimon, *De la reforme des banques* [*Sobre a reforma bancária.*], Paris, 1856.

DISCURSO SOBRE O PROBLEMA DO LIVRE-CÂMBIO[254]

Senhores:

A abolição das leis sobre os cereais, na Inglaterra, constitui o maior triunfo do livre-cambismo no século XIX[255]. Em todos os países onde os fabricantes reclamam o livre-câmbio, eles pensam sobretudo no livre-câmbio dos cereais e das matérias-primas em geral. "Tributar com taxas protecionistas os cereais estrangeiros é uma infâmia, é especular com a fome dos povos".

Pão barato, salários altos – *cheap food, high wages* – esse foi o único objetivo em função do qual os *free-traders*[256] ingleses gastaram milhões e já contagiaram com o seu entusiasmo os seus con-

[254] [Pronunciado por Marx na seção pública de 9 de janeiro de 1848 da *Associação Democrática de Bruxelas,* criada em setembro do ano anterior e da qual Marx era o vice-presidente. O texto foi publicado em Bruxelas, em fevereiro de 1848, em francês, pela própria *Associação;* no mesmo ano, foi traduzido (por Weydemeyer) e editado na Alemanha. Deve-se recordar que, no mesmo mês de setembro, Marx participara, sem direito à palavra, de um congresso de economistas livre-cambistas, realizado também em Bruxelas, e a que se refere neste discurso.]

[255] [Introduzida em 1815, para proteger o mercado interno do trigo, essa legislação foi abolida em 1846, pelo gabinete de Robert Peel.]

[256] [Partidários do livre-comércio e da não-intervenção do Estado na vida econômica do país. Os *free-traders* concentravam-se em Manchester, onde se constituiu a *escola manchesteriana,* cujas propostas refletiam os interesses da burguesia industrial. Dela faziam parte Cobden e Bright – proprietários de indústrias têxteis –, que fundaram a *Liga Contra as Leis sobre os Cereais* (cf. *infra* nota 259). Nos anos de 1840 e 1850, os *free-traders* constituíram um grupo político especial que, mais tarde, integrou-se no Partido Liberal.]

frades continentais. Geralmente, quando se deseja o livre-câmbio, é para melhorar a condição da classe trabalhadora.

Mas – coisa espantosa! – o povo, ao qual se quer propiciar, a todo custo, pão barato, o povo é muito ingrato. O pão barato desfruta hoje na Inglaterra da mesma má reputação que o governo barato na França. Em homens devotados como Bowring, Bright e consortes, o povo vê os seus maiores inimigos e os hipócritas mais descarados.

Todo o mundo sabe que a luta entre os liberais e os democratas, na Inglaterra, designa-se como a luta entre os *free-traders* e os cartistas[257].

Vejamos agora como os *free-traders* ingleses provaram ao povo a bondade dos sentimentos que estimulavam a sua ação.

Eis o que diziam aos operários fabris: – O imposto sobre os cereais é um imposto sobre os salários, que vocês pagam aos latifundiários, esses aristocratas de Idade Média. Se a situação de vocês é miserável, a causa está no alto preço dos víveres de primeira necessidade.

Por seu turno, os operários perguntavam aos fabricantes: – Como é que nos últimos 30 anos, quando a nossa indústria se desenvolveu mais, o nosso salário foi reduzido numa proporção bem maior que o aumento do preço dos cereais?

O imposto que, segundo vocês afirmam, pagamos aos latifundiários, corresponde aproximadamente a três *pence* semanais por operário. No entanto, o salário do tecelão manual foi reduzido, entre 1815 e 1843, de 28 para 5 *x* semanais; e o salário do tecelão que trabalha em tear mecânico foi reduzido, no mesmo período, de 20 para 8 *x* semanais.

Contudo, durante todo esse tempo, o imposto que pagamos nunca passou de 3 *pence*. E, em 1834, quando o pão estava barato e o comércio ia bem, o que vocês nos diziam? Se são infelizes, é

---

257 [O auge do movimento cartista, iniciado em 1838, foi a greve geral de agosto de 1842. A partir de então, os cartistas passaram a combater a *Liga Contra as Leis sobre os Cereais*].

porque têm muitos filhos, porque as suas famílias crescem mais que o seu trabalho!

Era isso o que nos diziam à época, quando vocês promulgavam novas leis contra os pobres e construíam as *work-houses,* essas Bastilhas dos proletários[258].

A isso, os patrões replicavam:

– Os senhores operários têm razão; o salário não é determinado apenas pelos preços dos cereais, mas também pela concorrência entre os braços que se oferecem no mercado de trabalho. Mas, observem: a nossa terra se compõe de pedras e areia. Vocês pensam, por acaso, que se pode cultivar trigo em vasos de flor? Assim, se em vez de consagrar nosso capital e nosso trabalho a uma terra estéril, abandonássemos a agricultura para nos dedicar exclusivamente à indústria, a Europa inteira fecharia as suas manufaturas e a Inglaterra se transformaria numa só grande cidade fabril, cuja província agrícola seria o resto da Europa.

Mas este discurso do fabricante aos seus operários é interrompido pelo pequeno comerciante, que intervém: – Se abolimos as leis sobre os cereais, de fato arruinamos a agricultura, mas não obrigamos os outros países a comprar das nossas fábricas, fechando as suas. Qual seria o resultado? Eu perderia os clientes que hoje tenho no campo e o comércio interno perderia os seus mercados.

O fabricante, virando as costas aos operários, responde ao merceeiro: – Quanto a isso, deem-nos liberdade de ação. Abolido o imposto sobre os cereais, teremos trigo estrangeiro a preço baixo. Então, reduziremos os salários, que, ao mesmo tempo, subirão nos países de que importamos os grãos. Assim, além das vantagens que temos hoje, contaremos ainda com um salário menor e, com tudo isso, obrigaremos o continente a adquirir as nossas mercadorias.

[258] [A instituição das *casas de trabalho* (*work-houses*) remonta ao século XVII (1601); o sistema aludido no texto foi introduzido em 1834, por influência das ideias de Bentham. A legislação contra os pobres, mesmo sofrendo grandes alterações ao longo dos anos, só foi completamente ultrapassada em 1944.]

E eis que o arrendatário e o operário agrícola entram na discussão, perguntando:

– E nós, o que será de nós? Iríamos decretar a sentença de morte da agricultura da qual vivemos? Permitiremos que nos arranquem a terra que pisamos?

A resposta da *Liga contra as Leis sobre os Cereais*[259] é simples: ela limitou-se a oferecer prêmios aos três melhores trabalhos que mostrassem a influência salutar da abolição das leis sobre os cereais na agricultura inglesa. Esses prêmios foram concedidos aos Srs. Hope, Morse e Greg, cujos livros foram distribuídos nas zonas rurais em milhares de exemplares[260].

Um dos laureados procura demonstrar que, com a livre importação de cereais, não serão prejudicados nem o arrendatário nem o operário agrícola – as perdas só afetarão ao proprietário fundiário. O arrendatário inglês, escreve ele, não deve temer a abolição das leis sobre os cereais, porque nenhum país poderia produzir um trigo tão bom e tão barato como a Inglaterra. Por isso, mesmo com o preço dos cereais em baixa, o arrendatário nada perderá: a baixa só influenciaria a renda, que seria reduzida, mas não incidiria nem sobre o lucro industrial nem sobre o salário, que continuariam os mesmos.

Já o segundo premiado, o sr. Morse, sustenta, ao contrário, que o preço do trigo se elevaria em seguida à abolição das leis sobre os cereais. Ele faz infinitos esforços para demonstrar que a legislação protecionista jamais garantiu um preço remunerador ao trigo. Para apoiar a sua assertiva, ele refere o fato de que, todas as vezes

---

259 [A *Liga contra as Leis sobre os Cereais* (*Anti-Corn Law League*) foi fundada em 1838 pelos industriais Cobden e Bright, de Manchester. Defendendo a plena liberdade de comércio, a *Liga* pugnava pela abolição das leis sobre os cereais com o objetivo de reduzir os salários dos operários fabris e enfraquecer as posições políticas e econômicas da aristocracia agrária. A *Liga* utilizou a consigna do livre-câmbio para implementar uma demagógica unidade de interesses entre os industriais e os operários fabris. Em 1846, abolida a legislação sobre os cereais, a *Liga* dissolveu-se.]

260 [Um volume contendo os textos desses três autores foi publicado em 1842.]

em que se importou trigo, seu preço subiu consideravelmente na Inglaterra e que, quando se importou pouco, o preço caiu muito. O laureado se esquece que a importação não causava o preço elevado – o preço elevado é que era a causa da importação. Em oposição total ao seu confrade premiado, ele afirma que todo aumento no preço dos cereais resulta em proveito do arrendatário e do operário, e não em benefício do proprietário.

O terceiro laureado, o sr. Greg, grande fabricante e cujo livro dirige-se aos grandes arrendatários, não poderia se contentar com semelhantes bagatelas. A sua linguagem é mais científica. Ele reconhece que as leis sobre os cereais só favorecem a elevação das rendas enquanto elevam o preço do trigo, e que só elevam o preço do trigo impondo ao capital a necessidade de investir-se em terras de qualidade inferior, o que é facilmente explicável. À medida que a população cresce, estando proibida a importação de cereais, é necessário explorar terras menos férteis, cujo cultivo é mais oneroso e cujo produto, consequentemente, é mais caro. Uma vez que a venda está assegurada, os preços, obrigatoriamente, são regulados pelos preços dos produtos obtidos nos terrenos que exigem mais gastos. A diferença que existe entre esses preços e os custos de produção nos melhores terrenos constitui a renda. Portanto, se, abolidas as leis sobre os cereais, cai o preço do trigo e, logo, a renda, é porque os terrenos piores deixam de ser cultivados. Assim, a redução da renda provocará, inevitavelmente, a ruína de uma parte dos arrendatários.

Essas observações eram necessárias para esclarecer a linguagem do sr. Greg. Os pequenos arrendatários, escreve ele, que não puderem continuar ligados à agricultura, encontrarão meios de subsistência na indústria. Quanto aos grandes arrendatários, sairão ganhando com isso: ou os proprietários fundiários serão forçados a lhes vender suas terras a preço baixo ou os contratos de arrendamento serão feitos em longo prazo. Isso permitirá aos arrendatários investir grandes capitais na agricultura e empregar máquinas em larga escala, economizando o trabalho manual que, por seu turno, será barateado em função da baixa geral dos salários, consequência imediata da abolição das leis sobre os cereais.

O doutor Bowning conferiu a todos esses argumentos uma consagração religiosa, exclamando numa reunião pública: "Jesus Cristo é *o free-trade; o free-trade* é Jesus Cristo!"

É compreensível que toda essa hipocrisia não seja capaz de tornar o pão barato menos amargo para os operários.

Por outro lado, como os operários poderiam acreditar na repentina filantropia dos fabricantes, a mesma gente que combatia a lei das dez horas – através da qual se pretendia reduzir de doze para dez horas a jornada de trabalho do operário fabril[261]?

Para que os senhores possam ter uma ideia da filantropia dos fabricantes, evocarei os regulamentos vigentes em todas as fábricas.

Cada fabricante possui, para seu uso próprio, um verdadeiro código, que prescreve multas para todas as faltas voluntárias ou involuntárias. Por exemplo: o operário pagará tanto se tem a infelicidade de se sentar numa cadeira, se sussurra algo, se conversa, se ri, se se atrasa por alguns minutos, se uma peça da máquina quebra, se não produz os artigos conforme a qualidade estipulada etc. As multas são sempre superiores aos danos reais causados pelo operário. E, para tornar as faltas mais acessíveis, o relógio da fábrica é adiantado e o operário deve entregar artigos de qualidade recebendo, para tanto, matérias-primas muito ruins. O contramestre que não for suficientemente hábil para multiplicar os casos passíveis de multa é logo substituído.

Como os senhores podem ver, essa legislação doméstica é preparada para provocar faltas, faltas que proporcionam dinheiro por meio das multas. O fabricante, pois, emprega todos os meios para reduzir o salário nominal e para explorar até mesmo os acidentes que escapam ao controle do operário.

---

[261] [Cf. a nota 71 da *Miséria da Filosofia*.]

E esses fabricantes são exatamente os filantropos que quiseram fazer crer aos operários que eram capazes de enormes despesas apenas para melhorar a sua sorte.

Assim, de um lado, eles reduzem o salário do operário da maneira mais mesquinha, por meio dos regulamentos das fábricas e, de outro, sacrificam-se grandemente para elevá-lo, por meio da *Liga contra as Leis sobre os Cereais.*

Com enormes gastos, constroem palácios nos quais a *Liga* estabelece, de certo modo, a sua sede oficial; enviam um exército de missionários a todos os pontos da Inglaterra, para que preguem a religião do livre-câmbio; publicam e distribuem, gratuitamente, milhares de folhetos para que os operários conheçam seus próprios interesses; despendem grandes somas para atrair a imprensa para a sua causa; organizam um grande aparelho administrativo para dirigir os movimentos livre-cambistas e esbanjam eloquência nas reuniões públicas. Em um desses comícios, um operário exclamou:

– Se os proprietários fundiários vendessem nossos ossos, vocês, os fabricantes, seriam os primeiros a comprá-los, para lançá-los num moinho a vapor e fazer farinha com eles!

Os operários ingleses compreenderam muito bem a significação da luta entre os proprietários fundiários e os capitalistas industriais. Sabem muito bem que se pretendia reduzir o preço do pão para diminuir os salários e que o lucro industrial aumentaria na mesma proporção em que diminuísse a renda.

Ricardo, o apóstolo dos *free-traders* ingleses, o economista mais famoso do nosso século, concorda plenamente com os operários nessa questão. Em sua célebre obra sobre economia política, diz:

> Se, em vez de cultivar trigo em nosso país (...), descobríssemos um novo mercado no qual pudéssemos obtê-lo a preço mais baixo, então os salários baixariam e os lucros cresceriam. (...) A baixa dos preços dos produtos agrícolas (...) reduz os salários não só dos operários ocupados no cultivo

da terra, mas também de todos os que trabalham na indústria ou estão empregados no comércio[262].

E os senhores não devem acreditar que ao operário seja totalmente indiferente receber apenas quatro francos, estando o trigo mais barato, quando antes recebia cinco.

O seu salário, por acaso, não caiu sempre mais em relação ao lucro? Não é claro que a sua posição social foi piorando em comparação com a do capitalista? Além disso, ele sofre de fato uma perda direta[263].

Enquanto o preço do trigo era mais alto, sendo-o igualmente o salário, bastava ao operário uma pequena economia feita no consumo do pão para poder satisfazer outras necessidades. Mas quando o preço do pão cai e, em consequência, cai o salário, o operário não pode economizar apenas no pão para comprar outros artigos.

Os operários ingleses deram a entender aos *free-traders* que não estão dispostos a ser vítimas de suas ilusões e mentiras e se, apesar disso, uniram-se a eles contra os proprietários fundiários, foi para destruir os últimos restos de feudalismo e para enfrentar um só inimigo. Os operários não se enganaram nos seus cálculos, porque os proprietários fundiários, vingando-se dos fabricantes, aliaram-se aos operários a fim de conseguir a aprovação da lei das dez horas, que estes vinham reclamando há 30 anos e que foi aprovada imediatamente após a abolição das leis sobre os cereais.

No congresso dos economistas, o sr. Bowring tirou do bolso uma longa lista para mostrar a quantidade de carne bovina, presunto, toucinho, frangos etc. etc., importada pela Inglaterra para

---

262 [Nesta passagem, Marx reúne duas citações de Ricardo, segundo a versão francesa: *Des principes de l'Économie Politique et de l'impôt,* Paris, 1819, tradução de F.-S. Constancio, anotada por J.-B. Say. As duas frases foram extraídas das páginas 201 e 340.]

263 [Numa carta a Lassalle, de 23 de janeiro de 1855, tratando da crise agrícola inglesa, Marx faz referências a este *discurso.* Comentando a situação econômica entre 1849 e 1852, escreve: "O que *aumentou* relativamente foi o lucro; o salário relativo, o salário comparado ao lucro, foi reduzido – fenômeno que eu caracterizei como necessário desde 1847, numa publicação em francês".]

satisfazer, segundo ele, as necessidades dos operários; mas, lamentavelmente, esqueceu-se de acrescentar que, ao mesmo tempo, os operários de Manchester e de outras cidades fabris tinham sido postos na rua pela crise que começava.

Em princípio, em economia política, nunca se deve deduzir leis gerais à base de cifras referentes a um só ano. Deve-se sempre tomar a média de seis a sete anos – lapso de tempo durante o qual a indústria moderna passa pelas diferentes fases de prosperidade, de superprodução, de estagnação e de crise, no percurso do seu ciclo fatal.

Sem dúvida, se o preço de todas as mercadorias se reduz – e essa baixa é a consequência necessária do livre-câmbio –, eu posso comprar por um franco muito mais coisas que antes. E o franco do operário vale tanto quanto qualquer outro. Portanto, o livre-câmbio será muito vantajoso para o operário. Aqui, há somente um pequeno inconveniente: é que o operário, antes de trocar o seu franco por outras mercadorias, tem, primeiro, que trocar o seu trabalho contra o capital. Se, nessa troca, continuasse recebendo pelo mesmo trabalho o franco em questão e os preços de todas as demais mercadorias caíssem, sairia sempre ganhando numa transação como essa. A dificuldade não consiste em demonstrar que, caindo o preço de todas as mercadorias, pelo mesmo dinheiro eu poderia comprar mais.

Os economistas examinam sempre o preço do trabalho no momento em que ele se troca por outras mercadorias. Mas deixam, sempre, completamente de lado o momento em que o trabalho efetua a sua troca contra o capital.

Quando são necessários menos gastos para movimentar a máquina que produz as mercadorias, as coisas necessárias para manter essa máquina chamada operário são também mais baratas. Quando todas as mercadorias se tornam baratas, o trabalho, que também é mercadoria, cai igualmente de preço e, como veremos mais adiante, esse trabalho-mercadoria, proporcionalmente, custará muito menos que as outras mercadorias. O trabalhador, confiando na argumentação dos economistas, descobrirá que o franco derreteu-se na sua algibeira e que dele restam apenas cinco cêntimos.

Os economistas replicarão: – Bem, suponhamos que a concorrência entre os operários, que, certamente, não diminuirá sob o regime de livre-câmbio, logo colocará os salários em acordo com o baixo preço das mercadorias. Mas, por outra parte, a redução do preço das mercadorias aumentará o consumo; o maior consumo exigirá uma maior produção, que demandará uma maior procura de braços e a esta seguir-se-á uma elevação dos salários.

Toda essa argumentação resume-se no seguinte: o livre-câmbio aumenta as forças produtivas. Se a indústria cresce, se a riqueza, se a capacidade produtiva, se, numa palavra, o capital produtivo aumenta a procura de trabalho, o preço do trabalho aumenta e, por conseguinte, o salário sobe. A melhor condição para o operário é o crescimento do capital – temos de reconhecê-lo. Se o capital permanece estacionário, a indústria não apenas estacionará, mas entrará em declínio, e o operário será, nesse caso, a primeira vítima. E no caso em que o capital cresce, nesse estado de coisas que consideramos o melhor para o operário, qual será a sua sorte? Sucumbirá igualmente. O crescimento do capital produtivo implica a acumulação e a concentração de capitais. A concentração de capitais conduz a uma maior divisão do trabalho e a um maior emprego de máquinas. Uma maior divisão do trabalho liquida a especialidade do trabalho e destrói a especialidade do trabalhador, e, substituindo-a por um trabalho que todo mundo pode fazer, aumenta a concorrência entre os operários.

Essa concorrência é tanto mais forte quanto a divisão do trabalho permite ao operário realizar sozinho o trabalho de três. As máquinas produzem o mesmo resultado em uma escala muito maior. O crescimento do capital produtivo, forçando os capitalistas industriais a desenvolver suas empresas com meios cada vez maiores, arruina os pequenos industriais e os lança nas fileiras do proletariado. Ademais, como a taxa de juros diminui à medida que se acumulam os capitais, os pequenos rentistas, que já não conseguem viver das suas rendas, são obrigados a se lançar na indústria, para em breve aumentar o número de proletários.

Enfim, quanto mais aumenta o capital produtivo, tanto mais ele é obrigado a produzir para um mercado cujas necessidades desconhece, tanto mais a produção precede o consumo, tanto mais a oferta tende a forçar a procura e, por consequência, as crises são cada vez mais intensas e frequentes. Mas toda crise, por sua vez, acelera a concentração de capitais e engrossa as fileiras do proletariado.

Assim, à medida que o capital produtivo cresce, a concorrência entre os operários aumenta em proporção muito maior. A remuneração do trabalho diminui para todos e o seu peso aumenta para alguns.

Em 1829, em Manchester, havia 1.088 tecelões ocupados em 36 fábricas. Em 1841, restavam apenas 448 e esses operários faziam funcionar 53.353 fusos a mais que os 1.088 trabalhadores de 1829. Se o trabalho manual empregado tivesse aumentado proporcionalmente ao desenvolvimento das forças produtivas, o número de operários deveria alcançar a cifra de 1.848; por conseguinte, os aperfeiçoamentos introduzidos na mecânica deixaram 1.400 operários sem trabalho.

Conhecemos de antemão a resposta dos economistas. Esses desempregados, dizem eles, encontrarão outras ocupações. O sr. Bowring não deixou de repetir esse argumento no congresso dos economistas, assim como não deixou de refutar-se a si mesmo.

Em 1835, ele pronunciou um discurso na Câmara dos Comuns, a propósito dos 50 mil tecelões de Londres que, há muito, morriam de fome sem encontrar essa nova ocupação que os *free-traders* lhes faziam entrever à distância.

Citemos as passagens mais marcantes desse discurso do dr. Bowring:

A miséria dos tecelões manuais é o destino inevitável de todo trabalho que se aprende facilmente e que pode ser substituído a cada instante por meios menos dispendiosos. Como, neste caso, a concorrência entre os trabalhadores é extremamente grande, a mais ínfima redução da procura origina uma crise. Os tecelões manuais se encontram, de qualquer modo, situados nos limites da existência humana. Um passo a mais e sua sobrevivência será impossível. O menor golpe basta para condená-los à morte. O progresso da mecânica, ao suprimir cada vez mais o trabalho manual, acarreta, inevitavelmente, durante as épocas de transição, numerosos sofrimentos temporários. O bem-estar nacional só pode ser alcançado à custa de determinado número de calamidades individuais. Na indústria, só se progride às expensas dos fracassados; de todos os inventos, o tear a vapor é o que mais pesa sobre os tecelões manuais. Na produção de muitos artigos, que outrora eram feitos à mão, o tecelão já foi totalmente substituído, e padecerá a mesma sorte na produção de muitos outros que ainda se fabricam à base do trabalho manual.

Mais adiante diz:

Tenho aqui uma correspondência do governador-geral com a Companhia das Índias Orientais. Essa correspondência refere-se aos tecelões do distrito de Daca. Escreve o governador nas suas cartas: há muitos anos, a Companhia das Índias Orientais comprava de seis a oito milhões de peças de algodão, fabricadas nos teares manuais do país. A procura desceu de modo gradual, até ficar reduzida aproximadamente a um milhão de peças.

Na atualidade, a procura cessou quase por completo. Além disso, em 1800, a América do Norte obteve na Índia cerca de 800 mil peças de algodão. Em 1830, não recebeu nem 4 mil. Finalmente, em 1800 foram embarcadas, para Portugal, um milhão de peças. Em 1830, Portugal não recebeu mais que 20 mil.

Os informes sobre as calamidades dos tecelões hindus são terríveis. E qual é a origem dessas calamidades?

A presença de produtos ingleses no mercado, a produção do artigo por meio dos teares a vapor. Um grande número de tecelões morreu de fome; o resto passou a outras ocupações e, sobretudo, aos trabalhos agrícolas. Não saber

> mudar de profissão equivale a condenar-se à morte. E, neste momento, o distrito de Daca vê-se invadido por tecidos e fios ingleses. A musselina de Daca, famosa em todo mundo por sua beleza e firme tessitura, foi também eclipsada pela concorrência das máquinas inglesas. Em toda a história do comércio seria difícil, talvez, encontrar sofrimentos semelhantes aos que tiveram de suportar, assim, classes inteiras, nas Índias Orientais[264].

O discurso do dr. Bowring é tanto mais significativo quanto os fatos nele citados são exatos e quanto as frases com que trata de dissimulá-los levam impresso o selo da hipocrisia comum a todos os sermões livre-cambistas. Ele apresenta os trabalhadores como meios de produção que é preciso substituir por outros mais baratos. Finge ver no tipo de trabalho de que trata um tipo completamente excepcional, e, na máquina que massacrou os tecelões, uma máquina igualmente excepcional. Esquece que não existe nem um só tipo de trabalho manual que não possa, de um dia para o outro, experimentar idêntica sorte à da tecelagem.

> O fim constante e a tendência de todo aperfeiçoamento em mecânica é, com efeito, a substituição total do trabalho do homem ou a redução do seu preço, substituindo o trabalho do operário adulto pelo das mulheres e crianças, ou o do hábil artífice pelo do operário não qualificado. Na maior parte das fiações mecânicas [em inglês: *throstle-mills*], o trabalho é executado por mocinhas de 16 anos e até mais jovens. Como resultado da substituição da máquina ordinária de fiar pela máquina automática, a maior parte dos tecelões adultos foram despedidos, só restando meninos e adolescentes.

Essas palavras do dr. Ure[265], o livre-cambista mais apaixonado, servem de complemento às confissões do sr. Bowring. Este fala de algumas calamidades individuais e diz, ao mesmo tempo, que elas

---

264 [Esta passagem do discurso de Bowring, pronunciado em 28 de julho de 1835, foi extraída por Marx do livro de W. Atkinson, *Principles of Political Economy* (*Princípios de Economia Política*), Londres, 1840.]

265 [Passagem extraída de A. Ure. *Philosophie des manufactures ou économie industrielle* (*Filosofia das manufaturas ou economia industrial*), Bruxelas, 1836, I, p. 34.]

fazem sucumbir classes inteiras; fala de sofrimentos passageiros em épocas de transição e, ao mesmo tempo, não oculta que tais sofrimentos passageiros significaram para a maioria a passagem da vida à morte e, para os restantes, da situação anterior para uma pior. Ao afirmar, mais adiante, que as desgraças dos operários são inseparáveis do progresso da indústria e necessárias ao bem-estar nacional, reconhece simplesmente que a infelicidade da classe trabalhadora é condição necessária ao bem-estar da classe burguesa.

Todo o consolo que o sr. Bowring prodigaliza aos operários que sucumbem e, em geral, toda a doutrina de compensação que os *free-traders* formulam reduzem-se ao seguinte: – Vocês, milhares de trabalhadores que sucumbem, não devem desesperar. Podem morrer tranquilamente. A sua classe não desaparecerá. Será sempre suficientemente numerosa para que o capital possa dizimá-la, sem temor de liquidá-la totalmente. Ademais, como podem acreditar que o capital encontre emprego útil, se não se preocupar em garantir a matéria explorável, os operários, para explorá-los de novo?

Mas, então, por que continuar falando, como de um problema, da influência que a realização do livre-câmbio exercerá sobre a situação da classe trabalhadora? Todas as leis expostas pelos economistas, de Quesnay a Ricardo, baseiam-se na suposição de que os entraves que ainda cerceiam o livre-câmbio deixaram de existir. Essas leis se confirmam à medida que o livre-câmbio se realiza. A primeira delas consiste em que a concorrência reduz o preço de toda mercadoria até o mínimo do seu custo de produção. Portanto, o mínimo do salário é o preço natural do trabalho. E o que é o mínimo do salário? É justamente aquilo de que se precisa para produzir os artigos indispensáveis ao sustento do operário, para que ele tenha condições de se alimentar bem ou mal e propagar, por pouco que seja, a sua espécie.

Não tiremos daí a conclusão de que o operário não poderá receber mais que esse mínimo de salário; não vamos crer, tampouco, que sempre receberá apenas esse mínimo.

Não. Segundo essa lei, a classe trabalhadora conhecerá, às vezes, momentos mais felizes. Haverá ocasiões em que receberá mais do que o mínimo; mas esse excedente não será mais que o suplemento do que tiver recebido – menos do que o mínimo – durante os tempos de estagnação industrial. Isso quer dizer que, num determinado lapso de tempo, que é sempre periódico, no ciclo que a indústria percorre, passando pelas fases de prosperidade, de superprodução, de estagnação e de crise, a classe trabalhadora – se contarmos tudo o que recebe acima do necessário e tudo que recebe de menos – não terá, em suma, nem mais nem menos do que o mínimo. Ou seja: a classe trabalhadora conservar-se-á como classe, apesar de todas as calamidades e misérias, apesar de todos os cadáveres deixados nos campos de batalha industrial. Mas, o que importa? A classe subsiste e, melhor ainda, crescerá em número.

Mas não é tudo. O progresso da indústria produz meios de existência menos caros. Assim, a aguardente substituiu a cerveja, o algodão a lã e o linho, e a batata o pão. Portanto, como se descobrem constantemente novos meios para alimentar o trabalho com artigos mais baratos e piores, o mínimo do salário diminui continuamente.

Este salário, que em princípio obrigava o homem a trabalhar para viver, terminou por fazer o homem viver uma vida de máquina. Sua existência não tem mais valor que o de uma simples força produtiva e o capitalista o trata como tal.

Essa lei do trabalho-mercadoria, lei do mínimo de salário, verificar-se-á à medida que a suposição dos economistas, o livre-câmbio, tornar-se um fato real e verdadeiro. Assim, pois, de duas, uma: ou devemos negar toda a economia política, baseada no postulado do livre-câmbio, ou teremos que convir que, sob esse livre-câmbio, os operários experimentarão todo o rigor das leis econômicas.

Resumindo: no estado atual da sociedade, o que é o livre-câmbio? É a liberdade do capital. Quando vocês fizerem desaparecer os poucos entraves nacionais que ainda obstaculizam a marcha do capital, apenas lhe terão concedido plena liberdade de ação. Por favoráveis que sejam as condições em que se faça a troca de uma mercadoria por outra, enquanto vocês deixarem subsistir as relações entre o trabalho assalariado e o capital, haverá sempre uma classe que explora e uma classe que é explorada. Em verdade, é difícil compreender a pretensão dos livre-cambistas, que imaginam que um emprego mais vantajoso do capital fará desaparecer o antagonismo entre os capitalistas industriais e os trabalhadores assalariados. Ao contrário, isso só pode provocar a expressão, ainda mais clara, da oposição entre essas duas classes.

Admitam, por um instante, que já não existam nem leis sobre os cereais, nem alfândegas, nem barreiras municipais; numa palavra: que desapareçam por completo todas as circunstâncias acidentais que o operário possa tomar, ainda, como causas de sua situação miserável. Vocês terão rasgado todos os véus que não lhes permitiam ver o seu verdadeiro inimigo. O operário comprovará, então, que o capital, livre de todos os entraves, não o torna menos escravo que o capital coagido pelos direitos alfandegários.

Senhores: não se deixem enganar pela abstrata palavra *liberdade*. Liberdade de quem? Não é a liberdade de cada indivíduo em relação a outro indivíduo. É a liberdade do capital para massacrar o trabalhador.

Como vocês podem sancionar a livre concorrência pela ideia de liberdade, quando essa liberdade não é mais que o produto de um estado de coisas baseado na livre concorrência?

Mostramos o gênero de fraternidade que o livre-câmbio engendra entre as diferentes classes de uma só e mesma nação. A fraternidade que o livre-câmbio estabeleceria entre as diferentes nações da terra não seria mais fraternal. Designar pelo nome de fraternidade universal a exploração em seu estágio cosmopolita é uma ideia que só pode nascer no seio da burguesia. Todos os fenômenos destruidores suscitados pela livre concorrência no interior de um país reproduzem-se, em proporções mais gigantescas, no mercado mundial. Não precisamos nos deter por mais tempo nos sofismas que, a esse respeito, os livre-cambistas divulgam e que têm tanto valor quanto os argumentos dos nossos ilustres laureados, os Srs. Hope, Morse e Greg.

Dizem-nos, por exemplo, que o livre-câmbio engendrará uma divisão internacional do trabalho determinando para cada país o gênero de produção que corresponda às suas vantagens naturais.

Talvez os senhores pensem que a produção de café e de açúcar é o destino natural das Índias Ocidentais. Há dois séculos, a natureza, que tem muito pouco a ver com o comércio, não plantara ali nem o arbusto do café nem a cana-de-açúcar. E não passará talvez meio século e já não encontrarão ali nem café nem açúcar, posto que as Índias Orientais, graças à sua produção menos onerosa, já disputam com vantagem, às Índias Ocidentais, o seu pretenso destino natural. E essas Índias Ocidentais, com os seus dotes naturais, já são para os ingleses uma carga tão pesada quanto os tecelões de Daca, que também estavam, desde tempos imemoriais, destinados a tecer à mão.

Há outra circunstância que não deve ser perdida de vista: como tudo passou a ser monopólio, existem atualmente alguns ramos industriais que dominam todos os demais e asseguram aos povos que os controlam as rédeas do mercado mundial. Assim, por exemplo, no comércio internacional, o algodão tem mais valor comercial que todas as matérias-primas juntas, empregadas na confecção de roupas. Com efeito, causa riso ver como os livre-cambistas escolhem alguns tipos especiais de produção em cada ramo industrial para colocá-los em relação aos produtos de uso comum, que se fabricam a preços mais baratos nos países onde a indústria alcançou maior desenvolvimento.

Não podemos nos espantar se os livre-cambistas são incapazes de compreender como um país pode enriquecer à custa de outro, pois esses mesmos senhores tampouco querem compreender como, no interior de um país, uma classe pode se enriquecer às expensas de outra.

Não acreditem, senhores, que, ao criticar a liberdade comercial, tenhamos o propósito de defender o sistema protecionista. É possível ser inimigo do regime constitucional sem ser partidário do velho regime.

Ademais, o sistema protecionista não é mais que um meio de estabelecer em um país a grande indústria, ou seja: de fazê-lo depender do mercado mundial. Mas, desde o momento em que se depende do mercado mundial, já se depende, mais ou menos, do livre-câmbio. Também o sistema protecionista contribui para desenvolver a livre concorrência no interior do país. Por isso, vemos que, nos países em que a burguesia começa a se fazer valer como classe, na Alemanha, por exemplo, ela realiza grandes esforços para obter tarifas protetoras. Para ela, essas tarifas são armas contra o feudalismo e contra o poder absoluto, são, para ela, um meio de concentrar suas forças e de realizar o livre-câmbio no interior do próprio país.

Mas, em geral, o sistema protecionista é, em nossos dias, conservador, enquanto que o sistema de livre-câmbio é destruidor. Dissolve as velhas nacionalidades e leva ao extremo o antagonismo entre a burguesia e o proletariado. Numa palavra, o sistema da liberdade do comércio acelera a revolução social. E só nesse sentido revolucionário, eu voto, senhores, a favor do livre-câmbio[266].

---

[266] [Para o congresso dos economistas livre-cambistas, Marx preparou um discurso que não proferiu (cf. nota 254, p. 219). Desse texto, Engels fez um resumo, publicado no jornal inglês *The Northern Star* (*Estrela do Norte*), em 9.10.1847. A título de comparação com o final do pronunciamento feito na *Associação Democrática Bruxelas*, transcrevemos as últimas palavras do discurso que não foi lido no citado congresso (segundo a versão de Engels): "Assim, é preciso escolher: ou os senhores recusam, em bloco, a economia política, tal como ela existe hoje, ou os senhores concordam que, sob o regime do livre--comércio, as leis da economia política se realizam com toda a sua severidade sobre as classes trabalhadoras. Isso significa que somos contrários ao livre-câmbio? Em absoluto. Somos favoráveis ao livre-câmbio porque ele permite a todas as leis econômicas, com as suas mais profundas contradições, exercerem a sua ação numa escala maior, sobre um território cada vez mais vasto – sobre toda a Terra; ele permite que todas aquelas contradições, reunidas num só e mesmo conjunto, engendrem, num grande confronto, a luta de que resultará a emancipação do proletariado".]

CARTA DE MARX A PROUDHON[267]

BRUXELAS, 5 DE MAIO DE 1846

Meu caro Proudhon:

Várias vezes, desde que deixei Paris, pretendi escrever-lhe; circunstâncias alheias à minha vontade impediram-me de fazê-lo até hoje. Peço-lhe que acredite que um excesso de trabalho, os incômodos de uma mudança de domicílio etc., são os únicos motivos do meu silêncio.

E, agora, entremos *in media res* [*no meio das coisas* – latim]. Juntamente com dois amigos, Friedrich Engels e Phillippe Gigot (ambos em Bruxelas), organizei, com os comunistas e socialistas alemães, uma correspondência regular que deverá ocupar-se da discussão de questões científicas, da crítica que se pode exercer sobre os escritos populares e da propaganda socialista que se pode fazer, na Alemanha, por esse meio[268]. O objetivo principal da nossa correspondência será, todavia, colocar os socialistas alemães em contato com os socialistas ingleses e franceses, manter os estrangeiros ao corrente dos movimentos socialistas que se desenvolverão na Alemanha e informar aos alemães, no seu país, os progressos do socialismo na França e na Inglaterra. Dessa forma, as diferenças

---

[267] [A tradução dessa carta, originalmente escrita em francês, foi realizada sobre o texto publicado em Marx, K./Engels, F.: *Correspondance,* éd. Progrès, Moscou, 1976, pp. 18-19.]

[268] [Trata-se do *Comitê de Correspondência Comunista,* criado, nos inícios de 1846, em Bruxelas, por Marx e Engels. O projeto supunha a criação de organismos similares em outros países, de forma a unir os esforços dos representantes do movimento revolucionário.]

de opinião poderão aparecer à luz do dia e se chegará a uma troca de ideias e a uma crítica imparcial. Será um progresso do movimento social na sua expressão literária, com o fim de ultrapassar os limites da *nacionalidade*. E, no momento da ação, certamente todos terão um grande interesse em conhecer a situação, tanto no exterior quanto em seu próprio país.

Além dos comunistas na Alemanha, a nossa correspondência compreenderá também os socialistas alemães em Paris e Londres. Nossas relações com a Inglaterra já estão estabelecidas[269]; quanto à França, todos acreditamos que não poderemos encontrar um correspondente melhor que você – você sabe que os ingleses e os alemães o apreciaram, até hoje, melhor que os seus próprios compatriotas.

Como você vê, pois, trata-se de criar uma correspondência regular, garantindo-lhe as condições para acompanhar o movimento social nos diferentes países, com um interesse rico e variado que jamais seria alcançado com o trabalho de uma só pessoa.

Se você concordar com a nossa proposta, o preço do porte das cartas, tanto enviadas quanto recebidas, será pago aqui, já que as coletas feitas na Alemanha cobrirão os gastos da correspondência.

O endereço para o qual você escreverá será o de Philippe Gigot (8, rua Bodenbroek, Bruxelas). Ele assinará, também, as cartas enviadas daqui.

Não preciso acrescentar que toda essa correspondência exige, da sua parte, o segredo mais absoluto; na Alemanha, nossos amigos devem agir com a maior discrição, para evitar comprometimentos.

Responda-nos bem depressa e creia na amizade muito sincera do seu devotado

Charles Marx

---

[269] [Em Londres, já se constituíra um comitê de correspondência, aglutinando dirigentes da esquerda cartista e membros da emigração política alemã, com Schapper à frente.]

CARTA DE PROUDHON A MARX[270]

Lyon, 17 de maio de 1846

Meu caro senhor Marx:

Aceito de boa vontade tornar-me um dos destinatários da sua correspondência, cujo objetivo e organização parecem-me dever ser muito úteis. No entanto, não lhe prometo escrever: minhas ocupações de toda natureza, mais uma lentidão natural, não me permitem esses esforços epistolares. Tomarei também a liberdade de formular algumas reservas que me foram sugeridas por várias passagens da sua carta.

Em primeiro lugar, embora minhas ideias acerca de organização estejam constituídas, ao menos no que toca aos princípios, creio que é meu dever, e dever de todo socialista, conservar ainda por algum tempo a forma antiga ou dubitativa; numa palavra, faço profissão pública de um antidogmatismo econômico quase absoluto.

Se o senhor quiser, investiguemos juntos as leis da sociedade, o modo como elas se realizam, o progresso segundo o qual chegamos a descobri-las. Mas, por Deus!, depois de demolir todos os dogmatismos *a priori,* não sonhemos, de nossa parte, com a doutrinação do povo. Não caiamos na contradição do seu compatriota Martin Lutero que, depois de liquidar a teologia católica, pôs-se

270 [A tradução dessa carta de Proudhon se fez sobre o original publicado por D. Riazanov, na sua "introdução histórica" ao *Manifesto Comunista*; a fonte (que foi gentilmente indicada ao tradutor pelo professor Octavio Ianni) é Marx, K./Engels. F.: *Manifesto du Parti Communiste,* A. Costes ed., Paris, 1953, pp. 31-33.]

logo, com grandes reforços de excomunhões e anátemas, a fundar uma teologia protestante. Há três séculos, a Alemanha só se ocupa em destruir o estuque de Lutero; não esbocemos para o gênero humano mais um sacrifício por novos rebocos. Aplaudo, de todo coração, a sua ideia de confrontar todas as opiniões; estabeleçamos uma polêmica boa e leal; ofereçamos ao mundo o exemplo de uma tolerância sábia e previdente; mas, pelo fato de estarmos à frente do movimento, não nos tornemos chefes de uma nova intolerância, não nos coloquemos como apóstolos de uma nova religião, ainda que da lógica, da razão. Acolhamos, estimulemos todos os protestos, desencorajemos todas as exclusões, todos os misticismos. Não consideremos, jamais, uma questão como esgotada. E, quando tivermos usado até o nosso último argumento, se for preciso, recomecemos, com eloquência e ironia. Com essas condições, entrarei com prazer na sua associação; sem elas, não!

Tenho, também, de fazer algumas observações sobre esta frase da sua carta – *"no momento da ação"*. Talvez o senhor ainda conserve a opinião de que nenhuma reforma é hoje possível sem um golpe de mão, sem o que outrora se chamava uma revolução e que é apenas uma agitação. Essa opinião, que compreendo, que escuso, que discutirei com prazer porque compartilhei dela por longo tempo, confesso-lhe que meus últimos estudos revisaram-na completamente. Creio que não precisamos disso para triunfar e que, por consequência, não devemos colocar a ação *revolucionária* como meio de reforma social, porque esse pretenso meio seria, muito simplesmente, um apelo à força, ao arbítrio – logo, uma contradição. Coloco-me assim o problema: *reintroduzir na sociedade, por uma combinação econômica, as riquezas que dela foram extraídas por uma outra combinação econômica.* Noutros termos: na economia política, voltar a teoria da propriedade contra a propriedade, de modo a engendrar o que os senhores, socialistas alemães, chamam *comunidade* e que, por agora, limitar-me-ei a denominar *liberdade, igualdade.* Ora, creio conhecer o meio para, em curto prazo, resolver esse problema: prefiro, pois, queimar a propriedade em fogo lento, em vez de lhe dar uma nova força, fazendo com os proprietários uma São Bartolomeu[271].

Minha próxima obra[272], neste momento a meio de impressão, dir-lhe-á melhor tudo isso.

Eis, meu caro filósofo, onde me encontro por agora; posso enganar-me e, se isso ocorrer, espero receber a férula da sua crítica, a que me submeto de boa vontade, reservando-me a resposta.

De passagem, devo dizer-lhe que as mesmas disposições me parecem ser as da classe operária na França. Nossos proletários têm tão grande sede de ciência que seria mal recebido aquele que só lhes tivesse a oferecer sangue como bebida. Logo, no meu entender, seria má política nossa falar como exterminadores; os meios do rigor virão em breve; para isso, o povo não necessita de nenhuma exortação (...).[273]

---

271 [Referência *à noite de São Bartolomeu* (23-24 de agosto de 1572), data de grandes massacres na guerra religiosa francesa (católicos *x* calvinistas).]

272 [Proudhon se refere à *Filosofia da miséria*.]

273 [A continuação da carta de Proudhon, que deixamos de reproduzir aqui, não se refere mais à missiva de Marx, mas à resposta que dá ao bilhete enviado por Engels e Gigot, no qual estes faziam acusações a Karl Grün, emigrado alemão que estava em Paris, contatando com Proudhon.]

CARTA DE MARX A P. V. ANNENKOV[274]

Bruxelas, 28 de dezembro de 1846

Meu caro sr. Annenkov:

Já há muito tempo o senhor teria recebido minha resposta à sua carta de 1º de novembro, se o meu livreiro me tivesse mandado antes da semana passada a obra do sr. Proudhon, *Filosofia da miséria*. Li-a em dois dias, a fim de comunicar-lhe, sem perda de tempo, a minha opinião. Como a li muito rapidamente, não posso entrar em detalhes e me limito a falar-lhe da impressão geral que me produziu. Se o senhor quiser, poderei estender-me a respeito em uma segunda carta.

Confesso-lhe francamente que o livro me pareceu, de um modo geral, muito ruim mesmo. Em sua carta, o senhor ironiza, referindo-se à "parte insignificante de filosofia alemã"[275] de que o sr. Proudhon faz alarde nessa obra amorfa e presunçosa, mas o senhor supõe que o veneno da filosofia não afetou a sua argumentação econômica. Também estou muito longe de imputar à filosofia do sr. Proudhon os erros da sua argumentação econômica. O sr. Proudhon não nos oferece uma crítica falsa da economia política

[274] [Nesta carta, publicada pela primeira vez em 1912, por M. K. Lenke, Marx comunica a Annenkov as suas primeiras impressões sobre o livro de Proudhon, a que replicará com a *Miséria da filosofia*. Annenkov travou conhecimento com Marx em Paris, entre 1843 e 1844; ao que tudo indica, encontraram-se novamente em Bruxelas, em 1846.]

[275] [Na sua carta de 1º de novembro de 1846, Annenkov escrevera: "Confesso que o próprio plano do trabalho não me parece o resultado necessário da elaboração de um tema determinado e o seu desenvolvimento lógico, mas, sobretudo, o fruto da fantasia de um homem que assimilou uma parte insignificante da filosofia alemã".]

porque a sua filosofia seja ridícula; oferece-nos uma filosofia ridícula porque não compreendeu o estado social contemporâneo em sua engrenagem, para usarmos dessa palavra que, como muitas outras coisas, o sr. Proudhon tomou de Fourier.

Por que o sr. Proudhon fala de deus, da razão universal, da razão impessoal da humanidade, razão que nunca falha, que é sempre igual a si mesma e da qual basta ter clara consciência para ser dono da verdade? Por que o sr. Proudhon recorre a um hegelianismo superficial para dar-se ares de pensador profundo?

Ele mesmo nos fornece a chave do enigma. Para o sr. Proudhon, a história é uma determinada série de desenvolvimentos sociais; ele vê na história a realização do progresso; enfim, acredita que os homens, enquanto indivíduos, não sabiam o que faziam, que imaginavam erradamente o seu próprio movimento, isto é, que seu desenvolvimento social parece, à primeira vista, algo diferente, separado, independente do seu desenvolvimento individual. O sr. Proudhon não sabe explicar esses fatos e, então, recorre à sua hipótese – verdadeiro achado – da razão universal que se manifesta. Nada mais fácil do que inventar causas místicas, isto é, frases, quando se carece de senso comum[276].

Mas o sr. Proudhon, reconhecendo que não compreende nada do desenvolvimento histórico da humanidade – e o confessa ao empregar as bombásticas palavras de razão universal, deus etc. –, não reconhece, também, implícita e necessariamente, que é incapaz de compreender *desenvolvimentos econômicos?*

O que é a sociedade, qualquer que seja a sua forma? O produto da ação recíproca dos homens. Os homens podem escolher, livremente, esta ou aquela forma social? Nada disso. A um determinado estágio de desenvolvimento das faculdades produtivas dos homens corresponde determinada forma de comércio e de consumo. A

---

[276] [Marx ironiza, aqui, a "hipótese" que Proudhon, no prólogo da sua obra, expõe e comenta longamente, considerando-a um "instrumento dialético necessário".]

determinadas fases de desenvolvimento da produção, do comércio e do consumo correspondem determinadas formas de constituição social, determinada organização da família, das ordens ou das classes; numa palavra, uma determinada sociedade civil. A uma determinada sociedade civil corresponde um determinado estado político, que não é mais que a expressão oficial da sociedade civil. Isso é o que o sr. Proudhon jamais compreenderá, pois acredita que fez uma grande coisa remetendo-se do Estado à sociedade civil, isto é, do resumo oficial da sociedade à sociedade oficial.

É supérfluo acrescentar que os homens não são livres para escolher as suas *forças produtivas* – base de toda a sua história –, pois toda força produtiva é uma força adquirida, produto de uma atividade anterior. Portanto, as forças produtivas são o resultado da energia prática dos homens, mas essa mesma energia é circunscrita pelas condições em que os homens se acham colocados, pelas forças produtivas já adquiridas, pela forma social anterior, que não foi criada por eles e é produto da geração precedente. O simples fato de cada geração posterior deparar-se com forças produtivas adquiridas pelas gerações precedentes, que lhes servem de matéria-prima para novas produções, cria na história dos homens uma conexão, cria uma história da humanidade, que é tanto mais a história da humanidade quanto mais as forças produtivas dos homens, e, por conseguinte, as suas relações sociais, adquiriram maior desenvolvimento. Consequência necessária: a história social dos homens é sempre a história do seu desenvolvimento individual, tenham ou não consciência desse fato. As suas relações materiais formam a base de todas as suas relações. Essas relações materiais nada mais são que as formas necessárias nas quais se realiza a sua atividade material e individual.

O sr. Proudhon confunde as ideias e as coisas. Os homens jamais renunciam àquilo que conquistaram, mas isso não quer dizer que não renunciem jamais à forma social sob a qual adquiriram determinadas forças produtivas. Muito ao contrário. Para não se verem privados do resultado obtido, para não perder os frutos da civilização, os homens são constrangidos, a partir do momento em que o modo do seu comércio já não corresponde às forças produtivas adquiridas, a modificar todas as suas formas sociais tradicionais. (Emprego aqui a palavra *comércio* em seu sentido mais amplo, do mesmo modo que empregamos em alemão o vocábulo *Verkehr*.) Por exemplo: o privilégio, a instituição de grêmios e corporações, o regime regulamentado da Idade Média, eram relações que só correspondiam às forças produtivas adquiridas e ao estado social anterior, do qual aquelas instituições emergiram. Sob a tutela do regime corporativo e regulamentado, acumularam-se capitais, desenvolveu-se o comércio marítimo, fundaram-se colônias; e os homens teriam perdido esses frutos da sua atividade se se tivessem empenhado em conservar as formas à sombra das quais aqueles frutos amadureceram. Daí o ruído de dois trovões: as revoluções de 1640 e 1688. Na Inglaterra, foram destruídas todas as antigas formas econômicas, as relações sociais que lhes eram correspondentes e o Estado político que era a expressão oficial da velha sociedade civil. Portanto, as formas da economia sob as quais os homens produzem, consomem e fazem suas trocas são *transitórias e históricas*. Ao adquirir novas forças produtivas, os homens transformam o seu modo de produção e, com ele, modificam as relações econômicas, relações necessárias àquele modo de produção determinado.

Isso é o que o sr. Proudhon não soube compreender e, menos ainda, demonstrar. Incapaz de seguir o movimento real da história, o sr. Proudhon nos oferece uma fantasmagoria com pretensões à dialética. Não sente a necessidade de falar dos séculos XVII, XVIII e XIX porque a sua história decorre no reino nebuloso da imaginação e paira muito acima do tempo e do espaço. Numa palavra, isso não é história, mas velharia hegeliana: não é a história profana – a história dos homens –, é a história sagrada: a história das ideias. Em seu modo de ver, o homem não é mais que um instrumento do qual se vale a ideia ou a razão eterna para se desenvolver. As *evoluções* de que fala o sr. Proudhon são concebidas como evoluções que se operam no seio místico da ideia absoluta. Se rasgarmos o véu que cobre essa linguagem mística, veremos que o sr. Proudhon nos oferece a ordem em que as categorias econômicas se encontram alinhadas em sua cabeça. Não seria preciso esforçar-me muito para provar-lhe que essa é a ordem de uma cabeça muito desordenada.

O sr. Proudhon inicia seu livro com uma dissertação acerca do *valor*, que é o seu tema predileto. Aqui, não entrarei na análise dessa dissertação.

A série de evoluções econômicas da razão eterna começa com a *divisão do trabalho*. Para o sr. Proudhon, a divisão do trabalho é uma coisa bem simples. Mas não foi o regime de castas uma determinada divisão do trabalho? Não foi o regime das corporações outra divisão do trabalho? E a divisão do trabalho do regime das manufaturas, que começou em meados do século XVII e terminou em fins do século XVIII, na Inglaterra, também não difere totalmente da divisão do trabalho da grande indústria, da indústria moderna?

O sr. Proudhon se encontra tão longe da verdade que omite o que nem sequer os economistas profanos deixam de levar em conta. Tratando da divisão do trabalho, não se sente na necessidade de falar do *mercado* mundial. Por acaso a divisão do trabalho nos séculos XIV e XV, quando ainda não existiam colônias, quando a América ainda não existia para a Europa e à Ásia só se podia chegar através de Constantinopla, por acaso a divisão do trabalho não devia ser essencialmente diversa daquela do século XVII, quando as colônias já se achavam desenvolvidas?

Há mais, porém. Toda a organização interna dos países, todas as suas relações internacionais são outra coisa que a expressão de uma certa divisão do trabalho? Não se modificam com as transformações da divisão do trabalho?

O sr. Proudhon compreendeu tão pouca coisa do problema da divisão do trabalho que nem mesmo menciona a separação entre cidade e campo, que, na Alemanha, se operou entre os séculos IX e XII. Assim, para o sr. Proudhon, essa separação deve ser uma lei eterna, já que não conhece nem a sua origem nem o seu desenvolvimento. Em todo o seu livro, seu pensamento discorre como se essa criação de um modo determinado de produção devesse existir até a consumação dos séculos. Tudo o que o sr. Proudhon diz, com referência à divisão do trabalho, é tão-somente um resumo – ademais, muito superficial e incompleto – do que afirmaram, anteriormente, Adam Smith e outros mil autores.

A segunda evolução da razão eterna são as *máquinas*. Para o sr. Proudhon, a conexão entre a divisão do trabalho e as máquinas é inteiramente mística. Cada um dos modos da divisão do trabalho tinha seus instrumentos de produção específicos. De meados do século XVII a meados do século XVIII, por exemplo, os homens não produziam tudo à mão. Possuíam instrumentos, e instrumentos muito complicados, como teares, alavancas etc. etc.

Assim, pois, nada mais ridículo do que considerar as máquinas como resultantes da divisão do trabalho em geral.

Assinalarei, também, de passagem, que, se o sr. Proudhon não chegou a compreender a origem histórica das máquinas, compreendeu menos ainda o seu desenvolvimento. Pode-se dizer que até 1825 – época da primeira crise universal – as necessidades do consumo, em geral, cresceram mais rapidamente que a produção, e o desenvolvimento das máquinas foi uma consequência obrigatória das necessidades do mercado. A partir de 1825, a invenção e a utilização das máquinas não foi mais que um resultado da guerra entre patrões e empregados. Mas isso só é válido com referência à Inglaterra. Quanto às nações europeias, viram-se obrigadas a empregar as máquinas em função da concorrência que lhes faziam os ingleses, tanto em seus próprios mercados quanto no mercado mundial. Já na América do Norte, a introdução da maquinaria deveu-se tanto à concorrência com outros países como à escassez de mão-de-obra, isto é, à desproporção entre a população do país e as suas necessidades industriais. Por tudo isso, o senhor pode ver quanta sagacidade exibe o sr. Proudhon ao conjurar o fantasma da concorrência como terceira evolução, como antítese das máquinas!

Finalmente, é, em geral, um verdadeiro absurdo fazer das *máquinas* uma categoria econômica, ao lado da divisão do trabalho, da concorrência, do crédito etc.

A máquina tem tanto de categoria econômica quanto o boi que puxa o arado. A utilização atual das máquinas é uma das relações do nosso regime econômico contemporâneo, mas o modo de exploração das máquinas é algo totalmente diverso das próprias máquinas. A pólvora continua a ser pólvora, quer se empregue para produzir feridas, quer para estancá-las.

O sr. Proudhon supera-se a si mesmo quando permite que a concorrência, o monopólio, os impostos ou as apólices, a balança comercial, o crédito e a propriedade se desenvolvam no interior da sua cabeça, precisamente na ordem da minha enumeração. Quase todas as instituições de crédito já se haviam desenvolvido na Inglaterra nos começos do século XVIII, antes da invenção das máquinas. O crédito público era apenas uma nova maneira de elevar os impostos e satisfazer as novas necessidades, originadas pela chegada da burguesia ao poder. Enfim, a *propriedade* constitui a última categoria no sistema do sr. Proudhon. No mundo real, ao contrário, a divisão do trabalho e todas as demais categorias do sr. Proudhon são relações sociais que, em seu conjunto, formam aquilo que atualmente se denomina *propriedade.* Fora dessas relações, a propriedade burguesa não passa de uma ilusão metafísica ou jurídica. A propriedade de outra época, a propriedade feudal, desenvolve-se em uma série de relações sociais completamente diversas. Quando estabelece a propriedade como uma relação independente, o sr. Proudhon comete algo mais que um simples erro de método: demonstra, claramente, que não apreendeu o vínculo que liga todas as formas da produção *burguesa,* que não compreendeu o caráter *histórico* e *transitório* das formas da produção em uma determinada época. O sr. Proudhon só pode fazer uma crítica dogmática, pois não concebe nossas instituições sociais como produtos históricos e não compreende nem a sua origem nem o seu desenvolvimento.

O sr. Proudhon também se vê obrigado a recorrer a uma *ficção* para explicar o desenvolvimento. Ele imagina que a divisão do trabalho, o crédito, as máquinas etc., foram inventados para servir à sua ideia fixa, à ideia da igualdade. A sua explicação é de uma ingenuidade sublime. Essas coisas foram inventadas para a igualdade, mas, desgraçadamente, voltaram-se contra ela. Esse é todo o seu argumento. Noutras palavras: faz uma suposição gratuita e, como o desenvolvimento real e a sua ficção se contradizem a cada passo, conclui que há uma contradição. Ele dissimula o fato de que a contradição existe unicamente entre as suas ideias fixas e o movimento real.

Assim, pois, o sr. Proudhon, devido principalmente à sua falta de conhecimentos históricos, não viu que os homens, ao desenvolverem as suas faculdades produtivas, isto é, vivendo, desenvolvem certas relações entre si, e que o modo destas relações muda necessariamente com a modificação e o desenvolvimento daquelas faculdades produtivas. Não percebeu que as *categorias econômicas* não são mais que *abstrações* dessas relações reais e que somente são verdades enquanto essas relações subsistem. Incorre, por conseguinte, no erro dos economistas burgueses, que veem nessas categorias econômicas leis eternas e não leis históricas, válidas exclusivamente para certo desenvolvimento histórico, desenvolvimento determinado pelas forças produtivas. Isso posto, em vez de considerar as categorias econômico-políticas como abstrações de relações sociais reais, transitórias, históricas, o sr. Proudhon, por meio de uma inversão mística, vê nas relações reais encarnações dessas abstrações. Estas, em si mesmas, são fórmulas que estiveram adormecidas no seio de deus padre desde o princípio do mundo.

Mas, chegando a esse ponto, o bondoso sr. Proudhon é acometido de grandes convulsões intelectuais. Se todas essas categorias são emanações do coração de deus, se constituem a existência oculta e eterna dos homens – como pode acontecer, primeiro, que se tenham desenvolvido e, segundo, que o sr. Proudhon não seja conservador? O sr. Proudhon explica todas essas contradições evidentes valendo-se de todo um sistema de antagonismos.

Para esclarecer esse sistema de antagonismos, tomemos um exemplo.

O *monopólio* é bom porque é uma categoria econômica e, logo, uma emanação de deus. A concorrência é boa porque também é uma categoria econômica. Mas o que não é bom é a realidade do monopólio e a realidade da concorrência. E o que é pior ainda: monopólio e concorrência se entredevoram. O que se deve fazer? Como esses dois pensamentos eternos de deus se contradizem, parece evidente ao sr. Proudhon que também no seio de deus há uma síntese de ambos, na qual os males do monopólio são equilibrados pela concorrência e vice-versa. Da luta entre essas duas ideias resultará que só o seu lado bom pode se exteriorizar. É preciso arrancar a deus essa ideia secreta, aplicá-la em seguida e tudo será um mar de rosas; é preciso revelar a fórmula sintética oculta na noite da razão impessoal da humanidade. Sem sequer titubear, o sr. Proudhon oferece-se como revelador.

Contudo, por um segundo, observe a vida real. Na vida econômica dos nossos dias, o senhor verá não somente a concorrência e o monopólio, mas também a sua síntese, que não é uma *fórmula,* mas um *movimento.* O monopólio engendra a concorrência, a concorrência engendra o monopólio. Entretanto, essa equação, longe de eliminar as dificuldades da situação presente, como imaginam os economistas burgueses, tem como resultado uma situação ainda mais difícil e complicada. Assim, ao mudar a base sobre a qual se fundam as relações econômicas atuais, ao liquidar o *modo* atual de produção, liquida-se não somente a concorrência, o monopólio e o seu antagonismo, mas também a sua unidade, a sua síntese, o movimento que é o equilíbrio real da concorrência e do monopólio.

Dar-lhe-ei, agora, um exemplo da dialética do sr. Proudhon.

Liberdade e *escravidão* constituem um antagonismo. Não há necessidade de referir os lados bons e maus da liberdade. Quanto à escravidão, é inútil falar de seus lados maus. A única coisa a explicar é o lado bom da escravidão. Não se trata da escravidão indireta, da escravidão do proletário; trata-se da escravidão direta, da escravidão dos negros no Suriname, no Brasil e nos Estados meridionais da América do Norte.

A escravidão direta é um eixo do nosso industrialismo atual, tanto quanto as máquinas, o crédito etc. Sem a escravidão, não haveria algodão, e sem algodão não haveria indústria moderna. Foi a escravidão que valorizou as colônias, foram as colônias que criaram o comércio mundial – esse comércio que é a condição necessária da grande indústria mecanizada. Assim, antes do tráfico dos negros, as colônias não davam ao mundo antigo mais que uns poucos produtos e não modificaram visivelmente a face da terra. A escravidão é, portanto, uma categoria econômica da mais alta importância. Sem a escravidão, a América do Norte, o país mais desenvolvido, transformar-se-ia num país patriarcal. Se tirarmos a América do Norte do mapa das nações, teremos a anarquia, a decadência absoluta do comércio e da civilização moderna. Mas abolir a escravidão equivaleria a riscar a América do Norte do mapa das nações. A escravidão é uma categoria econômica e, por isso, é verificável em todas as partes, desde que o mundo é mundo. Os povos modernos souberam dissimular a escravidão em seus próprios países e levá-la, sem nenhum disfarce, para o novo mundo. O que o bondoso sr. Proudhon fará, depois dessas considerações acerca da escravidão? Buscará a síntese da liberdade e da escravidão, o verdadeiro termo médio, o equilíbrio entre a escravidão e a liberdade?

O sr. Proudhon soube muito bem ver que os homens fazem o tecido, o pano, a seda – e é dele o grande mérito de ter visto essas coisas tão simples! O que o sr. Proudhon não soube ver é que os homens produzem também, conforme as suas faculdades produtivas, as *relações sociais* nas quais produzem a seda e o tecido. E, ainda, não soube ver que os homens, que produzem as relações sociais segundo a sua produção material, criam também as *ideias,* as *categorias,* isto é, as expressões abstratas ideais dessas mesmas relações sociais. Portanto, essas categorias são tão pouco eternas quanto as relações que expressam. São produtos históricos e transitórios. Para o sr. Proudhon, entretanto, as abstrações, as categorias, são a causa primária: são elas, e não os homens, que fazem a história. A *abstração,* a *categoria considerada como tal* – ou seja, separada dos homens e da sua ação material – é, naturalmente, imortal, inalterável, impassível; não é mais que um ser da razão pura, o que significa dizer, simplesmente, que a abstração, considerada como tal, é abstrata – admirável tautologia!

Também as relações econômicas, vistas sob a forma de categorias, são, para o sr. Proudhon, fórmulas eternas, sem origem nem progresso.

Noutros termos: o sr. Proudhon não afirma, diretamente, que a *vida burguesa* seja para ele uma *verdade eterna;* di-lo indiretamente, ao divinizar as categorias que expressam as relações burguesas sob a forma de ideias. Toma os produtos da sociedade burguesa como seres espontâneos, dotados de vida própria, e eternos, desde que eles se lhe apresentem sob a forma de categorias, de ideias. Não vê, portanto, mais além do horizonte burguês. Como opera sobre ideias burguesas, acreditando-as eternamente verdadeiras, luta por encontrar a sua síntese, o seu equilíbrio, e não vê que o seu modo atual de equilíbrio é o único possível.

Realmente, faz o que fazem todos os bons burgueses. Todos eles dizem que a concorrência, o monopólio etc., em princípio – ou seja, considerados como ideias abstratas –, são os únicos fundamentos da vida, embora, na prática, deixem muito a desejar. Todos eles querem a concorrência, sem as suas consequências funestas. Todos querem o impossível, ou seja: as condições burguesas de vida, sem as suas consequências necessárias. Nenhum deles compreende que a forma burguesa de produção é uma forma histórica e transitória, como o era a forma feudal. Esse erro deriva de que, para eles, o homem burguês é a única base possível de toda sociedade, deriva de que não podem imaginar um estado social em que o homem deixe de ser burguês.

O sr. Proudhon é, pois, necessariamente, um *doutrinário*. O movimento histórico que revoluciona o mundo atual reduz-se, para ele, ao problema de encontrar o verdadeiro equilíbrio, a síntese de duas ideias burguesas. Assim, à força de sutileza, o moço sagaz descobre o recôndito pensamento de deus, a unidade de duas ideias isoladas, e que só são isoladas porque o sr. Proudhon arrancou-as da vida prática, da produção atual – que é a combinação das realidades que elas exprimem. No lugar do grande movimento histórico, que nasce do conflito entre as forças produtivas desenvolvidas pelos homens e suas relações sociais, que já não correspondem a elas; no lugar das terríveis guerras que se preparam entre as diversas classes de uma nação e entre as diferentes nações; no lugar da ação prática e violenta das massas, a única que pode resolver tais conflitos; no lugar desse amplo, prolongado e complexo movimento, o sr. Proudhon coloca o caprichoso[277] movimento da sua cabeça. Assim são os sábios, os homens capazes de arrancar a deus seus íntimos pensamentos, os homens que fazem a história. À plebe só resta a tarefa de colocar em prática as suas revelações. Agora, o senhor compreenderá por que o sr. Proudhon é inimigo declarado de todo movimento político. Para ele, a solução dos problemas atuais

[277] [A edição original desta carta não traz a palavra *capricieux* (*caprichoso*), mas *cacadauphin* – bizarrismo que, tudo indica, deriva do fato de o editor não ter decifrado a letra de Marx.]

não consiste na ação pública, mas nas rotações dialéticas da sua cabeça. Como as categorias são, para ele, as forças motrizes, para modificá-las não é necessário modificar a vida prática. Muito ao contrário: é preciso mudar as categorias e, em consequência, a sociedade existente se modificará.

Em seu desejo de conciliar as contradições, o sr. Proudhon não se questiona se não deverá ser subvertida a própria base dessas contradições. Ele se parece em tudo ao doutrinário político, para quem o rei, a Câmara dos Deputados e o Senado são como partes integrantes da vida social, como categorias eternas. Só que ele busca uma nova fórmula para equilibrar esses poderes, cujo equilíbrio consiste, precisamente, no movimento atual, em que um desses poderes é vencedor como tão logo escravo do outro. Assim, no século XVIII, uma multidão de cabeças medíocres dedicou-se a buscar a verdadeira fórmula para equilibrar as ordens sociais, a nobreza, o rei, os parlamentos etc., e num belo dia percebeu que já não havia nem rei, nem parlamento, nem nobreza. O verdadeiro equilíbrio desse antagonismo era a subversão de todas as relações sociais, que serviam de base a essas existências feudais e ao seu antagonismo.

Porque o sr. Proudhon põe de um lado as ideias eternas, as categorias da razão pura e, de outro, os homens e a sua vida prática, que, segundo ele, é a aplicação dessas categorias, o senhor encontra nele, desde o primeiro momento, um *dualismo* entre a vida e as ideias, entre a alma e o corpo – dualismo que se repete sob muitas formas.

O senhor pode ver, agora, que esse antagonismo não é mais que a incapacidade do sr. Proudhon para compreender a origem e a história profanas das categorias que ele diviniza.

Já me estendi demasiado para me deter nas ridículas acusações que o sr. Proudhon lança contra o comunismo. Por ora, o senhor convirá comigo em que um homem que não compreendeu o estado atual da sociedade compreenderá menos ainda o movimento que tende a subvertê-la, bem como as expressões literárias desse movimento revolucionário.

O *único ponto* em que estou totalmente de acordo com o sr. Proudhon refere-se à sua recusa do pieguismo socialista. Antes dele, eu já conquistara muitos inimigos com minhas ironias ao socialismo repetitivo, sentimental e utopista[278]. Mas o sr. Proudhon não abriga estranhas ilusões quando opõe seu sentimentalismo de pequeno-burguês (refiro-me às suas frases declamatórias sobre o lar, o amor conjugal e todas essas banalidades) ao sentimentalismo socialista que, em Fourier, por exemplo, é muito mais profundo que as suas presunçosas vulgaridades? Ele mesmo percebe tão bem a nulidade de seus raciocínios, sua completa incapacidade para falar dessas coisas, que se perde em explosões de raiva, em vociferações e em *irae hominis probi* [*cóleras de homem honesto* – em latim]; espuma, jura, denuncia, maldiz a infâmia e a peste e jacta-se, diante de deus e dos homens, de estar limpo dos pecados socialistas! Não faz uma crítica irônica do sentimentalismo socialista, ou do que considera como tal.[279] Como um santo, como o papa, excomunga os pobres pecadores e canta as glórias da pequena burguesia e das miseráveis ilusões amorosas e patriarcais do lar. E isso não é um acaso. O sr. Proudhon é, dos pés à cabeça, filósofo e economista da pequena burguesia. Em uma sociedade avançada, o *pequeno-burguês,* em virtude da posição que ocupa nela, faz-se meio socialista e meio economista, isto é, deslumbra-se com a magnificência da grande burguesia e, ao mesmo tempo, experimenta simpatia pelos sofrimentos do povo. É, simultaneamente, burguês e povo. Em seu foro íntimo, ufana-se com a sua imparcialidade, com o ter encontrado o justo meio termo, que pretende distinguir do termo médio. Esse pequeno-burguês diviniza a *contradição,* porque ela

[278] [Marx evoca, aqui, certamente, a *Circular contra Kriege* (Bruxelas, 11 de maio de 1846).]

[279] [No original – "*Il ne veille pas en critique les sentimentalités socialistes...*" –, o que é outro erro do editor.]

constitui o fundo do seu ser. Ele é a contradição social em ação. Deve justificar, teoricamente, o que ele próprio é na prática, e o sr. Proudhon tem o mérito de ser o intérprete científico da pequena burguesia francesa, o que é um mérito real, pois a pequena burguesia será parte integrante de todas as revoluções sociais que se preparam.

Gostaria de enviar-lhe, com esta carta, o meu livro sobre economia política[280], mas, até agora, não consegui imprimir essa obra, bem como a minha crítica aos filósofos e socialistas alemães, de que lhe falei em Bruxelas[281]. O senhor não pode imaginar as dificuldades que uma publicação desse tipo encontra na Alemanha, tanto por parte da polícia quanto dos editores, que são representantes interessados de todas as tendências que eu ataco. Quanto ao nosso próprio Partido, ele não é apenas pobre: uma grande parte dele irrita-se com a minha oposição às suas utopias e declamações.

Ao seu dispor,
Charles Marx

P. S. O senhor talvez se pergunte por que lhe escrevo, não em bom alemão, mas num mau francês. A razão é esta: o meu tema é um autor francês.

Uma breve resposta de sua parte ser-me-ia gentil, pois eu logo saberia se o meu francês bárbaro foi compreendido.

280 [Marx refere-se a uma obra que esboçou, mas não concluiu, intitulada *Crítica da política e da Economia Política,* cujos fragmentos conservados foram publicados pela primeira vez em 1932.]

281 [Marx refere-se, certamente, a *A ideologia alemã.*]

CARTA DE MARX A J. B. SCHWEITZER[282]

LONDRES, 24 DE JANEIRO DE 1865

Caro senhor:

Recebi ontem a sua carta, na qual me solicita um julgamento aprofundado sobre Proudhon. A falta de tempo não me permite atender a seu pedido. Entretanto, para lhe demonstrar a minha boa vontade, redigi à pressa um breve esboço. O senhor pode fazer adições ou reduzi-lo; numa palavra: pode fazer com este material o que lhe aprouver[283].

Já não me recordo dos primeiros ensaios de Proudhon. Seu trabalho de escolar sobre a *língua universal*[284] comprova a falta de cerimônia com que tratava problemas para cuja solução lhe faltavam os conhecimentos mais elementares.

Sua primeira obra, *O que é a propriedade?*[285], é, sem dúvida, a melhor. Ela marcou época, se não pela originalidade do seu

---

282 [Imediatamente após a morte de Proudhon (16 de janeiro de 1865), Schweitzer e W. Liebknecht pediram a Marx uma nota necrológica para o *Social-Demokrat* (cf. notas 220 e 221 ao "Prefácio à primeira edição alemã" da *Miséria da filosofia*). O jornal publicou sem modificações esta carta de Marx, nas suas edições de 1, 3 e 5 de fevereiro de 1865. Numa carta a Engels, de 25 de janeiro, Marx comentou: "Atendendo a um pedido urgente de Schweitzer (...) remeti-lhe, ontem, um artigo sobre *Proudhon*. Você verá que alguns golpes bem fortes, aparentemente dirigidos a Proudhon, atingem o nosso *Aquiles*, a quem eram destinados". Aquiles é referência a Lassalle.]

283 [Quando da publicação da carta, a redação do *Social-Demokrat*, aqui, introduziu a seguinte nota: "Consideramos preferível publicar a carta *sem qualquer modificação*".]

284 [Trata-se do ensaio de Proudhon sobre gramática comparada, publicado no volume de Bergier, *Os elementos primitivos das línguas*, Besançon, 1838.]

285 [Trata-se do texto *O que é a propriedade?* (*ou Pesquisas sobre o princípio do direito e do governo*), Paris, 1840.]

conteúdo, ao menos pela maneira nova e audaciosa de dizer coisas antigas. Nas obras dos socialistas e comunistas franceses que ele conhecia, a *propriedade* [*propriété* – em francês] fora, não só, como é natural, criticada sob vários pontos de vista, mas também utopicamente *abolida*. Com esse livro, Proudhon colocou-se, em relação a Saint-Simon e a Fourier, quase no mesmo plano em que Feuerbach se encontra em relação a Hegel. Comparado a Hegel, Feuerbach é muito pobre. Contudo, depois de Hegel, ele assinalou uma época, já que realçou alguns pontos pouco agradáveis para a consciência cristã e importantes para o progresso da crítica, que Hegel deixara em mística penumbra [*clair-obscur* – em francês].

O estilo de Proudhon, aí, é – permita-me a expressão – vigorosamente musculado, constituindo, no meu entender, a principal qualidade desse estudo. Mesmo nas passagens em que Proudhon limita-se a repetir o conhecido, a simples reprodução é para ele um descobrimento; o que diz é, para ele, original, algo novo, e passa como tal. A audácia provocadora com que ele ataca o "santuário" da economia política, os engenhosos paradoxos com que ironiza a vulgaridade do burguês, seus juízos corrosivos, a ironia amarga, um profundo e sincero sentimento de indignação expresso intermitentemente contra as infâmias da ordem existente, sua convicção revolucionária – todas essas qualidades contribuíram para que *O que é a propriedade?* eletrizasse os leitores e produzisse uma grande impressão, desde o primeiro momento em que viu a luz. Numa história rigorosamente científica da economia política, esse texto mal seria mencionado. Mas, como na literatura romanesca, obras sensacionais como essa desempenham um papel na ciência. Pense-se, por exemplo, no livro de Malthus, *Sobre a população*[286]; sua primeira edição não constitui mais que um *panfleto sensacional* e, ademais,

[286] [Trata-se da obra *An essay of the principle of population as it affects the future improvement of society, with remarks on the speculations of Mr. Godwin, Mr. Condorcet and others writers* (*Ensaio sobre o princípio da população e sua influência sobre o futuro aperfeiçoamento da sociedade, com notas sobre os juízos dos srs. Godwin, Condorcet e outros escritores*), Londres, 1798.]

era um *plágio* da primeira à última linha. E, apesar de tudo, como essa pasquinada causou impacto sobre o gênero humano!

Se eu tivesse à mão o livro de Proudhon, ser-me-ia fácil demonstrar, com alguns exemplos, a sua maneira *inicial* de escrever. Nos parágrafos considerados mais importantes por ele mesmo, imita o método das antinomias de Kant – o único filósofo alemão que conhecia naquela época, através de traduções –, oferecendo-nos a sólida impressão de que, assim como Kant, busca a solução das antinomias num *mais além* do entendimento humano, isto é, a solução permanece obscura para ele mesmo.

Apesar da sua aparência de assalto ao céu, encontra-se em *O que é a propriedade?* esta contradição: de um lado, Proudhon critica a sociedade a partir do ponto de vista do pequeno camponês (mais tarde, do pequeno-burguês) francês; de outro, aplica a ela a escala que lhe transmitiram os socialistas.

O próprio título indica as deficiências do texto. O problema fora tão mal colocado que a solução não podia ser correta. As *"relações de propriedade" dos tempos antigos* foram destruídas pelas *feudais*; e estas, pelas *burguesas.* Assim, a própria história encarregou-se de submeter à crítica as *relações de propriedade* do passado. No fundo, Proudhon trata é da *moderna propriedade burguesa,* tal como existe hoje. À pergunta – o que é essa propriedade? – só se podia responder com uma análise crítica da *economia política,* que abarcasse o conjunto dessas relações de propriedade, não em sua *expressão jurídica,* como *relações da vontade,* mas em sua forma real, isto é, como *relações de produção.* Mas como Proudhon vinculava a totalidade destas relações ao conceito jurídico geral de "propriedade", não podia ir além da resposta que Brissot já dera[287],

287 [Trata-se da obra de Brissot de Varville, *Recherches philosophiques. Sur le droit de propriété et sur le vol, considérés dans la nature et dans la société* (*Pesquisas filosóficas. Sobre o direito de propriedade e sobre o roubo, considerados na natureza e na sociedade*), publicada no volume 6 da *Bibliothèque Philosophique du Législateur, du Politique, du Jurisconsulte* (*Biblioteca Filosófica do Legislador, do Político, do Jurisconsulto*), Berlim-Paris-Lyon, 1782.]

numa obra similar, anterior a 1789, repetindo-a com as mesmas palavras: *a propriedade é um roubo.*

No melhor dos casos, daí se pode deduzir que o conceito jurídico burguês de "roubo" é aplicável, também, aos lucros "honestos" do próprio burguês. Ademais, já que o "roubo", como violação da propriedade, *pressupõe a propriedade,* Proudhon enredou-se em toda a sorte de elucubrações sobre a *verdadeira propriedade burguesa.*

Durante minha estância em Paris, em 1844, travei conhecimento pessoal com Proudhon. Menciono aqui o fato porque, em certa medida, sou responsável pela sua *sophistication,* como os ingleses chamam à adulteração de mercadorias. Em nossas longas discussões, que frequentemente duravam noites, contagiei-o, para grande desgraça sua, com o hegelianismo que, por seu desconhecimento da língua alemã, não podia estudar a fundo. Após a minha expulsão de Paris, o sr. Karl Grün continuou o que eu iniciara. Professor de filosofia alemã, ele tinha sobre mim a vantagem de não entender uma palavra do que ensinava.

Pouco antes da publicação da sua segunda obra importante, *Filosofia da miséria,* Proudhon anunciou-me sua próxima edição numa carta muito detalhada, em que, entre outras coisas, dizia-me o seguinte: *"Espero a férula de sua crítica"*[288]. Com efeito, a minha crítica caiu rapidamente sobre ele (em meu livro *Miséria da filosofia,* Paris, 1847), de tal forma que pôs fim, para sempre, à nossa amizade.

Como o senhor poderá ver, na sua *Filosofia da miséria ou Sistema das contradições econômicas,* Proudhon responde, realmente, pela primeira vez, à pergunta – o que é a propriedade? De fato, somente depois da publicação do seu primeiro livro, Proudhon iniciou seus estudos econômicos; compreendera que, à pergunta em tela, não se podia responder com *invectivas,* mas por meio de uma *análise da economia política* moderna. Ao mesmo tempo,

---

[288] (Marx refere-se à carta de Proudhon que se insere nos *Anexos* deste volume.)

tentou expor, dialeticamente, o sistema das categorias econômicas. No seu método de análise, à insolúvel "antinomia" kantiana devia substituir-se, intervindo como meio de desenvolvimento, a "contradição" hegeliana.

O senhor encontrará, na réplica que escrevi em seguida, a crítica aos dois grossos volumes da obra. Nessa réplica demonstro, entre outras coisas, o pouco que Proudhon penetrou nos segredos da dialética científica e até que ponto, por outro lado, compartia das ilusões da filosofia especulativa, quando, em vez de considerar as *categorias econômicas* como *expressões teóricas* de *relações de produção históricas e correspondentes a um determinado nível do desenvolvimento da produção material,* converte-as, absurdamente, em *ideias eternas,* preexistentes. Com essa meia-volta, ele retorna ao ponto de vista da economia burguesa[289].

Mais adiante, demonstrei, também, o quanto é insuficiente o seu conhecimento – às vezes, digno de um escolar – da *economia política,* ciência a cuja crítica se dedica e como, à semelhança dos utopistas, corre atrás de uma pretensa "ciência", da qual se pode arrancar *a priori* uma fórmula para a "solução do problema social", em vez de ir buscar a fonte da ciência no conhecimento crítico do movimento histórico, movimento que cria, ele mesmo, as *condições materiais da emancipação.* Demonstrei, sobretudo, que Proudhon só tem ideias vagas, falsas e parciais sobre o *valor de troca,* fundamento de toda economia, e como, inclusive, vê na interpretação utópica da teoria de Ricardo a base de uma nova ciência. Meu juízo sobre a sua concepção geral, resumo-o nas seguintes palavras:

> Cada relação econômica tem um lado bom e um lado mau, esse é o único ponto em que o sr. Proudhon não se desmente. O lado bom, ele o vê exposto pelos economistas; o mau, denunciado pelos socialistas. Dos economistas, ele toma a necessidade de relações eternas; dos socialistas, a ilusão de ver

[289] (Cf., neste volume, pp. 125-126.)

na miséria apenas a miséria (em vez de ver nela o lado revolucionário, destrutivo, que há de acabar com a velha sociedade)[290].

Proudhon está de acordo com uns e outros quando se trata de apoiar-se na "autoridade" da ciência. Para ele, a ciência se reduz às magras proporções de uma fórmula científica. É um homem à caça de fórmulas. Assim, o sr. Proudhon jacta-se de oferecer-nos uma crítica da economia política e do comunismo, quando, na realidade, permanece muito abaixo de uma e de outro: dos economistas, porque, como filósofo, de posse de uma fórmula mágica, julga-se dispensado da obrigação de entrar em detalhes puramente econômicos; dos socialistas, porque carece da perspicácia e da coragem necessárias para elevar-se, ainda que apenas no terreno da especulação, para além dos horizontes da burguesia.

> Pretende, como homem de ciência, pairar acima de burgueses e proletários, mas não passa do pequeno-burguês que oscila, constantemente, entre o capital e o trabalho, entre a economia política e o comunismo[291].

Por mais severo que possa parecer esse juízo, subscrevo ainda hoje cada uma das suas palavras. Ao mesmo tempo, é preciso recordar que, na época em que afirmei, e demonstrei teoricamente, que o livro de Proudhon era o código do socialismo pequeno-burguês, os economistas e os socialistas o excomungaram como um herético ultrarrevolucionário. Essa é a razão pela qual, posteriormente, jamais fiz coro com os que denunciaram a sua "traição" à revolução. Não foi culpa sua se, incompreendido inicialmente tanto pelos outros como por si mesmo, ele não satisfez expectativas infundadas.

Em contraste com *O que é a propriedade?*, na *Filosofia da miséria* todos os defeitos do estilo proudhoniano ressaltam particularmente. Estilo *ampoulé* [*empolado* – em francês], como dizem os franceses: sempre que lhe falta a acuidade gaulesa, aparece uma pomposa al-

---

290 [No texto *Miséria da filosofia* não figura o parênteses introduzido aqui por Marx. Cf. p. 142 deste volume.]

291 [*Idem.*]

garavaria especulativa que pretende ser o estilo filosófico alemão. O tom charlatanesco, fanfarrão e vaidoso e, especialmente, o leilão que faz de uma pretensa "ciência", a bazófia com que a apresenta – tudo isso assombra. O entusiasmo sincero que anima a sua primeira obra é aqui, em inúmeras passagens, substituído sistematicamente pelo ardor febril da declamação. A isso se soma o afã pedante de fazer gala de erudição, afã próprio de um autodidata, cujo orgulho inato por seu pensamento original e independente se perdeu e que, em sua qualidade de *parvenu* da ciência, orgulha-se do que não é e não tem. E, de sobra, essa mentalidade de pequeno-burguês, que o leva a atacar de um modo indigno, grosseiro, torpe, superficial e até injusto a um homem como Cabet – merecedor de respeito pela sua atividade prática entre o proletariado francês –, enquanto exibe extremos de amabilidade para Dunoyer[292], conselheiro de Estado, é verdade, mas cuja importância se reduz à cômica seriedade com que, em três grossos volumes, insuportavelmente entediantes, prega o rigorismo, caracterizado por Helvetius nestes termos: *"On veut que les malheureux soient parfaits"* [*Pretende-se que os desgraçados sejam perfeitos* – em francês].

A revolução de fevereiro foi uma surpresa desagradável para Proudhon, já que ele, poucas semanas antes, demonstrara irrefutavelmente que a "era das revoluções" passara para sempre. No entanto, a sua intervenção na Assembleia Nacional merece elogios, apesar de ter evidenciado o pouco que compreendia do que estava ocorrendo. Efetuada após a insurreição de junho, foi um ato de grande coragem[293]. Sua intervenção teve, além disso, resultados

292 [*Cabet*: socialista utópico francês, figura de relevo na orientação do movimento operário da França entre os anos de 1830 e 1840. *Dunoyer:* político e economista vulgar: a obra referida por Marx é *De la liberté du travail, ou simple exposé des conditions dans lesquelle les forces humaines s'exercent avec les plus de puissance* (*Sobre a liberdade do trabalho, ou resumo das condições em que as forças humanas operam com o máximo de potência*), Paris, 3 volumes, 1845.]

293 [A intervenção referida por Marx é o discurso de Proudhon à Assembleia Nacional, em 31 de julho de 1848: nele, Proudhon denuncia a repressão aos revolucionários de 23-26 de junho como violência e arbítrio.]

positivos: no discurso que pronunciou em oposição a Proudhon, e que, mais tarde, foi publicado em folheto, o sr. Thiers demonstrou a toda a Europa quão mísero e infantil era o catecismo que servia de pedestal a esse pilar espiritual da burguesia francesa[294]. Comparado ao sr. Thiers, Proudhon adquiria, certamente, as dimensões de um colosso antediluviano.

A descoberta do "crédito gratuito" e do "banco do povo" baseado nele são as últimas "façanhas" econômicas de Proudhon. Na minha *Contribuição para a crítica da Economia Política* (Berlim, 1859, parte primeira, pp. 59-64), demonstrei que a base teórica das ideias proudhonianas tem sua origem na ignorância dos princípios elementares da economia política burguesa, a saber: a relação entre a *mercadoria* e o *dinheiro*. Quanto ao edifício erguido sobre essa base, não é mais que uma simples reprodução de esquemas velhos e muito melhor desenvolvidos. Não há dúvida, e é evidente por si mesmo, que o crédito, como ocorreu na Inglaterra em princípios do século XVIII e voltou a ocorrer em inícios do 19, contribuiu para que as riquezas passassem das mãos de uma classe às de outra, e que, em determinadas condições econômicas e políticas, poderá ser um fator que acelere a emancipação do proletariado. Mas é uma fantasia genuinamente *pequeno-burguesa* considerar que o *capital que produz juros é a forma principal do capital* e tratar de converter uma aplicação particular do crédito – uma suposta abolição do juro – em base da transformação social. Com efeito, essa fantasia já fora minuciosamente desenvolvida *pelos porta-vozes econômicos da pequena burguesia* inglesa do século XVII. A polêmica de Proudhon com Bastiat (1850), sobre o capital que produz juros[295], está muito

294 [Contra as propostas que Proudhon fizera à Comissão Financeira da Assembleia Nacional, Thiers replicou num discurso pronunciado em 26 de julho de 1848. Na *Nova Gazeta Renana,* de 5 de agosto de 1848, Engels publicou um artigo em que analisava as posições de ambos os políticos ("Discurso de Thiers contra Proudhon").]

295 [Marx se refere ao volume *Gratuité du crédit. Discussion entre M. Fr. Bastiat e M. Proudhon* (*A gratuidade do crédito. Discussão entre os srs. Fr. Bastiat e Proudhon*), Paris, 1850.]

aquém da *Filosofia da miséria*. Proudhon consegue ser derrotado até por Bastiat, e entra em furor cômico cada vez que o adversário lhe assesta um golpe.

Há alguns anos, Proudhon escreveu, para um concurso organizado, se bem me recordo, pelo governo de Lausanne, um trabalho sobre *impostos*[296]. Aí desaparecem, por completo, os últimos vestígios do gênio e nada mais resta que o *pequeno-burguês puro e simples*[297].

No que respeita às obras políticas e filosóficas de Proudhon, todas elas apresentam o mesmo caráter ambíguo e contraditório dos seus trabalhos sobre economia. Além do mais, seu valor não ultrapassa as fronteiras francesas. Entretanto, seus ataques à religião, à Igreja etc., possuem um grande mérito, por terem sido escritos na França numa época em que os socialistas franceses julgavam oportuno fazer constar que seus sentimentos religiosos os situavam acima do voltaireanismo burguês do século XVIII e do ateísmo alemão do século XIX. Se Pedro, o Grande, derrotou a barbárie russa com a barbárie, Proudhon fez o que pôde para derrotar com frases a fraseologia francesa.

Seu texto sobre o *golpe de Estado*[298] não deve ser considerado, simplesmente, como uma obra ruim, mas como uma verdadeira vilania que, ademais, corresponde plenamente a seu ponto de vista pequeno-burguês. Nesse livro, lisonjeia Luís Bonaparte, procurando torná-lo aceitável aos operários franceses. O mesmo vale para a sua última obra contra a Polônia, na qual, para a maior glória do tsar, demonstra o cinismo próprio de um cretino[299].

---

296 [Trata-se da obra *Théorie de l'impôt* (*Question mise au concors par le Conseil d'État du Canton de Vaud en 1860*) [*Teoria do imposto* (*Tema do concurso promovido pelo Governo do Cantão de Vaud em 1860*)]. Bruxelas-Paris, 1861.]

297 [No original alemão, as palavras sublinhadas aparecem em francês.]

298 [Trata-se do livro *La révolution sociale démontrée par le coup d'État du 2 de décembre* (*A revolução social demonstrada pelo golpe de Estado de 2 de dezembro*), Paris, 1852.]

299 [Trata-se da obra *Si les Traités de 1815 ont cessé d'exister? Actes du futur congrès* (*Se o Tratado de 1815 deixasse de existir? Atas do futuro congresso*), Paris, 1863. Nesta obra, Proudhon

Frequentemente, Proudhon foi comparado a Rousseau. Nada tão falso. Está mais próximo a Nicholas Linguet, cujo livro *A teoria das leis civis* é uma obra genial[300].

Proudhon possuía uma inclinação natural para a dialética. Mas nunca compreendeu a verdadeira dialética científica – não foi além dos sofismas. Na verdade, isso se explica pela sua mentalidade pequeno-burguesa. À semelhança do historiógrafo Raumer, o pequeno-burguês constitui-se de "por uma parte" e de "por outra parte". Como tal se nos revela em seus interesses econômicos e, logo, também em sua política e em suas concepções religiosas, científicas e artísticas. Assim nos aparece em sua moral e em tudo[301]. É a contradição personificada. E se é, além disso, como Proudhon, uma pessoa de espírito, logo aprenderá a fazer prestidigitação com as suas próprias contradições e a convertê-las, segundo as circunstâncias, em paradoxos inesperados, espetaculares, ora escandalosos, ora brilhantes. Charlatanismo científico e oportunismo político são elementos inseparáveis de semelhante posição. A homens assim só resta um estímulo: a *vaidade*. Como a todos os vaidosos, preocupa-lhes unicamente o êxito momentâneo, a sensação de um dia. E é aí que se perde, fatalmente, o tato moral que sempre preservou Rousseau, por exemplo, de todo compromisso, mesmo aparente, com os poderes estabelecidos[302]. Talvez a posteridade, caracterizando esse período recente da história da França, diga que Luís Bonaparte foi o seu Napoleão e Proudhon o seu Rousseau-Voltaire.

---

protesta contra a revisão do Tratado de 1815 (Congresso de Viena) sobre a Polônia e se volta contra o apoio europeu ao movimento de libertação dos poloneses face à opressão do tsarismo russo. Aliás, sobre a posição dos políticos franceses diante do problema polonês, Marx chegou a observar (em carta a Engels, de 10 de dezembro de 1864) "a permanente traição dos franceses para com a Polônia, de Luís XV a Bonaparte II".]

300 [Essa obra foi publicada em Londres, em dois volumes, em 1767.]

301 [No original alemão, a parte final da frase aparece em inglês (*so in everything*).]

302 [É bem claro que essas últimas frases visam Lassalle (cf. nota 282).]

O senhor me atribuiu uma tarefa penosa: o juízo sobre um morto, um homem que faleceu há pouco. Debito-lhe a responsabilidade que me foi imposta.

Respeitosamente,
Karl Marx